FLORIAN FISCHER-FABIAN | THOMAS FISCHER-FABIAN

DIE GOURMET-BIBEL

DIE BESTEN DELIKATESSEN DER WELT

Mosaik bei
GOLDMANN

Zum Buch

Geben Sie sich niemals mit dem Mittelmaß zufrieden! Das ist die Maxime dieses Buches. Die Autoren präsentieren die besten Lebensmittel der Welt: edle Salami, exklusive Butter, köstliche Tomaten, ausgesuchte Olivenöle. Produkte, die ihren authentischen Charakter bewahrt haben. Geschaffen von Menschen, für die Qualität das höchste Gut ist.

Die »Gourmetbibel« bietet Warenkunde und Insiderwissen auf höchstem Niveau. Mit Empfehlungen berühmter Sterneköche wie Eckart Witzigmann oder Hans Haas, erfahrener Sommeliers wie Arno Steguweit und fachkundigen Feinkosthändlern wie Michael Käfer.

Autoren

Florian Fischer-Fabian ist Journalist, Autor und Moderator zahlreicher Fernsehsendungen. Er präsentiert unter anderem im Bayerischen Fernsehen das »Rundschau-Magazin« und schreibt eine regelmäßige Kolumne im Feinschmecker-Magazin »Gault Millau«.

Thomas Fischer-Fabian ist Autor und Regisseur. Er arbeitet für Fernsehsendungen bei ARD, ZDF, RTL und SAT 1. Er lebte viele Jahre in der Nähe von Florenz und entdeckte hier seine Liebe zur italienischen Kochkunst. Ein leidenschaftlicher Anhänger der Slow-Food-Bewegung.

In Erinnerung an eine großartige Frau und liebevolle Mutter

Ursula Fischer-Fabian

INHALT

WURST, SCHINKEN & SPECK

BUTTER & KÄSE

OBST

ÖL, ESSIG & PASTA

VORWORT

Auf der Suche nach dem wahren Geschmack

»Als kürzlich ein Gast mein Erbsenpüree kostete, ließ er langsam den Löffel sinken, schaute mich mit großen Augen an und sagte staunend: ›Mein Gott! Das schmeckt ja nach Erbsen!‹ « Diese kleine Anekdote stammt von Hans Haas, Chef de Cuisine im »Tantris« in München. Sie bringt ein Phänomen unserer Zeit auf den Punkt: Unsere Nahrungsmittel schmecken immer eintöniger, immer gleicher, immer fader. Sie haben ihren ursprünglichen Charakter verloren.

Sie sind ein Resultat der industriellen Lebensmittelproduktion. Wir konsumieren Emulgatoren, Konservierungsstoffe und Geschmacksverstärker. Wir essen turbogemästetes Schweinefleisch, gepanschtes Olivenöl und gespritztes Obst. Wir greifen zu Tiefkühlkost, Konservensuppen und Schnellgerichten. Wir riechen an unreifen Importfrüchten, genmanipuliertem Gemüse und angereichertem Functional Food.

Wir werden versorgt mit Nahrungsmitteln, die auf betriebswirtschaftliche Effizienz getrimmt werden: schnelle Produktion, kurze Lagerung, lange Haltbarkeit. Jede Abweichung von der Norm wird umgehend auf Linie gebracht. Das Ergebnis sind standardisierte Massenprodukte, die dem geschmacklichen Konsens dienen. Auffällige Aromen, außergewöhnliche Charaktere oder individuelle Noten bleiben dabei auf der Strecke.

Nur manchmal, wenn wir uns großen Köchen anvertrauen, sind die natürlichen Aromen wieder gegenwärtig. Es sind die Düfte unserer Kindheit. Sie stehen in der Landschaft unseres Lebens wie Monumente. Sie haben die märchenhafte Kraft einer Zeitmaschine, die uns in eine längst vergangene Zeit zurückschickt. Der Geruch von Zimt, der Duft frischer Äpfel, der Geschmack von Kartoffelpuffer. Von einer Sekunde zur anderen sind wir wieder Kinder. Wie der Gourmet aus dem »Tantris« sind wir dann erstaunt, dass plötzlich etwas so schmeckt, wie es einmal geschmeckt hat und eigentlich immer schmecken sollte.

Diese seltenen kulinarischen Glücksmomente sind nur den Älteren vergönnt. Viele von ihnen schöpfen noch aus einem Reservoir unverfälschter Geschmackserinnerungen. Die Generation unter vierzig dagegen ist mit den Einheitsprodukten groß geworden. Ihr Maßstab sind die industriellen Erzeugnisse. Sie kennt nichts anderes. Sie weiß nicht, wie Butter, Schokolade oder Käse schmecken, wenn sie traditionell produziert werden.

Diese Konditionierung der einst jungfräulichen Papillen geht so weit, dass manche Verbraucher natürlich hergestellte Produkte in die Geschäfte zurücktragen und sie als verdorben reklamieren. Diese bedauernswerten Geschöpfe lechzen nach den Geschmacksverstärkern wie der Junkie nach der Spritze. Sie sind auf viele Jahre für den wahren Geschmack verloren.

»De gustibus non est disputandum!« (»Über Geschmack lässt sich nicht streiten!«) soll der römische Kaiser Mark Aurel gesagt haben, als es galt, einen Disput über Essen und Trinken zu schlichten. Dieser Satz hat Karriere gemacht. Wird er zitiert, sterben alle Gespräche über kulinarische Befindlichkeiten. Eigentlich schade. Über Geschmack lässt sich nämlich trefflich streiten! Geschmack ist nicht nur eine individuelle Empfindung, sondern auch das kulturelle und historische Erbe einer ganzen Nation.

Die Franzosen nennen das *terroir*. Sie bezeichnen damit den unverwechselbaren Charakter einer Region und seiner Erzeugnisse. Dieser Begriff ist unseren Nachbarn heilig. Sie verteidigen ihn zäh gegen die heranstürmenden Kohorten der Lebensmittelindustrie. Diese Schlacht haben wir in Deutschland verloren. Aber nicht den Krieg! In vielen Winkeln des Landes formiert sich Widerstand. Kleine Handwerksbetriebe arbeiten an einer Renaissance unserer kulinarischen Identität. Ihre Erfolge sind überschaubar, aber vielversprechend. Unterstützt werden sie in dieser Mission von den besten Köchen unserer Nation. In

Deutschland leuchten über 200 Restaurants die begehrten Michelin-Sterne. Ihre Chefs emanzipieren sich immer stärker von ihren französischen Vorbildern und entwickeln ein neues Selbstbewusstsein. In den Gesprächen, die wir mit ihnen geführt haben, wurde ein Trend deutlich: Weniger Foie gras und Pauillac, mehr Milchkalb und Müritz. Die Eliten der deutschen Gastronomie konzentrieren sich – wie das die Franzosen und Italiener seit Jahrzehnten machen – auf die Produkte ihrer Regionen. Sie lassen sich von lokalen Landwirten und Erzeugern beliefern und pflegen so die eigene kulinarische Vielfalt.

»Buono, pulito e giusto« ist der Slogan von »Slow Food«, einer weltweiten Organisation, die es sich zur Aufgabe gemacht hat, die Kultur des Essens und des Trinkens zu pflegen. »Gut, sauber und fair« sind auch die Produkte, deren Geschichten in der »Gourmet-Bibel« erzählt werden. Sie alle haben ihren authentischen, ihren unverwechselbaren Charakter bewahrt. Sie wurden geschaffen aus nichts anderem als aus der Erde, aus dem Wasser und aus der Luft ihrer Heimat. Von Menschen, für die Qualität das höchste Gut ist.

Die Produkte, die wir ausgewählt haben, sind die besten ihrer Art! Denn nur das Beste ist das einzig gültige Maß. Man muss das Optimum kennengelernt haben, um beurteilen zu können, ob etwas gut, weniger gut oder schlecht ist. Wie will man die Netrebko einschätzen, wenn man nie zuvor die Callas gehört hat? Wie will man Schuhbeck bewerten, ohne jemals bei Witzigmann gegessen zu haben? Wie Daniel Craig würdigen, ohne Sean Connery zu kennen? Ähnliches gilt für Parma-schinken und Pata Negra, Sommertrüffel und Alba, Forellenkaviar und Beluga.

Mit Luxus hat das alles nichts zu tun. Mit wenigen Ausnahmen müssen großartige Produkte nicht viel Geld kosten. Sie sind teurer. Zugegeben! Aber sie kosten kein Vermögen. Es ist eher der Luxus, an etwas Außergewöhnlichem teilzuhaben. Denn: »Luxus ist nicht das Gegenteil von Armut«, wie Coco Chanel feststellte, »sondern das Gegenteil von Gewöhnlichkeit.«

Florian Fischer-Fabian Thomas Fischer-Fabian

Octave N
BOUC
FRUITS CHARCUTERIE

KAPITEL 1

FLEISCH & GEFLÜGEL

ENTE
FOIE GRAS
GANS
HUHN
LAMM
PERLHUHN
STEAK
TAUBE
WACHTEL

ENTE

Ente gut, alles gut

Die traditionelle **Entenpresse** im »La Tour d'Argent«.

Es grenzt an unfreiwillige Komik, wenn wir im Gästebuch des Pariser »La Tour d'Argent« lesen: »Hier hat 1921 der japanische Kaiser Hirohito die Ente Nummer 53211 gegessen. Und 1948 Prinzessin Elisabeth, die spätere Königin von England, die Nummer 185397.« Im »La Tour d'Argent« wird seit 1890 jede Ente nummeriert. Inzwischen zählt man weit über eine Million Exemplare. Jeder Gast erhält ein Zertifikat, auf dem das historische Mahl beurkundet wird. Man kann dieses Zeugnis höchsten kulinarischen Genusses auch als Postkarte verschicken, auf dass die Lieben daheim vor Neid erblassen.

Von der Drei-Sterne-Ente zum Touristen-Lockvogel

Das »La Tour d'Argent« liegt am linken Ufer der Seine und bietet außer der Ente einen traumhaften Blick auf Notre Dame. Das Rezept zur *Canard Tour d'Argent* wurde vor über hundert Jahren von dem damaligen Restaurant-

Besitzer Frédéric Delair kreiert. Die Ente wird kurz angebraten, anschließend werden von dem noch blutigen Vogel die Keulen und die Brust abgetrennt. Über den Rest gießt der Koch eine Sauce aus Entenfond, Cognac, rotem Burgunder und Madeira. Das Ganze wird in einer silbernen Spindelpresse zerkleinert und ausgedrückt. Der Saft wird eingekocht, gewürzt und mit der in Streifen geschnittenen Entenbrust serviert. Als zweiten Gang gibt es die Keulen gegrillt mit Salat.

Das historische Rezept zur **Canard Tour d'Argent** ist über hundert Jahre alt.

Das klingt nicht berauschend, aber es genügte, um im »Michelin« mit drei Sternen belohnt zu werden. Bis dann ein Stern fiel und nach geraumer Zeit der zweite. Die Tester hatten wohl erkannt, dass es sich bei der *Canard Tour d'Argent* mehr um eine überteuerte Touristenattraktion handelt als um eine preiswürdige Delikatesse.

Die Liebe zur Ente und zum Entenbraten

Die Menschen haben seit jeher die Ente verehrt, gepriesen und sogar angebetet. Sie haben sie in unzähligen Sagen und Mythen verewigt. Sie haben für sie Comics gezeichnet, Opern komponiert, Höhlenwände bemalt, Märchen geschrieben und sogar Automobile nach ihr benannt. Selten war das Verhältnis zwischen Mensch und Vogel so eng wie bei Mensch und Ente. Bei aller Wertschätzung lieben die Menschen die Ente aber in erster Linie gebraten, gegrillt oder gekocht.

Entscheidend für einen gelungenen Entenbraten sind neben dem Können des Kochs das Geschlecht, das Alter, die Rasse und die Aufzucht der Tiere. Weibliche Exemplare sind in der Regel kleiner, saftiger und aromatischer, männliche Vögel dafür größer und würziger. Junge Enten – zwischen neun Wochen und fünf Monaten – schmecken am besten. Das Alter lässt sich mit einem Druck auf das Brustbein bestimmen: Der Knochen muss noch weich und flexibel sein. Junge, tiefgefrorene Tiere sind mit dem Etikett »Frühmastente« gekennzeichnet.

Am besten schmecken **junge Enten** zwischen neun Wochen und fünf Monaten.

Die hochwertigsten Fleischenten sind die Rouen, die Challans, die Barbarie, die Bresse und die Nantaiser aus Frankreich, die Aylesbury aus England, die Peking aus China sowie die bayerische aus Deutschland. Sie alle unterscheiden sich teilweise sehr deutlich im Geschmack. Je artgerechter ihre Aufzucht, desto besser ihre Qualität! Enten, die im Freien gehalten werden, sind von Natur aus Dauerläufer. Ihr Fleisch ist entsprechend muskulös und fettarm, ihr Geschmack kräftig und würzig.

Bei Gourmets in aller Munde: die Barbarie-Ente

Hoch im Ansehen der deutschen Verbraucher stehen die Entenprodukte aus Frankreich. Sie haben in den Supermärkten und Delikatessen-Läden inzwischen einen Marktanteil von 80 Prozent erreicht. Besonders gefragt bei den Gourmets ist die Barbarie-Ente. Dieser französische Import stammt von der Moschus-Ente ab, einer südamerikanischen Wildrasse. Die Canard de Barbarie, die nach etwa zwölf Wochen geschlachtet wird, besitzt eine schöne Fleischfarbe, einen kräftigen Geschmack und sehr mageres Muskelfleisch. Berühmt ist sie vor allem für die Güte ihrer Brust, dem besten Stück an der Ente. Alain Ducasse nennt die Barbarie in seiner »Kulinarischen Enzyklopädie« einen »Kompromiss zwischen der Eleganz einer Zuchtente und der Kraft einer Wildente«.

Die **Barbarie-Ente** ist vor allem für die Güte ihrer Brust berühmt.

Die Besten

1. Canard de Challans

Die Ente aus Challans, auch Barbarie noir genannt, gilt in Fachkreisen als das Nonplusultra dessen, was da watschelt und quakt. Sie wird wegen ihres Aromas und ihrer Fettarmut von den französischen Feinschmecker-Restaurants bevorzugt. Die Pastete aus ihrer Leber hat unter Gourmets einen legendären Ruf.

Die berühmten Enten aus Challans mehren übrigens

auch den Ruhm deutscher Gourmet-Restaurants, zum Beispiel des Drei-Sterne-Tempels »Sonnora« in der Südeifel! Helmut Thieltges steht hier am Herd, und wenn er in allen Restaurant-Führern Höchstnoten kassiert, so nicht zuletzt wegen seiner Ente. Seine »Brust von der Challans-Blutente mit orientalischen Gewürzen und glacierten Nektarinen auf Ingwersauce« ist einen Umweg, wenn nicht gar eine Extrareise wert.

Die berühmten **Enten aus Challans**

Die Hochburg der Entenzucht

Challans liegt auf halbem Weg zwischen Nantes und dem Atlantik. Die Region nennt sich Vendée und gilt in Frankreich als die Kapitale der Entenzucht. Die Züchter finden hier seit alters ideale Bedingungen für ihr Geschäft. Das Klima ist gemäßigt, der Boden etwas sumpfig und die Erde mineralstoffhaltig. Die Landschaft ist reich an Gewässern. Sie wird durchzogen von Kanälen, Poldern, Prielen und Teichen.

Die Enten leben hier sowohl im Käfig als auch im Freigehege. Ihre Aufzucht dauert mindestens elf Wochen. In dieser Zeit ernähren sie sich ausschließlich von Getreide, Pflanzen und Mineralstoffen. Fisch- oder Tiermehl ist verpönt. Die Canard de Challans trägt nicht zuletzt deshalb seit 1985 das »Label Rouge«. Dieses amtliche Gütesiegel wird vom französischen Landwirtschaftsministerium nach strengen Kriterien vergeben. Es garantiert »perfekte Qualität in ernährungswissenschaftlicher Hinsicht«.

2. Canard de Rouen

Die Ente aus der normannischen Hafenstadt Rouen wird gepriesen wegen ihres feinen Fleisches, feinen Fettes und feiner Blume. Außerdem sei sie edlen Ursprungs und stamme in direkter Linie von der Wildente ab, was ihr duftiges Aroma ausmache. Sie wächst im Weideland auf und zählt mit bis zu fünf Kilo Schlachtgewicht zu den schweren Entenrassen. Charles Talleyrand, Ministerpräsident unter Napoleon, bekannte in maßloser Übertreibung, dass ihm das Leben ohne die Ente von Rouen weniger lebenswert sei.

Die Kathedrale von **Rouen**

Die Rouen ist eine klassische Blutente. Sie stirbt wie auch manche Challans einen qualvollen Tod. Sie wird nicht geschlachtet, sondern erstickt, sprich erdrosselt! Durch diese Form des Dahinscheidens bleibt das Blut im Körper, und das Fleisch wird dunkelrot, sehr fein und saftig. In Deutschland ist diese Art des Tötens von Tieren verboten.

Auf die Zubereitung kommt es an

Bei der Zubereitung spielt die sogenannte Entenpresse eine wichtige Rolle. Dieses Gerät der klassischen französischen Küche funktioniert vom Prinzip her wie eine Weinpresse. In der Presse wird die *carcasse*, das Knochengerüst samt anhaftender Fleisch- und Hautreste, verarbeitet. Der so entstandene Fleischsaft dient als Grundlage für die Sauce, die in der Regel mit Cognac und Rotwein verfeinert wird.

Apropos Zubereitung. Eine Ente sollte man immer in zwei Gängen servieren. Zuerst die Brust und dann die Keulen. Der Hintergrund: Wenn die Entenbrust rosa ist, also so wie die meisten Feinschmecker sie lieben, sind die Keulen noch halb roh. Deshalb tranchieren gute Köche erst die Brust. Die Keulen wandern unterdessen zurück in die Röhre und werden später angerichtet.

INFO Die Pekingente

Die Karriere der legendären Pekingente beginnt mit der Aufzucht. Drei Wochen vor dem Schlachten wird sie viermal am Tag mit Hirse, Mungbohnen und Weizen gemästet, sodass sie nach 65 Tagen mindestens zwei Kilogramm wiegt. Diese Mastzeit muss die Ente »absitzen«, sie darf sich nicht bewegen, das garantiert dünne Haut und zartes Fleisch.

Beim Schlachten wird darauf geachtet, dass die Haut vom Kopf bis zum Schwanz unverletzt bleibt. Schließlich wird Luft unter die Haut gepumpt und der Entenkörper mit kochendem Wasser überbrüht. Um die Haut knusprig zu machen, bepinselt man sie mit einer Glasur aus Malzzucker. Danach hängt man die Ente an einem kühlen Ort zum Trocknen auf.

Bevor die Ente in die Röhre kommt, füllt man kochendes Wasser in den Rumpf. Das Wasser verdampft und gart das Fleisch von innen, während die Entenhaut eine tiefrote Farbe annimmt. Fünf Minuten nach Verlassen des Ofens zerteilt der Koch die Ente so in Dutzende Stücke, dass an jedem noch etwas von der Haut klebt.

Pekingenten in einem Delikatessenladen in China

Eckart Witzigmann,
»Koch des Jahrhunderts« (»Gault Millau«):

»Welche Ente ich wähle – ob Challans, Barbarie, Nantaiser oder Rouenaiser –, hängt natürlich davon ab, welches Gericht ich zubereiten will.

Wenn ich Freunde zu mir nach Hause in meine Münchner Wohnung einlade, wähle

Eckart Witzigmann

ich meist eine bayerische Bauernente, die ich auf dem Viktualienmarkt kaufe. Ich achte darauf, dass die Haut der Ente schön straff ist, dass sie keine gelb-braunen Flecken hat und dass sie unter den Flügeln trocken ist. Sie darf nicht schwitzen!

Bei der Zubereitung ist wichtig, dass der typische Entengeschmack nicht verfälscht wird. Andere Aromen sollten nicht dominieren! Ich würze die Ente also klassisch: von außen mit Salz, Pfeffer und einem Hauch Paprika und von innen mit Salz, Pfeffer, viel Petersilie und einer Prise Majoran.

Anschließend kommt sie, auf der Keulenseite liegend, bei 210 Grad in den Ofen. Mit einem Rouladenspieß einstechen, damit das Fett austreten kann. Nach 20 Minuten die Temperatur auf 180 Grad senken. Die Keulenseite nach 30 Minuten wechseln und nach einer Stunde die Brustseite nach oben drehen. Zwischendurch übergieße ich sie mit Bratenfett. In den Bräter kommen höchstens noch Schalotten in der Schale oder – besonders köstlich – karamellisierte Perlzwiebeln mit weißen Rübchen.

Zum Schluss die Ente auf einem heißen Teller ruhen lassen, damit sich der Saft im Fleisch schön verteilt. Die Haut mit einer Mixtur aus Honig, Essig und Wasser einpinseln. Anschließend kommt der Vogel noch einmal bei starker Oberhitze für ein paar Minuten in die Röhre, damit er schön kross wird.«

FOIE GRAS
Zwischen Himmel und Hölle

Foie gras, **klassisch angerichtet** mit Trauben und Äpfeln

Foie gras ist eine höchst umstrittene Delikatesse. Auf der einen Seite von exquisiter Köstlichkeit. »Eine Speise, die im Himmel geboren wurde!«, schwärmen Gourmets. Auf der anderen Seite von großer Grausamkeit. Die Produktion der kostbaren Fettleber ist für die Tiere eine unvorstellbare Tortur.

Delikatesse mit langer Geschichte

Die kulinarische Karriere der Foie gras begann im alten Ägypten. Dort beobachtete man, dass Zugvögel vor ihrer langen Reise große Energiereserven anlegten. Sie futterten wochenlang wie die Besessenen. Dieses völlig natürliche Verhalten nutzten die Bauern, um Gänse, Enten, Wachteln und andere Vögel zu mästen. Dass sich dadurch auch zwangsläufig die Leber vergrößerte, war eine willkommene Begleiterscheinung.

Die Römer wiederum perfektionierten viele Hundert Jahre später die antike Foie gras-Produktion. Sie verfeinerten den Geschmack und die Konsistenz der Leber, indem sie die Gänse nicht nur mit Getreide, sondern auch mit Datteln, Feigen und anderen Früchten fütterten. Die-se Technik des sanften Stopfens begleitete schließlich die römischen Feldherren und fand so ihren Weg nach »Gallia Lugdunensis«, dem heutigen Frankreich.

Die Grande Nation ist seit diesen Tagen die Heimat der Foie gras. Die Züchter aus dem Périgord und aus der Gascogne beherrschen fast 80 Prozent des gesamten Weltmarktes. Den Rest teilen sich Ungarn, Bulgarien, Israel, Spanien und Belgien. Gemeinsam produzieren sie jedes Jahr über 20 000 Tonnen feinste Gänse- und Entenleber.

Ein Bauer **beim Stopfen** der Gans

Hochgenuss mit grausamem Hintergrund

Gekühlte Gänseleber auf warmem Toastbrot und dazu ein leichter Champagner – das gehört zu den Höhepunkten im Leben eines echten Genießers! Die Foie gras liegt geschmeidig auf der Zunge. Sie zergeht langsam, entfaltet vielfältige Aromen und spielt dabei mit den Geschmacksknospen eine stille Sinfonie. Ein Stück, das von Lukullus persönlich komponiert worden sein könnte.

So weit das Gute an der Sache. Leider gibt es auch noch eine andere Seite. Eine, die sich vor allem hinter den Kulissen abspielt. Die Produktion der kostbaren Fettleber ist an grausamen Details kaum zu überbieten.

Die Tortur der Gänse und Enten nimmt in einer Brüterei ihren Anfang. Dort trennt man die Küken am Fließband nach Geschlechtern. Die weiblichen Tiere werden nicht gebraucht, da ihre Leber nicht groß genug wird. Sie werden aussortiert und lebend in einen Schredder geworfen. So barbarisch das sein mag, angesichts des beispiellosen Martyriums ihrer männlichen Artgenossen ist es schon fast eine humane Lösung.

Um die kostbare Fettleber zu gewinnen, werden die Ganter zwangsernährt. Das Stopfen beginnt im Alter von neun Wochen. Unmengen von Mais, Nudeln und Salz werden bis zu viermal täglich mithilfe eines eisernen Rohres und Druckluft in den Magen der Gans gepumpt. Nach dieser »Behandlung« wird der Hals mit einem Ring verschlossen, um das Tier am Würgen zu hindern. Auf diese Weise schwillt die Leber der Gans auf bis zu ein Kilogramm Gewicht an. Normal sind 150 Gramm.

Durch das Stopfen schwillt die Leber der Gans auf **bis zu ein Kilo** Gewicht an.

Auf den Menschen umgerechnet, bedeutet diese Turbomast, dass wir täglich rund ein Fünftel unseres Körpergewichts essen müssten. Ein Mann mit einem Gewicht von 75 Kilogramm müsste also 15 Kilo Nahrung an einem einzigen Tag verdauen.

Das Leben dieser Gänse ist eine fürchterliche Qual. Während der wochenlangen Folter blähen sich die Tiere auf, ihre Speiseröhren sind mit Wunden übersät, und ihre Knochen brechen unter dem Gewicht ihrer aufgedunsenen Körper. Sie erleiden solch unvorstellbare Schmerzen, dass manche ihren Kopf so lange auf den Betonboden schlagen, bis sie sterben. Der Tod wird von diesen Geschöpfen als Erlösung empfunden.

Fragwürdiges nationales Kulturerbe

Die französische Nationalversammlung hat 2005 die Foie gras in einem Zusatz zum Landwirtschaftsgesetz zum »nationalen Kulturerbe« erklärt. Durch diesen Winkelzug ist das Stopfen der Gänse und Enten von den Tierschutzgesetzen des Landes ausgenommen.

In Deutschland ist die **Produktion von Stopfleber verboten** – nicht aber deren Einfuhr und Verkauf.

In Deutschland, in Österreich und in der Schweiz ist die Produktion von Stopfleber dagegen verboten. Nicht verboten sind allerdings – welch eine Heuchelei! – die Einfuhr und der Verkauf dieser Ware. Deutschland importiert jedes Jahr über 130 Tonnen Gänse- und Entenstopfleber.

INFO Französische Handelsformen

♦ **Foie gras entier**
100 Prozent Foie gras, gewürzt. Beste Qualität! Entweder wurde eine ganze Fettleber verarbeitet oder einzelne, große Stücke, die allerdings nur von einem einzigen Tier stammen dürfen. Erlaubte Würzmittel sind Salz, Zucker, Gewürze, Kräuter, Eau de vie und auch Wein.

♦ **Foie gras**
100 Prozent Foie gras, gewürzt. Die Stopfleber besteht aus vielen einzelnen Leberstücken, die in der Regel von verschiedenen Tieren stammen.

♦ **Bloc de foie gras**
100 Prozent Foie gras, gewürzt. Zerkleinerte Leberstücke von verschiedenen Tieren, die zu einem runden Block geformt wurden. Lässt sich am einfachsten anrichten. Steht zusätzlich »avec morceaux« auf dem Etikett, so sind große, sichtbare Leberstücke verarbeitet worden.

♦ **Foie gras truffé**
Besteht aus Stopfleber und Trüffeln. Wobei mindestens drei Prozent Trüffeln enthalten sein müssen.

♦ **Paté, purée, mousse oder galantine de foie gras**
Stopfleber gemischt mit anderen Lebensmitteln wie Schweinefett, Eier, Portwein, Geflügelleber, Gelatine oder Eiweiß. Mindestens 50 Prozent Foie gras müssen enthalten sein. *Ein Parfait de foie gras* muss dagegen 75 Prozent Stopfleber enthalten.

♦ **Foie gras cru**
Rohe Stopfleber. Wird hauptsächlich von Chefs oder Hobbyköchen verwendet, die daraus ihre eigenen Terrinen oder Pasteten kreieren.

Foie gras mi-cuit ♦
Stopfleber, die im Gegensatz zur Konserve kürzer sterilisiert wurde. Muss im Kühlschrank aufbewahrt werden. Haltbarkeit etwa sechs Monate. Die halb gekochte Foie gras hat ein intensiveren Geschmack.

Die Besten

1. Foie gras aus dem Périgord und aus der Gascogne

Frankreich beherrscht den Weltmarkt nicht nur quantitativ, sondern auch qualitativ. Das Mutterland der Foie gras produziert unangefochten die beste Gänsestopfleber der Welt. Gegen die jahrhundertlange Erfahrung haben andere Produktionsländer wie Ungarn, Bulgarien oder Belgien keine Chance.

Traditionell arbeiten die besten französischen Hersteller im Südwesten des Landes, im Périgord und weiter südlich in der Gascogne. In der historischen Provinz Gascogne – d'Artagnan hat sie weltberühmt gemacht – kommen die erfolgreichsten Züchter vor allem aus dem Département Landes. Hier geben sich die Sterne-Köche Frankreichs auf der Suche nach der besten Foie gras die Klinke in die Hand.

Foie gras aus dem **Perigord** im Glas

Die Besten der Besten werden jedes Jahr vom französischen Landwirtschaftsminister in Paris ausgezeichnet. Sie dürfen sich nach einem beinharten Ausleseprozess mit der Goldmedaille des »Concours Général Agricole« schmücken. Die Gewinner des Jahres 2008 haben wir separat aufgelistet.

Entenleber ist übrigens weltweit auf dem Vormarsch. Gänseleber wird dagegen immer seltener hergestellt. Der Grund: Eine Ente zu mästen wirft mehr Profit ab! Enten lassen sich einfacher stopfen und verarbeiten das Futter schneller. Außerdem wehren sie sich beim Stopfen nicht so heftig wie die störrischen Gänse.

TIPP »Concours Général Agricole« – Goldmedaillengewinner 2008

- **Foie gras entiere et entire mi-cuit**
  René et Ghislaine Boutines, Montégut-Saves
  Ferme Birouca, Mugron
  Christian Labat, Doazit
  EARL Ferme Loupret – Ducasse et Fils, Toulouzette
  GAEC Ferme Lacère, Bahus Soubiran
  Lartigue et Fils, Pontonx sur L`Adour
  M. et Mme. Chioukh, Maroux
  Palmilandes SAS Frères Gourmets, Roquefort
  SARL La Drosera Gourmande, Laguiole
  André Lescaze – Atelier du foie gras, Dax
  Valette SAS, Gourdon

Arno Steguweit,
Sommelier im »Fischers Fritz« (Hotel »The Regent«) in Berlin – zwei Michelin-Sterne:

»Zur Gänseleberterrine passt ein Süßwein. Das ist die klassische Kombination! Manche Gerichte sind wohl für ganz bestimmte Weine erfunden worden. So wie in diesem Fall. Der hohe Fettgehalt der Foie gras wird durch die Süße des Weines etwas gemildert.

Ich empfehle einen ›1976 Vieux Pineau des Charentes‹ aus dem berühmten Branntwein-Haus ›Guy Lhéraud‹ im Westen Frankreichs. Bei diesem Wein wird der Traubenmost im Verhältnis 3:1 mit einem alten Cognac veredelt und in Eichenfässern gelagert. Sehr interessant ist auch ein ›1998 Rivesaltes

Ambre 15/10‹ vom ›Château La Casenove‹ aus Trouillas im Herzen des Languedoc-Rousillon. Dieser Süßwein wird aus den weißen Trauben Macabeo und Grenache Blanc gewonnen. Beide Weine haben viel Charme und einen geheimnisvollen Charakter.

Wird die Gänseleber gebraten serviert, muss ein Sauternes kredenzt werden. Die perfekte Symbiose! Dieser Wein nimmt die Röststoffe der Gänseleber elegant, geradezu spielerisch auf. Es entwickelt sich am Gaumen ein Wohlgefühl, das schwindeln macht. Ein unerreicht sinnliches Erlebnis! Versuchen Sie einen ›2004 Château Rieussec, 1er Premiere Cru Classé, Sauternes Blanc AOC‹. Das Weingut gehört seit Anfang der 80er-Jahre zum Hause Rothschild.

Foie gras als Mousse verlangt nach einem kraftvollen Moselriesling. Diese Weine zählen wegen ihrer Finesse und ihrer einzigartigen Mineralik zu den besten Rieslingen der Welt. Das Spiel zwischen Frucht und Säure, gepaart mit *Mousse de Foie gras* – das ist schwer zu beschreiben, man muss es erleben! Zum Beispiel mit einem ›2006 Graacher Domprobst Riesling Beerenauslese Nr. 8‹ von dem kleinen Weingut ›Willi Schaefer‹ in Graach an der Mosel.«

GANS

Es gibt ein Leben nach dem Martinstag

Gänsebraten: das klassische **Sankt-Martins-Gericht**

Die Geschichte ist bekannt. Als die Bürger von Tours, einer kleinen Stadt zwischen Orléans und der Atlantikküste, den heiligen Martin zum Bischof ernennen wollten, versteckte er sich in einem Gänsestall. Er fühlte sich diesem hohen Amt nicht gewachsen. Die Gänse jedoch reagierten auf den Eindringling wie einst auf dem römischen Kapitol auf die herannahenden Gallier: Sie schlugen mit lautem aufgeregtem Schnattern Alarm. Martin wurde entdeckt und in der Basilika von Tours, die heute seinen Namen trägt, zum Bischof geweiht.

Dieser »Verrat« der Gänse hatte eine in der Geschichte beispiellose Vergeltungsaktion zur Folge. Immer am 11. November, dem Tag der Beisetzung des heiligen Mönchs, werden auf der ganzen Welt Gänse geschlachtet und verspeist. Es müssen unzählige Millionen sein, die seitdem ihr Leben gelassen haben. Hätten sie damals bloß ihren Schnabel gehalten!

Gibt es – für Gänse – ein Leben nach dem Martinstag? Es gibt ein Leben, wenn auch ein recht kurzes. Die Gnadenfrist dauert nur wenige Wochen. Zu Weihnachten kommen die auf den Tisch, die den 11. November überlebt haben. Gänsebraten ist *das* klassische Weihnachtsessen. Die Hälfte aller deutschen Haushalte schwören auf Gans an den Festtagen. Gefüllt mit Weißbrot, Äpfeln, Maronen, gehackter Gänseleber, Majoran und Knoblauch. Mit Speckscheiben umwickelt. Begossen mit dem eigenen Schmorsud, bis die Haut kross und honigfarben ist. Und serviert mit dampfenden Kartoffelklößen und Rotkraut.

Schade nur, dass bei so viel Aufwand der knusprige Gänsebraten meist eine Enttäuschung ist. Der häufigste Grund: Die Gans wurde im Supermarkt gekauft. Seit der EU-Osterweiterung drängen Billiggänse aus Polen und Ungarn verstärkt auf den deutschen Markt. Inzwischen sind es 30 000 Tonnen – über drei Millionen Gänse – pro Jahr.

Seit der EU-Osterweiterung kommen bei uns **immer öfter Billiggänse auf den Tisch.**

Rentable Billiggänse

Der niedrige Preis, zwei Euro pro Kilogramm, lockt die Käufer. Dass die Gänse so günstig angeboten werden können, liegt an der mehrfachen Verwertung der Tiere. In Polen und Ungarn ist es üblich und erlaubt, das Federvieh bis zu viermal bei lebendigem Leib zu rupfen. Diese Tortur erhöht die Rendite. Die Gänsefedern werden gewinnfördernd an die Daunen- und Federindustrie weitergereicht.

In sehr vielen Fällen sind die tiefgefrorenen Billiggänse aus Ungarn auch ein Abfallprodukt der Stopfleberherstellung. Die Mastbetriebe erzielen um die 60 Euro für eine Gänseleber. Der Rest des Tieres, meist Keule und Brust, wird zu Dumpingpreisen auf den Markt geworfen. Zählt man die Einnahmen für die Federn hinzu, so verdienen die Erzeuger dreimal an ihrem Produkt. Die Gans hat sich also längst gerechnet, bevor sie in den Tiefkühltruhen der deutschen Supermärkte verschwindet.

Die **Mehrfachverwertung** der Tiere macht die Gänse so billig.

TIPP Einkauf

Meiden Sie Gänse oder Gänseteile aus der Tiefkühltruhe! Die Qualität und die Herkunft von tiefgefrorenem Geflügel lassen sich nur sehr schwer überprüfen. Was manche Produzenten ausnutzen.

Kaufen Sie grundsätzlich nur frische Ware. Eine gute, junge Gans erkennt man am Brustbein. Bei Gänsen, die ihren ersten Geburtstag nicht feiern durften, ist der Brustbeinfortsatz noch sehr biegsam. Bei älteren Tieren sind die Knorpel bereits verknöchert.

Die Haut sollte gleichmäßig hell sein, ohne Flecken und Federreste. Ist sie zu dunkel, handelt es sich um eine ältere Gans. Das Tier darf auf keinen Fall zu mager sein, sonst wird der Braten später zu trocken. Vor allem die Brust muss fleischig und nicht »eingefallen« wirken.

Die Besten

1. Deutsche Weidegans

Das Fleisch von Tieren, die auf der Weide gehalten werden, ist fettärmer, saftiger, zarter, feiner, aromatischer, fester und leider auch teurer als das Fleisch von Tieren, die ihr Dasein in dunklen Ställen fristen. Das gilt für Lamm, Rind und Schwein. Und das gilt auch für die Gans. Der Grund liegt auf der Hand: Weidetiere bewegen sich mehr, ernähren sich natürlich und wachsen langsamer. Dieser Dreiklang ermöglicht die außergewöhnliche Qualität ihres Fleisches.

Ein glückliches Leben, das man schmeckt

Die deutsche Weidegans erblickt das Licht der Welt im Stall. Nach wenigen Wochen, wenn die Küken befiedert, also wetterfest sind, dürfen sie auf die Weide und auf die Teiche.

Dort finden sie saftiges Gras, frische Binsen, gründeln nach Wurzeln und kleinen Wasserpflanzen. Morgens und abends erhalten sie zusätzlich Hafer, Gerste oder Weizen. Nach 28 bis 32 glücklichen Wochen werden sie geschlachtet. Sie bringen dann bis zu 7,5 Kilogramm auf die Waage.

Zum Vergleich: Gänse in der Intensivmast werden nach 16 Wochen geschlachtet. Sie wiegen dann bis zu 6,5 Kilogramm. Und die Schnellmast produziert in nur neun Wochen Tiere mit einem Gewicht von bis zu 5,5 Kilogramm. In beiden Fällen müssen die Tiere ihr stattliches Gewicht im Rekordtempo erreichen. Gemästet wird ausschließlich im Stall, auf hartem Betonboden, unter Kunstlicht, in drangvoller Enge. Das Fleisch der Gänse schmeckt entsprechend.

Deutsche Weidegänse

Das Fleisch der Weidegans ist dagegen deutlich geschmackvoller. Durch die Bewegung der Tiere ist es dunkler und vor allem fettärmer. Das wenige Fett schwimmt nicht wie bei der Mastgans auf dem Muskel, sondern ist im Fleisch integriert. Feine Fettadern durchziehen, ähnlich wie beim Rind, das Muskelfleisch. Außerdem ist es wasserärmer. Dadurch entsteht ein geringerer Bratverlust. Sie haben also mehr Gans auf dem Teller.

Einkauf ist Vertrauenssache

Wo kauft man eine deutsche Weidegans? Schlachtfrisch! Beim Gänsezüchter, Geflügelhändler oder Metzgermeister Ihres Vertrauens. Das ist die beste Wahl! Da können Sie nichts falsch machen! Entsprechende Adressen erhalten Sie von den Verbraucherzentralen oder den Landwirtschaftskammern der einzelnen Bundesländer. Melden Sie sich frühzeitig, die Nachfrage ist hoch.

Im Einzelhandel dagegen wird es tückisch. Denn auch eine in Polen gemästete Gans, die in Deutschland geschlachtet wird, darf die Bezeichnung »deutsche Gans« tragen. Legaler Betrug! Lassen Sie sich auch von Werbeschlagworten wie »von ausgesuchten Landhöfen« oder »Hafermastgans« nicht irritieren. Alles Marketing-Lügen! Garniert mit hübschen Bildern von idyllischen Landschaften.

Gänse, die das Etikett mit den **drei D** tragen, wurden in Deutschland geboren, aufgezogen und geschlachtet.

Hilfreich ist ein kleines, halbovales Etikett. Dieses Etikett ist vom Gesetzgeber vorgeschrieben und gibt Auskunft über Gewicht, Preis, Lagertemperatur oder Handelsklasse. Auf diesem Etikett sollte auch der Buchstabe »D« dreimal aufgeführt sein. Die drei D garantieren, dass die Gänse in Deutschland geschlüpft, aufgezogen und geschlachtet wurden. Die drei D sagen allerdings nichts über die Mast-Variante aus. Sie garantieren also nicht, dass Sie eine glückliche Weidegans erworben haben. Diese Garantie kann Ihnen in der Tat nur der Gänsezüchter geben.

Arno Steguweit,
Sommelier im »Fischers Fritz« (Hotel »The Regent«) in Berlin – zwei Michelin-Sterne:

»Der klassische Gänsebraten ist ein schweres, fettreiches Gericht. Dazu passen keine Rotweine, die zu jung, zu fruchtig sind. Ihre Aromen würden den Geschmack der Gans zu stark dominieren. Ich empfehle Rotweine, die bereits einige Jahre auf dem Buckel haben. Nur gereifte Tropfen unterstützen die feinen Nuancen einer gebratenen Gans. Das sind meist Weine, die nicht im Vordergrund stehen, sondern mit ihrer Kraft und ihrer Finesse erst auf dem zweiten Blick gefallen.

Der ideale Begleiter ist ein traditioneller Barolo. Mit Nuancen von Kräutern, etwas Erdigkeit und einer sehr besonderen Säure passt er perfekt zum Gänsebraten. Ein mächtiger Wein zu einem mächtigen Gericht! Am besten schmeckt der Barolo, wenn er bereits einige Jahre gereift ist. Ich empfehle einen ›1997 Barolo Sperss‹ von Angelo Gaja aus dem Piemont. Ein teures, aber großartiges Vergnügen!

Eine Alternative für den kleineren Geldbeutel ist ein Rioja Riserva aus dem Nordosten Spaniens, etwa fünf Jahre alt. Er wird ähnlich wie ein Barolo traditionell, also im Holzfass, ausgebaut und hat selten ein zu fruchtiges Aroma. Hervorragend ist zum Beispiel der ›2001 Reserva Conde de la Salceda, D.O. ca Rioja‹ von dem alten Weingut ›Bodega Vina Salceda‹ aus Elciego.

Eine günstige und zugleich moderne Variante ist ein Merlot aus Bulgarien. Die Merlot-Traube bringt pfeffrige und rauchige, manchmal speckige Noten hervor. Diese Weine sind vollmundig, komplex und weisen eine feine erdige Note auf. Zum Gänsebraten würde ich einen ›2004 Enira Reserva‹ vom Weingut ›Bessa Valley‹ nehmen oder einen ›1999 Merlot Reserva Rojen‹ von der Weinkellerei Sandanski.«

HUHN
Die glücklichen Vögel aus der Bresse

Die **Nummer eins** unter den Delikatess-Hühnern: Poule de Bresse.

Das Gemeine Haushuhn ist – obwohl es besser laufen als fliegen kann – ein Vogel. Genauer gesagt ist es ein Hühnervogel. Es gehört zur Familie der Glattfußhühner und ist eine Zuchtform des Bankiva, eines Wildhuhns aus Südostasien.

Per Gesetz zur Hühnerhaltung
Das Huhn dient dem Menschen seit Jahrtausenden als wichtige Nahrungsquelle. Sahen die Ägypter im Hahn noch ein Kulttier, das morgens den Sonnengott pries, so betrachteten die Römer das Federvieh vornehmlich als Fleischlieferanten. In Deutschland begann die organisierte Geflügelhaltung mit Karl dem Großen. Er ordnete per Gesetz an, dass Bauern Hühner halten müssen. Der Kaiser hatte Erfolg! Heute leben in Deutschland mehr Hühner als Menschen, nämlich 107 Millionen. Sie produzieren zehn der 17 Milliarden Eier, die jedes Jahr in Deutschland gegessen werden. Der Rest wird importiert.

Poulet, Poularde und Kapaun
Dem Gourmet sind solche Zahlenspiele einerlei. Seine

Welt unterscheidet zwischen Poulet, Poularde und Kapaun. Das Poulet darf in seinem kurzen Leben lieben und sich fortpflanzen. Der Poularde dagegen bleiben diese Freuden vorenthalten. Sie wird entweder vor ihrer Geschlechtsreife geschlachtet oder kurz nach der Geburt mit dem Skalpell künftiger Mutterfreuden beraubt. Durch die Kastrierung werden die Tiere deutlich ruhiger. Das Fleisch wird feiner, nimmt mehr Fett auf und schmeckt wegen der fehlenden Sexualhormone angenehmer.

Das männliche Gegenstück zur Poularde ist der Kapaun. Im zarten Alter von sieben Wochen werden dem Küken ohne Betäubung die Hoden entfernt. Anschließend wird er fett wie ein Eunuch. Ein Kapaun kann bis zu sechs Kilogramm wiegen, wenn er die Feinkost-Geschäfte erreicht: behutsam gerupft, gebadet in Milch und eingewickelt in ein feines Leinentuch, um seine Haut zu schützen.

Der Kapaun ist der **klassische Festtagsbraten** in Frankreich und Italien.

Das Fleisch von Kapaunen ist eine echte Delikatesse. Es ist besonders mild, weiß und fett. In Frankreich und Italien serviert man *les chapons* bzw. *i capponi* vor allem zu hohen Festtagen, zu Weihnachten, Silvester oder Neujahr. In Deutschland haben die kastrierten Hähne keine Tradition. Nur etwa 1500 Exemplare landen jährlich in der Bratröhre.

Die Besten

1. Poule de Bresse

Im nächsten Leben ein Huhn? Warum nicht? Aber bitte nur in der Bresse! Dort stehen einem Huhn laut Gesetz zehn Quadratmeter Wiese zu. Das entspricht der durchschnittlichen Größe eines deutschen Kinderzimmers. In unseren Gefilden dagegen muss sich ein Huhn »in Freilandhaltung« mit vier Quadratmetern begnügen, und in »Bodenhaltung« werden neun Tiere auf einen einzigen Quadratmeter gepfercht.

Landstrich mit Auszeichnung

Die Bresse wird als »eine der schönsten Umwege Frankreichs« gepriesen. Sie liegt etwas versteckt im Osten des Landes, eingebettet zwischen zwei Bergzügen, dem Zentralmassiv und dem Jura. Drei Regionen teilen sich das Gebiet: Rhône-Alpes im Süden, Bourgogne im Norden und Franche-Comte im Osten. Dieser Landstrich trägt seit 1957 die Auszeichnung AOC (Appellation d'Origine Contrôlée).

Die Aufzucht eines Bresse-Huhns unterliegt **strengsten Bestimmungen.**

AOC ist Verkaufsförderung und Verpflichtung zugleich. Zwar darf kein anderes Huhn in der Welt den Namen Bresse tragen, gleichzeitig sind aber strengste Bestimmungen zu erfüllen. Unter anderem muss die Produktion nach klar festgelegten Kriterien erfolgen, die Rasse darf genetisch oder durch Kreuzung nicht modifiziert werden, die Hühner, Poularden und Kapaune müssen in der Bresse geboren und aufgezogen werden. Über die Einhaltung wacht das »Comité Interprofessionel de la Volaille de Bresse« in Louhans.

Unverkennbar in Aussehen und Geschmack

Das **Bresse-Huhn** schmückt sich in den Farben der Trikolore.

Ein Huhn aus der Bresse ist unverkennbar. Es trägt die französischen Nationalfarben am Körper: blaue Stelzen, weißes Gefieder, roter Kamm. Außerdem sind die Tiere durch ein Siegel in den Farben der Trikolore mit dem Namen des Züchters und einen nummerierten Ring am Fuß leicht zu identifizieren.

Wem das nicht reicht, kann es auch schmecken. Er sollte ein Bresse-Huhn von einem geübten Koch auf traditionelle Weise zubereiten lassen. *Poulet á la crème* heißt dieser Hochgenuss. Das Geflügel wird zerteilt, die einzelnen Stücke in Butter gebraten, sodass sich eine goldbraune Schutzschicht bildet, die verhindert, dass der Saft verloren geht. Anschließend gart man die Stücke in einer Sahne-Weißwein-Sauce. Dazu ein Glas Chardonnay, und die Welt ist wieder halbwegs in Ordnung.

Ganz besonders für Paul Bocuse, den Wegbereiter der »Nouvelle Cuisine«. Er verhalf auch den Hühnern aus der Bresse zu einer Renaissance in Frankreich. »Die besten Kapaune und feinsten Poularden kommen aus der Bresse!«, sagt der Mann, der vom »Gault Millau« zum »Koch des Jahrhunderts« gekürt wurde. Seinen Bedarf deckt Bocuse direkt vor Ort, auf dem Hühnermarkt in Louhans. Dort findet jedes Jahr Mitte Dezember auch »Les glorieuses de Bresse« statt. Die besten Geflügelzüchter der Bresse treten gegeneinander an. Ein Fest für Gourmets!

INFO Effilé

Geflügel, das komplett, also mit Hals, Kopf, Füßen und Innereien (ohne Darm), angeboten wird, nennt man *Effilé*. Die fairste Form, Hühner, Kapaune oder Poularden zu verkaufen! Denn diesem Geflügel sieht man an, wie es gehalten wurde. Gesunde Schnäbel und Füße sind ein klares Indiz für eine gesunde Freilandhaltung.

Käfigtieren dagegen werden die Schnäbel gekürzt, damit sie sich nicht gegenseitig tothacken. Außerdem schneidet man ihnen beim Schlachten die Füße ab, da sie durch die Käfigstäbe völlig zerstört sind.

Freilandhühner führen ein gutes Leben.

2. Poulet de Houdan

»Das Fleisch erinnert an die Feinheit der Taube und an die Wildheit des Rebhuhns. Es ist dunkel, fest, saftig und unvergleichlich wohlschmeckend.« So schwärmen Feinschmecker vom Houdan, das die Konkurrenz aus der Bresse nicht fürchten muss.

So stolz das Bresse-Huhn auftritt, so skurril wirkt das Houdan-Huhn. Es sieht aus, als käme es gerade von einer Faschingsparty. Wildes grau-schwarz-weißes Federkleid, wirrer Kopfschmuck, kurze, dünne, federfreie Stelzen, seltsam geformter Kamm und stolze schwarze Schwanzfedern. Das kommt also dabei heraus, wenn man Hennen aus Houdan mit ihren Artgenossen aus Padua kreuzt.

Das **wilde Gefieder** des Houdan-Huhns.

So komisch sie aussehen, so gut schmecken sie. Hühner aus Houdan wurden bereits zu Zeiten Ludwigs XIV. in Versailles aufgetragen, sie schmückten die festlichen Tafeln am Zarenhof in Sankt Petersburg, und sie mundeten einem kleinen Korsen namens Napoleon. Noch bis ins 19. Jahrhundert war das Houdan das Maß in der Welt des Geflügels. Bresse? Das war damals nur ein unbekanntes Provinznest im äußersten Osten Frankreichs.

Leidenschaftliche Geflügelzüchter

Houdan dagegen lag und liegt viel näher am Zentrum der Macht, des Geldes und des feinen Geschmacks. 50 Kilometer östlich der Hauptstadt Paris und nur einen Steinwurf von Versailles entfernt. 3000 Seelen leben noch heute in der kleinen Stadt, die einst als Poststation Paris mit der Bretagne verband. Zehn dieser Seelen sind aus Überzeugung und aus Leidenschaft Geflügelzüchter. Sie arbeiten hart, um dem Houdan-Huhn wieder zu altem Ruhm zu verhelfen.

3. Géline de Touraine

Das Géline gehörte noch vor wenigen Jahrzehnten zu den bedrohten Tierarten. Wurden in den 20er-Jahren des vergangenen Jahrhunderts noch 750 000 Stück gezählt, so wurde es nach dem Zweiten Weltkrieg nach und nach von »produktiverem« Geflügel verdrängt. Sogar in Frankreich, wo die Götter zu speisen pflegen, bedurfte es einer Handvoll mutiger Männer, um eine Köstlichkeit wie das Géline de Touraine neu zu entdecken. Heute schmückt das edle Federvieh aus dem Loire-Tal wieder die Speisekarten der großen französischen Restaurants.

Die Heimat des Géline-Huhns

Die Touraine mit ihrer Hauptstadt Tours liegt 250 Kilometer südwestlich von Paris. Im Mittelalter wurde dieser Landstrich »Der Garten Frankreichs« genannt. Das milde Atlantikklima und der nahrhafte Boden sorgen noch heute für eine überwältigende Vegetation. Diese liebliche Gegend mit ihren tausend Schlössern beherbergte über viele Jahrhunderte die französischen Könige und das Géline-Huhn. Das Géline hat Ähnlichkeit mit dem Houdan. Es wirkt nur deutlich gepflegter, nicht umsonst wird es auch »La Dame noire« genannt. Es ist klein, pechschwarz und von beeindruckender Eleganz. Sein Fleisch ist weiß, sehr fest und trotzdem überaus zart wie bei den meisten frei lebenden Hühnern.

Das **Géline-Huhn** trägt auch den Namen »La Dame noire«.

TIPP Küche

Ein »perfektes Huhn« ist sogar für routinierte Köche ein echter Prüfstein. Eine Bresse, ein Houdan oder ein Géline kann man nicht einfach wie einen gewöhnlichen Gummiadler in den Ofen schieben und sich dann vor den Fernseher hocken.

Das kompakte, sehr feste Hühnerfleisch fordert exaktes Timing. Drei, vier Minuten zu lange gegart, und schon ist das teure Tier knochentrocken. Wichtig: Lassen Sie das Fleisch nach dem Braten ein wenig »ausruhen« – das hält es zart und saftig. Und: Kaufen Sie abgehangenes Huhn, oder lassen Sie es in einem gut belüfteten Kühlraum ein bis zwei Wochen reifen.

LAMM

Das kurze Leben der Deichschützer

Lamm ist – richtig zubereitet – eine **echte Delikatesse.**

»Das Fleisch vom Lamm ist zäh, schmeckt unangenehm und riecht streng.« Wer so redet, dem wurde Hammelfleisch serviert. Vielleicht sogar das Bruststück eines Bocks, also eines männlichen, nicht kastrierten Schafes. Und *das* ist in der Tat nur etwas für tough guys.

Lamm dagegen ist eine Delikatesse. Vorausgesetzt, man kauft das richtige Fleisch und es wird richtig zubereitet. Eine Lammkeule aus dem französischen Limousin zum Beispiel, rosa gebraten, mit viel Knoblauch, einem Zweig Rosmarin, etwas Thymian, Rotwein und ein wenig Olivenöl. Dazu ein Cote-Rotie, »La Landonne«, aus dem Tal der Rhône und ein paar gute Freunde am Tisch. Das ist Glückseligkeit! Bei diesem Festessen wird man keine Sekunde älter.

Lamm ist nicht Hammel

Lamm also niemals mit Hammel in einen Topf werfen. Das eine hat mit dem anderen wenig zu tun. Hammelfleisch stammt von einem männlichen Schaf, das bis zu zwei Jahre alt wird. Spätestens nach acht Monaten entwickelt es den typischen Hammelgeschmack. Diese intensive, wenig geliebte Note verstärkt sich noch, wenn das Tier im Sommer, während der Schur, geschlachtet wurde.

Lämmer wiederum werden in der Regel nicht älter als drei bis sechs Monate. Ihr Fleisch ist hellrosa, fettarm, sehr zart und hat ein mildes, leicht würziges Aroma. Die besten Stücke sind die Keulen, der Rücken und die hinteren Partien der Karrees. Man unterscheidet zwischen Milchlämmern, die nur mit Muttermilch gefüttert werden, und Weidemastlämmern, die sich von Mutter Natur ernähren und zusätzlich Kraftfutter erhalten.

Karrees, Rücken und Keulen sind die besten Stücke des Lamms.

INFO Lammfleischproduktion in Europa

Die Erzeugung von Lammfleisch geht in der Europäischen Union seit Jahren kontinuierlich zurück. Die größten Schafherden weiden mit über 23 Millionen Tieren in Großbritannien. In Frankreich, das das beste Lammfleisch der Welt produziert, werden dagegen nur 8,6 Millionen Schafe gehalten. Und in Deutschland zählen die Behörden noch knapp 2,5 Millionen Tiere.

Die Besten

1. Agneau Pré-Salé »Le Grévin«

Das zarteste und aromatischste Lammfleisch der Welt wächst an der französischen Atlantikküste heran: am Golf von St. Malo. Zu Füßen des majestätischen Mont-Saint-Michel und seiner weltberühmten Benediktinerabtei weiden die Agneaux Pré-Salé. Diese Salzwiesenlämmer gehören keiner speziellen oder außergewöhnlichen Rasse an. Zu etwas Besonderem werden sie nur durch die ungewöhnlich salzhaltige Vegetation an der normannischen Küste.

Die Heimat der Salzwiesenlämmer

Auf den Salzwiesen und Deichen zwischen Coutances und der Bucht von Mont-Saint-Michel wächst auf sandigem Boden eine Vielzahl von unterschiedlichen Pflanzen. Eine Vegetation, die sich an das Meerwasser angepasst hat und bei den ständigen Überflutungen nicht abstirbt. Außerdem lagern sich durch die heftigen Atlantikstürme, die bis tief im Hinterland wüten, immer wieder feinste Salzkristalle an den Gräsern ab. Diese von der Salzgischt gedüngten Weiden sind die Hauptnahrungsquelle der Schafherden. Die Tiere geben den würzigen und salzhaltigen Extrakt via Muttermilch an ihre Lämmer weiter. Das Agneau Pré-Salé darf sich 90 Tage daran erfreuen, dann wird es geschlachtet. Sein Fleisch gilt als außergewöhnlich zart, saftig und sehr aromatisch.

Das **berühmte Kloster** auf dem Mont Saint-Michel.

Neben der Fleischproduktion dient die Beweidung der Deiche dem Küstenschutz. Die Salzwiesenlämmer stampfen mit ihren Hufen das Marschland und die Deiche fest. Außerdem regen sie die Vegetation zu vermehrtem Wachstum an. Auf diese Weise sorgen sie für die Stabilität der Deiche und machen die Küste sturmflutsicher.

Rare Delikatesse, die ihren Preis hat

Die 45 Schafzüchter an der Bucht von Mont-Saint-Michel vermarkten das Agneau Pré-Salé unter dem Namen »Le Grévin«. Es ist das berühmteste und angeblich das beste Salzwiesenlamm der Welt. Wobei die anderen drei Pré-Salé-Marken der Normandie – L'estran, Agneau des Herbus und Agneau des Havres du Cotentin – der Konkurrenz sicherlich in nichts nachstehen. Insgesamt werden nur knapp 10 000 Lämmer pro Jahr verarbeitet.

Die Salzwiesenlämmer aus der Normandie sind bei Gourmets heiß begehrt und entsprechend teuer. Zahlt man für Lammfleisch aus Neuseeland, das in den Tiefkühltruhen der deutschen Supermärkte allgegenwärtig ist, im Schnitt acht Euro pro Kilogramm, so muss man in Frankreich für das Agneau Pré-Salé über 30 Euro pro Kilo auf den Ladentisch blättern. In Deutschland ist diese außergewöhnliche Delikatesse nur in erstklassigen Restaurants und Feinkost-Geschäften zu bekommen.

Agneau Pré-Salé bekommt man in Deutschland nur in erstklassigen Restaurants serviert.

2. Agneau du Limousin »Baronet«

Limousin liegt im Herzen von Frankreich. Berge, Seen und Wälder formen die raue Landschaft dieser Region. Dominiert wird das grüne Kleinod vom französischen Zentralmassiv. Terrassenförmig erstrecken sich seine bergigen Ausläufer von Ost nach West. Das Klima diktiert der nahe Atlantik. Seine Winde bringen viel feuchte Luft in die Hochebene, die im Winter von einer dicken Schneeschicht bedeckt ist.

Diese schroffe Schönheit, die Mensch und Tier über viele Jahrhunderte geprägt hat, ist die Heimat des Agneau du Limousin, das bekannt ist für seine Widerstandsfähigkeit und berühmt ist für sein Fleisch. Es wird als butterzart, saftig, mit unaufdringlichem Aroma gepriesen. Kaum ein französisches Sterne-Restaurant, das zum Osterfest seine Karte nicht mit Lammfleisch aus dem Limousin schmückt. Die Lämmer, die wegen der rauen Natur und des kargen Futters recht langsam heranwachsen, sind 70 Tage alt und im Schnitt 23 Kilogramm schwer, wenn sie zur Schlachtbank geführt werden.

Das Agneau du Limousin wird für sein **saftiges und butterzartes Fleisch** geschätzt.

Lämmer mit Adelstitel

Die besten von ihnen wurden bereits im zarten Alter von acht Tagen geadelt. Der Titel »Baronet«, der sonst blaublütige Engländer ziert, bezeichnet hier einen elitären Kreis von hoffnungsvollen Lämmern, die auf den Tellern von Bocuse und Co. Aufsehen erregen könnten. Mit »Baronet«

werden pro Jahr nur etwa 90 000 Tiere ausgezeichnet. Angesichts über einer halben Million Schafe im Limousin in der Tat etwas Besonderes.

Diese Bezeichnung garantiert darüber hinaus, dass Muttertier und Lamm im Limousin geboren und nicht gemästet wurden. Die Tiere haben sich ausschließlich und à volonté von Milch, Getreide und Futterpflanzen ernährt. Der Fachverband in der Hauptstadt Limoges verspricht: »Sa chair est tendre, savoureuse et sans excès de gras.« (»Sein Fleisch ist zart, herzhaft und hat wenig Fett.«)

3. Agneau de Pauillac

Saint-Estèphe, Haut Medoc, Margaux, Saint Julien – Namen, die in den Ohren von Weinkennern wie der Gesang von Engeln klingen. Diese weltberühmten *appellations* liegen allesamt im Médoc, einer kleinen Landzunge im Südwesten Frankreichs, die von der Mündung der Gironde und den Sandstränden des Atlantiks eingerahmt wird. Hier keltern Winzer wie Mouton-Rothschild, Latour oder Haut-Brion ihre gefeierten *premiers crus.*

Das **Agneau de Pauillac** stammt aus einer Gegend, die auch für ihre Weine weltberühmt ist.

Ein Lamm mit ruhmreicher Geschichte

Am Rande dieser gesegneten Landschaft liegt die kleine Hafenstadt Pauillac. Ebenfalls ein Wallfahrtsort für Rotwein-Liebhaber. Aber nicht nur! Pauillac steht auch für das nicht weniger bekannte Agneau de Pauillac, das den ehrenvollen dritten Platz unserer Lämmer-Liste belegt.

Der Ruhm des Agneau de Pauillac reicht in der Geschichte weit zurück. Als seine Majestät, Eduard VII. von England 1903 Paris besuchte, servierte man ihm zum Dinner im Elysée-Palast *gigot d'agneau de pauillac en croute.* Und im »Larousse Gastronomique«, Frankreichs bekanntester Koch-Enzyklopädie, wird im Jahr 1938 das Agneau de Pauillac als »le plus parfait«, das vollkommenste Milchlamm, gefeiert.

Kluge Kooperation

Wie ist nun das Médoc zum Lamm gekommen? Es war das Ergebnis einer intelligenten Symbiose aus Schafhirt und Weinbauer. Das Médoc war wegen seines milden Klimas ein idealer Überwinterungsort für die großen Schafherden, die in den Sommermonaten an den Hängen der Pyrenäen weideten. Als Gegenleistung für das gewährte Weiderecht düngten die Schafe mit ihrem Mist die Rebflächen der Weinbauern. Die Lämmer wurden schließlich an Ort und Stelle verkauft, in Pauillac geschlachtet und verschifft. Heute treiben die Wanderschäfer ihre Herden nicht mehr in das Médoc. Sie sind längst sesshaft geworden. Die Tiere grasen vorwiegend an den Ufern der Gironde, der Dordogne und dem Lot-et-Garonne, dem Gebiet zwischen diesen beiden großen Flüssen. Von Pauillac ist also nur noch der Name geblieben.

Schafherden an den Hängen der **Pyrenäen**

Gourmets schätzen den nussigen Geschmack

Das Agneau de Pauillac ist ein klassisches Milchlamm, das ausschließlich im Stall gehalten wird. Es wird mit Muttermilch und einem Konzentrat aus Getreide gefüttert. Spätestens nach 75 Tagen wird es geschlachtet. Es wiegt dann zwischen 11 und 15 Kilogramm. Sein Fleisch ist hellrosa, sein Fett fest und weiß. Feinschmecker rühmen vor allem den unverwechselbaren nussigen Geschmack.

TIPP Weitere Gourmet-Lämmer

Müritz-Lamm ♦

Die Tiere vom Züchter Schwagrzinna im Mecklenburger Land sind längst kein Geheimtipp mehr. Der Delikatessen-Versand »Otto-Gourmet« zählt 70 Sterne-Köche, die das Lammfleisch vom Hof Müritz regelmäßig in ihren Restaurants einsetzen. Die Lämmer sind eine Kreuzung aus Merino-Mutterschafen und Husumer Texel-Böcken. Ihr Aroma wird von den Moorwiesen in der Mecklenburgischen Seenplatte geprägt.

♦ **Nordfriesisches Salzwiesenlamm**
Wenig bekannt, aber ebenso gut wie ihre Artgenossen in Frankreich. Die Tiere weiden fast das ganze Jahr im Vordeichland der nordfriesischen Küste, zwischen Sankt Peter-Ording im Süden und der Grenze zu Dänemark im Norden. Die Nordfriesischen Salzwiesenlämmer prägen seit über hundert Jahren die heimische Küche. Ihr zartes, saftiges Fleisch wird sogar von französischen Gourmets hoch geschätzt.

♦ **Agneau de Sisteron**
Die Lämmer aus der Provence fressen fast ausschließlich die berühmten Kräuter der Region, darunter Thymian, Rosmarin, Majoran, Salbei und Lavendel. Kenner behaupten, die Lämmer müssten später nicht mehr gewürzt werden.

♦ **Agneau de lait des Pyrénées**
Dieses Milchlamm wächst an den Bergwiesen der Pyrenäen heran und wird nur mit Muttermilch gefüttert. Im Alter von 45 Tagen werden die Tiere geschlachtet. Die Stücke, die in den Verkauf gehen, sind deshalb relativ klein. Das Fleisch ist fast weiß, außergewöhnlich zart und weist ein großartiges Aroma auf. Es wird zwischen November und Ende Mai angeboten.

Lüneburger Heidschnucken mit ihren geschwungenen Hörnern

Lüneburger Heidschnucke
♦ Das genügsame Tier lebt in der Norddeutschen Heide. Das Fleisch der Heidschnucke ist sehr speziell: Es schmeckt weniger nach Lamm, dafür mehr nach Wild. Es ist sehr mager und kalorienarm und eignet sich bestens zum Schmoren.

Hans Haas, Chef de Cuisine im »Tantris« in München – zwei Michelin-Sterne:

»Voraussetzung für Qualität ist ein gutes Grundprodukt. Ich lege großen Wert auf regionale Erzeugnisse. Der direkte Kontakt zu den Produzenten ist mir wichtig. Ich möchte vor Ort die Ware begutachten können. So kann ich langsam Vertrauen zu den Züchtern aufbauen. Man schmeckt einfach, wie ein Tier aufgewachsen ist und wie es geschlachtet wurde! Deshalb ist es notwendig, die Bedingungen immer wieder zu überprüfen.

Mein Lammfleisch beziehe ich vom ›Gutshof Polting‹ in Niederbayern. Eine grundsolide Manufaktur für erstklassige Lebensmittel. Die Lämmer wachsen dort in einer unverbrauchten Natur auf. Ihr Fleisch hat eine wunderbar rötliche Farbe, ist von feinen Fettadern durchzogen und hat einen unaufdringlichen Geruch und einen dezenten Geschmack.

Lammfleisch muss schonend, nicht zu heiß gegart werden. Danach sollte es ruhen, damit sich der Saft im Fleisch gleichmäßig verteilen kann. Ich nehme es aus dem Ofen, lege es für einige Minuten beiseite und schiebe es dann zum Aufwärmen noch einmal kurz in die Röhre.«

PERLHUHN

Die beste Freundin der französischen Models

Das Perlhuhn mit seinem **weißgetupften Federkleid**

Perlhühner sind schrecklich laute Tiere. Sie kreischen wie hysterische Teenager beim Anblick der Boygroup »Tokio Hotel«. Den ganzen Tag schrille, enervierende Laute! Nur scheinbar taube oder zumindest unmusikalische Züchter können das auf Dauer ertragen. Besonders viele scheint es in Frankreich und Italien zu geben: Über 90 Prozent aller gezüchteten Perlhühner stammen aus diesen beiden Ländern.

Die *Numididae*, so der lateinische Familienname der Perlhühner, sind nicht nur die lautesten, sondern auch die schmackhaftesten Vertreter unter dem Sammelbegriff »Wildgeflügel«. Darunter fallen außerdem der Fasan, das Rebhuhn und die Wachtel. Auerhahn, Birkhuhn und Wacholderdrossel gehören ebenfalls zu dieser Gruppe, stehen aber inzwischen unter Naturschutz. Zum »Hausgeflügel« wiederum zählen das Huhn, der Truthahn, die Ente, die Gans und die Taube.

Die zwei Qualitätsklassen des Perlhuhns

Das Perlhuhn ist klein, länglich-rund und hat dichte, schwarz-graue Federn mit vielen kleinen weißen Punkten darauf. Wie »Perlen« schmücken sie das Gefieder. Das scheue Tier ist überzeugter Selbstversorger. Es geht jeden Tag kilometerweit auf die Suche nach Samen, Früchten, Insekten, Beeren und Schnecken. Dieser hektische, fast nervöse Bewegungsdrang macht sein Fleisch so wohlschmeckend. Es ist mager, fast fettfrei und besitzt ein kräftiges Aroma, das an Wild erinnert.

Es gibt beim Perlhuhn zwei gebräuchliche Qualitäten. Das »Standard-Perlhuhn« wird ausschließlich in Ställen auf Stroh oder Holzspänen aufgezogen. Die Tiere haben keinen Auslauf im Freien und werden mit Getreide, Vitaminen, Mineralstoffen und Ölkuchen, der bei der Pressung von Speiseöl entsteht, gefüttert. Sie werden nach zehn bis zwölf Wochen geschlachtet.

Die Premium-Klasse nennt sich »Freiland-Perlhuhn«, meist kombiniert mit dem Gütesiegel »Label Rouge«. Vorgeschrieben ist hier die Haltung im Freien, vorwiegend auf kräuterreichen Wiesen. Die Tiere dürfen zudem erst nach 13 bis 15 Wochen geschlachtet werden, sie erreichen dann ein Gewicht von bis zu 1,6 Kilogramm. Nur diese Qualitätsstufe ist für Feinschmecker akzeptabel.

Die Besten

1. Pintadeau de la Drôme

Die Franzosen nennen das Perlhuhn *pintade.* Junge Tiere, die maximal 800 Gramm auf die Waage bringen, heißen *pintadeau.* Das junge Perlhuhn aus der Drôme trägt als einziges weltweit eine kontrollierte Herkunftsbezeichnung, »Appellation d'Origine de la Drôme«.

Das Département Drôme liegt im Osten Frankreichs, gut 70 Kilometer südlich von Grenoble und knapp 150 Kilometer von der Mittelmeerküste entfernt. Hier, zwischen dem Rhône-Tal, den Voralpen und der Provence, hat eine Spezialität wie das Pintadeau de la Drôme keinen leichten Stand. Die Konkurrenz in dieser fruchtbaren, von mediterranem Klima verwöhnten Region ist nahezu überwältigend.

Das erhabene **Schloss Grignan** im Department Drôme

Im nördlichen Rhône-Tal werden feine Hermitage-Weine gekeltert, in Nyons köstliche Oliven geerntet und zu goldgelbem Öl gepresst, in Montélimar steht die legendäre Nougat-Fabrik von Arnaud Soubeyran, im Tricastin buddeln Trüffelhunde nach den »schwarzen Diamanten«, an den Berghängen der Rhône wird der würzige Ziegenkäse

Perlhuhn auf Sauerkraut ist ein leichter und gesunder Genuss.

Picodon hergestellt und in Tain l'Hermitage die berühmte Valrhona-Schokolade.

Geheimtipp für die schlanke Linie

Der Ruhm des Pintadeau de la Drôme beruht auf seinem butterzarten Fleisch und seinem seltsamen, schwer zu beschreibenden Aroma, einer Mischung aus Geflügel und Wild. Es ist zudem der Star aller figurbewussten französischen Models: Es gehört nämlich zu den kalorienärmsten Fleischsorten. Gourmets dagegen empfehlen wir folgende Varianten: gefülltes Perlhuhn mit Mascarpone, Perlhuhn mit Curry und Kokosnuss oder gebratenes Perlhuhn in Honigsauce.

TIPP Weitere Gourmet-Perlhühner

Mit rund 60 Millionen Perlhühnern pro Jahr ist Frankreich weltweit der bedeutendste Erzeuger von Perlhühnern. Die Grande Nation beherrscht damit gut 80 Prozent des Weltmarktes. 360 Tonnen werden übrigens jedes Jahr nach Deutschland exportiert. Neben dem Pintadeau de la Drôme sind noch folgende Perlhühner empfehlenswert:

♦ **Loué**

Le Mans ist weltberühmt für seine Autorennen. Die »24 Heures du Mans« sind ein Klassiker. Das gilt auch für die Freiland-Perlhühner, die 25 Kilometer westlich in Loué geboren werden. Sie tragen das Gütesiegel I.G.P. (Indication Géographique Protégée).

♦ **Bresse**

Das AOC-Gebiet Bresse ist in der Welt des Geflügels das Maß der Dinge. Die Hühnchen, Poularden und Kapaune sind von delikater Qualität. Die Perlhühner halten ebenfalls jedem Vergleich stand. Das *Pintade de la Bresse* von Maitre Jean-Claude Mieral soll das beste sein.

STEAK

Bauern schlagen Cowboys

Steak – ein Klassiker in der internationalen Küche

Weltweit gibt es 1,3 Milliarden Rinder. Sie alle haben eine große Gemeinsamkeit: die Abstammung. Ihr Vorfahr ist der Auerochse, der in den unendlichen Weiten Asiens, Europas und Nordafrikas lebte. Durch gezielte Züchtung mit dem Ur-Rind entstanden die heutigen Rinderrassen. Zu den bekanntesten zählen Black »Aberdeen« Angus (Schottland), Charolais (Frankreich), Chianina (Italien), Hereford (USA), Fleckvieh (Deutschland), Galloway (England) und Wagyu (Japan).

Fleisch für den Massenmarkt ...

Entscheidend für die Qualität eines Steaks ist neben der Rinderrasse vor allem die Art der Tierhaltung. In Deutschland oder Frankreich zum Beispiel dominiert die Intensivmast. Die Rinder werden in Ställen gehalten und mit Tiermehl, Vitaminen und Mineralstoffen gefüttert.

Ziel der Landwirte ist es, möglichst schnell – innerhalb von zehn bis zwölf Monaten – das maximale Schlachtgewicht von bis zu 600 Kilogramm zu erreichen. Mit dem Fleisch dieser Rinder wird hauptsächlich der Massenmarkt bedient. Gute Steaks werden daraus jedoch sicherlich nicht gemacht.

... und für die besten Steakhäuser der Welt

In Argentinien dagegen – um ein anderes Beispiel zu nennen – leben die Rinder fast ausschließlich unter freiem Himmel. Jedem Tier, vornehmlich Black Angus, stehen, statistisch betrachtet, mehr als zehn Quadratkilometer Weideland zur Verfügung. Sie werden nicht gefüttert. Sie entscheiden selbst über ihre Ernährung! Und das ist nicht ganz einfach: Die Tiere haben nämlich die Wahl zwischen 160 saftigen Grassorten, reinem Quellwasser und frischer Pampaluft. Frühestens nach zwei Jahren werden sie geschlachtet. Dann bringen sie etwa 400 Kilogramm auf die Waage. Die Filets aus diesem Fleisch stehen – wen wundert es – auf den Speisekarten der besten Steakhäuser der Welt.

Argentinische Rinder werden frühestens nach zwei Jahren geschlachtet.

Die Besten

1. Wagyu (Japan)

Übertroffen wird das argentinische Steakfleisch nur vom Fleisch der Wagyus aus der japanischen Hafenstadt Kobe. Die Wagyus sind eine schwarze Rinderrasse, die seit Jahrhunderten in dem kleinen Tal zwischen dem Rokko-Gebirge und der Bucht von Osaka gezüchtet wird. Das Einzigartige am Wagyu, das auch Kobe-Rind genannt wird, ist die intensive Maserung seines Fleisches. Die roten Muskeln sind nicht von einer dicken Fettschicht umschlossen wie bei anderen Rinderrassen, sondern von feinen Fettadern durchzogen. Dieses Fett ist der Stoff, der die Wagyu-Steaks zart, saftig und so außergewöhnlich geschmacksintensiv macht.

Aufzucht mit Streicheleinheiten

Die Fettmaserung ist zum einen eine genetische Eigenart, zum anderen das Resultat einer aufwendigen und kostspieligen Tierhaltung. Während das deutsche Fleckvieh sein Dasein in dunklen Ställen fristet, vor sich einen freudlosen Topf Tiermehl, wird das japanische Wagyu verhätschelt wie ein Einzelkind. Es wird mit Getreide, Rüben und Kartoffeln gefüttert und erhält täglich eine Flasche Bier als Appetitanreger.

Außerdem werden die »wertvollen« Körperpartien jeden Tag zwei Stunden mit einem Spezialhandschuh massiert. Während der Massage besprüht der Bauer das Wagyu mit Sake, japanischem Reiswein. Diese Prozedur ist nicht Ausdruck verschrobener Exaltiertheit, sondern hat einen überaus praktischen Hintergrund. Die kräftigen Streicheleinheiten verstärken nämlich die intramuskuläre Fettmaserung des Fleisches und reduzieren gleichzeitig die Fettauflage, die die Muskeln umschließt.

Das teuerste Fleisch der Welt

Diese Aufzucht, die zweieinhalb Jahre dauert, ist so aufwendig, dass jeder *Torikágo* nur maximal fünfzehn Tiere halten kann. Der japanische Bauer kommt dennoch auf seine Kosten. Der Verkauf eines einzigen Kobe-Rinds deckt in der Regel sein Jahresbudget. Denn Wagyu-Steaks sind die teuersten Fleischstücke der Welt. Ein Luxusartikel, der in einer Reihe steht mit Balik-Lachs, Piemont-Trüffel oder Almas-Kaviar. Für echtes Wagyu zahlt der Gourmet in Tokio umgerechnet bis zu 400 Euro pro Kilogramm.

Das Fleisch des Wagyu-Rindes hat eine **intensive Maserung.**

Nachzüchtungen aus dem Ausland

Reines, unverfälschtes Wagyu-Fleisch wird nur in Japan angeboten. Die paar tausend Rinder, die in Kobe aufgezogen werden, reichen gerade mal, um den inländischen Bedarf zu decken. Wagyu, das in den USA, in Australien oder inzwischen auch in Europa auf den Teller kommt, stammt ausschließlich aus Nachzüchtungen: Kobe-Rinder, die in der Regel mit westlichen Rassen wie Black Angus oder Hereford gekreuzt wurden. Mit der Delikatesse Wagyu aus Kobe haben sie wenig gemein, kosten dafür aber auch nur die Hälfte.

Japan sind diese »Raubkopien« ein Dorn im Auge. Die Regierung will künftig die Züchter aus Kobe besser vor der Konkurrenz aus dem Ausland schützen. Das Landwirtschaftsministerium in Tokio plant, die Gene des Wagyu patentieren zu lassen. Außerdem sollen in Japan geborene Tiere gekennzeichnet und die Verbreitung ihrer Spermien strenger kontrolliert werden. Zwischen 1997 und 1998 sind 128 Wagyus und 13 000 Spermaproben in die USA exportiert worden.

INFO Stressfreies Schlachten

Neben Rasse und Haltung ist die Vermeidung von Stress ein wichtiges Kriterium für gute Fleischqualität. Vor allem das Stresshormon Adrenalin, das die Rinder beim Transport zum Schlachthof ausschütten, schadet den künftigen Steaks.

Diese Erkenntnis führte bei einem engagierten Züchter aus Zürich zu folgenden Aktionen: Er trainierte mit seinen Tieren den Transport zum Schlachter. Für die Probefahrten wurden im Viehwagen Leckereien ausgelegt. Und am Ziel wartete stets eine saftige, noch nicht abgefressene Weide. Dies wiederholte er so oft, bis sich die Rinder auf jede Fahrt freuten. Auch auf ihre letzte!

2. Premium Black Angus (Argentinien)

Zwischen den Anden im Westen und dem Atlantik im Osten wird auf den argentinischen *Estancias*, die meist nur mit dem Flugzeug zu erreichen sind, das zweitbeste Rindfleisch der Welt produziert. Ausgesuchte Exemplare der Rasse Black Angus aus dem schottischen Aberdeen, kurzbeinig und hornlos, liefern das exzellente Fleisch. Die Tiere wachsen, wie eingangs erwähnt, unter denkbar besten Bedingungen auf: Die fruchtbare Pampa, die so groß ist wie Deutschland, Österreich und die Schweiz zusammen, ist ihre Heimat. Hier weiden 48 Millionen Rinder – umgeben von einem Meer aus Gras.

Von Argentinien nach Europa

Brennpunkt der argentinischen Rinderzucht ist der größte Viehmarkt Lateinamerikas, der »Mercado de Liniers« am Rio de la Plata. Hier werden von den Rinderbaronen jeden Tag bis zu 10 000 Tiere umgeschlagen. Nach der Versteigerung warten in den nahe gelegenen Schlachthäusern der hydraulische Hammer und die Ausbeiner. 220 Kilogramm Fleisch pro Tier wandern schließlich in die Kühlräume. Die besten Stücke, die sogenannten *hilton cuts*, werden unter anderem nach Europa exportiert. 28 000 Tonnen darf Argentinien jedes Jahr in die EU ausführen. Über die Hälfte davon geht an Restaurants und Feinkost-Läden in Deutschland.

Argentinien exportiert jährlich **28 000 Tonnen bestes Rindfleisch** in die EU.

3. USDA Prime (USA)

USDA steht für »United States Department of Agriculture«. Diese Behörde in der Independence Avenue in Washington D.C. führt ein strenges Regiment auf dem amerikanischen Fleischmarkt. Kein Stück geht in den USA über den Ladentisch ohne vorherige Kontrolle durch die Inspektoren der USDA. Das Fleisch der 96 Millionen Rinder in den Vereinigten Staaten – hauptsächlich Black Angus aus dem schottischen Aberdeen und Hereford aus dem Westen Englands – unterliegt dabei einem klar definierten *grading system*. Es wird eingeteilt in *prime*, *choice*, *select*, *standard*, *commercial*, *utility*, *cutter* und *canner*.

Rindfleisch für den unterschiedlichen Geschmack

Rindfleisch der Klasse *utility*, *cutter* und *canner* endet als Hackfleisch oder Wurst. Mit *standard* und *commercial* wird gutes, gesundes Fleisch bezeichnet. Diese Qualität landet in der Regel als Hamburger-Pattie in den Filialen von McDonald´s, Burger King oder Wendy's. Mit *select* beginnt die Welt der Steaks. Rindfleisch dieser Güte ist am meisten verbreitet in den USA. Man findet es hauptsächlich in den Kühltruhen der großen Supermärkte. Zaubert man daraus einen Braten oder einen Eintopf, wird man keinen Unterschied zu *choice* und *prime* feststellen. Der zweitbeste Grad *choice* wiederum wird in den Lebensmittelabteilungen bekannter Kaufhäuser angeboten oder landet auf dem Rost der großen Restaurant-Ketten.

Das **Black Angus Rind** liefert exzellentes Fleisch.

Das beste US-Steak

USDA Prime schließlich ist das beste amerikanische Steakfleisch, das man kaufen kann. Es weist die feinste Fettmaserung auf, den intensivsten Geschmack und die zarteste und saftigste Konsistenz. Steaks dieser Qualität findet man nur in guten Restaurants und exklusiven Feinkost-Läden.

Der Markt ist hart umkämpft, denn weniger als zwei Prozent des gesamten Rindfleischbestandes in den Vereinigten Staaten werden mit *prime* geadelt. Entsprechend hoch sind die Preise für ein USDA Prime-Steak. Bei »Dean & Deluca« in Manhattan zum Beispiel kostet ein 16 oz Prime Porterhouse (500 Gramm) 50 US-Dollar.

TIPP Die besten Steaks in New York

»Peter Luger«, 178 Broadway, Brooklyn ♦
Shame on you if you've never been! Seit Jahrzehnten das »Valhalla of beef« an der Ostküste der Vereinigten Staaten. Berühmt für sein Porterhouse-Steak.

»The Strip House«, 13 East 12th Street ♦
Rot, sexy und mit viel Sinn für Humor. Ordern Sie das »New York Strip (medium rare) mit crisp potatoes cooked in goose fat«.

»Sparks Steak House«, 210 East 46th Street, ♦
Exzellentes Prime Sirloin Steak und Schauplatz des berühmten »Steakhouse massacre«. 1985 wurde hier der Mafia-Boss Paul Castellano mit Maschinenpistolen niedergestreckt.

»Sparks« – Schauplatz des »Steakhouse massacre«

4. Chianina (Italien)

Die Razza Chianina gehört zu den ältesten Rinderrassen der Welt. Die kräftigen Tiere wurden bereits von den Etruskern und den Römern gezüchtet und als Zugtiere eingesetzt. Mitunter dienten sie auch als Modell für die Bildhauer im antiken Rom. Das porzellanweiße Chianina, das aus dem gleichnamigen Tal in der Toskana in der Nähe von Arezzo stammt, hat kurze Hörner, kurze Fellhaare und gilt als größtes Rind der Welt. Die Stiere können bis zu 1500 Kilogramm schwer werden. Das Fleisch der Razza Chianina ist besonders zart, saftig, aromatisch und weist einen hohen Protein- und gleichzeitig einen geringen Cholesteringehalt auf.

Das berühmteste Steak, das aus dem Chianina-Rind gewonnen wird, ist das *bistecca alla fiorentina*. Ein Klassiker der italienischen Küche! Das florentinische Beefsteak besteht aus Filet und Lende, verbunden mit einem Knochen, der die Form eines T bildet. Dieses T-Bone-

Steak ist bis zu 800 Gramm schwer und nicht dicker als zwei Finger breit. Zubereitet wird es auf einem Holzkohlengrill und nur mit Salz und frisch gemahlenem Pfeffer gewürzt. Manche Feinschmecker tröpfeln noch ein wenig Olivenöl darüber. Geradezu perfekt abgerundet wird diese Komposition durch einen kraftvollen, dunklen Rotwein aus dem Chianti Classico.

Das **Chianina-Rind** erkennt man an seinem weißen Fell und kurzen Hörnern.

Goldene Regeln der Zubereitung

Damit das *bistecca alla fiorentina* gelingt, müssen folgende Regeln beachtet werden. Andernfalls wird sogar das beste Chianina auf Fleckvieh reduziert. Das Fleisch muss reifen. Drei Wochen im Kühlhaus oder vakuumverpackt im Kühlschrank machen das Fleisch mürbe und sorgen für die Entfaltung des Aromas. Zu frisches Fleisch bleibt zäh.

Die Steaks müssen vor der Verarbeitung auf Zimmertemperatur gebracht werden. So schließen sich beim Braten die Poren schneller. Das Fleisch muss sehr heiß angebraten werden, um den Saft sofort einzuschließen. Ein *bistecca* sollte in der Regel blutig serviert werden. Und niemals vor dem Braten salzen! Salz entzieht Flüssigkeit, und dadurch wird das Fleisch zäh.

Das echte *bistecca alla fiorentina* besteht immer aus dem Fleisch eines Chianina-Rindes. Aber geben Sie sich keinen Illusionen hin! In der Regel legt man dem Gast sowohl in Italien als auch in Deutschland alles Mögliche auf den Teller – nur kein Chianina. Denn Chianina ist selten und teuer. Die Aufzucht der weißen Kolosse ist sehr aufwendig und wird traditionell nur von Kleinbauern betrieben.

Will man auf der sicheren Seite sein, so achte man auf das Etikett »amici della chianina«. Restaurants mit dieser Auszeichnung am Eingang führen und servieren Fleisch vom Chianina-Rind.

Nur Restaurants, die sich **»amici della chianina«** nennen, servieren echtes Chianina-Fleisch.

TIPP Weitere Gourmet-Rinder

Simmentaler ♦

Alain Ducasse, mit 13 Michelin-Sternen der höchstdekorierte Koch der Welt, schwört auf Simmentaler Rindfleisch aus der Normandie. Auf den Speisekarten seiner Restaurants in Paris, Monte Carlo und New York findet man vorwiegend Steaks der braun-beige gefleckten Rinder, die ursprünglich aus dem Berner Oberland stammen. Heute werden sie auf allen fünf Kontinenten gezüchtet. Ihr Fleisch ist schön marmoriert, von feinen Fasern durchzogen und schmeckt leicht nussig.

Charolais ♦

Die französischen Köche favorisieren seit Jahrhunderten das Fleisch der weißen Charolais-Rinder. Diese robuste Rasse wird in Frankreich auf »Fleischleistung« gezüchtet. Die Tiere lassen sich ungewöhnlich schnell mästen, bilden starke Muskeln an Schulter, Rücken, Lende und Keule aus und zeigen eine geringe Neigung zur Fettbildung. Die Steaks aus dem Charolais haben deshalb eine dichte Konsistenz, sind fettarm und nur leicht marmoriert.

TAUBE

Zarte Brüste aus dem Tal der Loire

Taubenbrust an Lauch und Bohnen

Franz Hütter, Küchenchef im Kölner Restaurant »Zur Tant« und Träger eines Michelin-Sterns, schwört auf Taube. Sein berühmtes Taubenkotelett wird mit Gänseleber in Balsamsauce und Selleriepüree serviert.

Sein Kollege Harald Wohlfahrt, dessen »Schwarzwaldstube« in Baiersbronn drei Sterne zieren, lackiert dagegen seine Taube mit Tannenhonig und kredenzt sie mit schwarzem Pfeffer an Ingwer-Limonensauce.

Und Gutbert Fallert aus Sasbachwalden, der seit nunmehr 30 Jahren seinen Michelin-Stern verteidigt, bevorzugt Tauben aus dem Elsass. In der »Talmühle« werden sie mit gebratener Entenleber, Trüffelsauce, jungem Kraut und Bubespitzle (Schupfnudeln) angeboten.

Die Tauben der Sterne-Köche

Für alle drei ist Taube fester Bestandteil auf der Speisekarte. Das Fleisch ist saftig, zart, fettarm und voller Aroma. Vor allem »die Brust der Taube kann so delikat schmecken«, meint Gastronomiekritiker Wolfram Siebeck, »dass dagegen jedes andere Stück Fleisch verblasst.«

Wer Taube hört oder liest, denkt erst mal an die Millionen Straßentauben, die mit ihrem Kot die Städte Europas bedecken. Die *columba livia forma domestica* ist – die Taubenfreunde mögen uns verzeihen – eine wahre Pest! Sie ernährt sich hauptsächlich von Abfall, bekleckert Fassaden, Dächer und Denkmäler, produziert fortwährend Nachwuchs und gilt als fliegender Infektionsherd.

Nein! Die Straßentaube wandert glücklicherweise nicht in die Bräter der Sterne-Köche. Dieses Privileg genießen nur wenige der etwa 300 Taubenarten. Klassische Gourmet-Tauben sind heutzutage unter anderem die stattliche Coburger Lerche aus dem Thüringer Wald, die bis zu 900 Gramm schwere Mondain aus Frankreich, die weiße King, die in den Vereinigten Staaten gezüchtet wird, die Strasser aus Mähren in Tschechien, die sehr fruchtbare Texaner aus dem gleichnamigen US-Bundesstaat und die Carneau aus dem französisch-belgischen Grenzgebiet.

Die **Mondain-Taube** wird bis zu 900 Gramm schwer.

Die Besten

1. Pigeonneau d'Anjou

Anjou zählt zu den bedeutendsten Grafschaften und Herzogtümern in Frankreich. Die Zahl derer, die diesen lieblichen Fleck an den Ufern der Loire jahrhundertelang regierten, geht in die Tausende. Ihre Sprösslinge bestiegen den Thron von England, Polen und Ungarn und herrschten über Neapel, Sizilien und Lothringen. Und sogar Jerusalem hatte im 14. Jahrhundert einen Prinzen von Anjou zum König.

Heute glänzt Anjou mit seinen Schlössern und Burgen, seinen trockenen Weißweinen und halbtrockenen Rosés, seinem anmutigen Loire-Tal, das unter dem Schutz der UNESCO steht, seinem außergewöhnlich milden Klima, seinen 275 Kilometer langen Wasserstraßen und seinen Täubchen, den Pigeonneaux d'Anjou.

Die begehrten Täubchen von den Ufern der Loire
Die kleinen Vögel aus dem Loire-Tal sind gefragte Stars in den Markthallen von »Rungis«. Und das ist wirtschaftlich enorm wichtig für die Taubenzüchter aus Anjou. »Rungis« ist nämlich einer der wichtigsten Lebensmittel-Märkte in Europa. Von hier aus werden täglich 18 Millionen Verbraucher mit Fisch, Fleisch, Käse, Obst und Gemüse versorgt. »Rungis Marché International« beschäftigt 12 000 Menschen aus über 1200 Unternehmen. Der »Bauch von Paris«, wie Émile Zola die Pariser Markthallen nannte, ist inzwischen größer als das Fürstentum Monaco.

Die Händler, die in der Geflügelhalle von »Rungis« ihren Geschäften nachgehen, kaufen und verkaufen fast ausschließlich die Tauben aus Anjou. Bis zu 2500 Exemplare der zarten Pigeonneaux d'Anjou wechseln jede Woche ihren Besitzer. Im Frühjahr, wenn die jungen Tauben am besten schmecken, können es auch ein paar Hundert mehr sein. Die Käufer rekrutieren sich hauptsächlich aus der gehobenen Pariser Gastronomie und aus den zahllosen Delikatessen-Läden der Hauptstadt. Sie schätzen vor allem das zarte, nahezu fettfreie Brustfleisch der Anjou-Taube.

2. Pigeonneau de Bresse

Ob Huhn, Kapaun, Poularde oder Perlhuhn – das edelste Geflügel der Welt kommt aus dem Osten Frankreichs, aus der Bresse. Das gilt mit Einschränkung auch für die Taube. In diesem Fall reicht es zumindest für den 2. Platz. Die Pigeonneau de Bresse ist fleischig und saftig. Ihr Aroma wird mit »kräftig«, »intensiv« und »würzig« beschrieben. Sie wird mit Mais, Bohnen, Erbsen und Getreide gemästet.

Die **Bresse** – Idylle pur

Ganz jung und ganz zart

Eine außergewöhnliche Delikatesse sind vor allem die Pigeonneaux, die Täubchen, die bereits im zarten Alter von sechs Wochen geschlachtet werden und ein knappes Pfund auf die Waage bringen. Ihr Fleisch ist fast weiß, ohne die übliche rötlich-blaue Verfärbung. Bei älteren Tieren ist dagegen der typische Wildgeschmack ausgeprägter. Sie dienen hauptsächlich der Zubereitung von Fonds, Suppen und Ragouts.

TIPP Wildtaube

Wilde Tauben schmecken intensiver als gezüchtete, sind dafür aber nicht so zart. Am häufigsten werden wilde Tauben im französischen Baskenland angeboten. Dort werden die Vögel auf den Bergpässen mit riesigen, 200 Meter breiten Netzen am Überfliegen der Pyrenäen gehindert.

Hunderttausende Wildtauben verheddern sich jedes Jahr in den feinen Nylonnetzen. Die Täubchen wandern umgehend in die Bräter der umliegenden Berggaststätten – für zehn Euro das Stück.

Sven Elverfeld,
Chef de Cuisine im »Aqua« (Hotel »The Ritz-Carlton«) in Wolfsburg – zwei Michelin-Sterne:

»Wir servieren im ›Aqua‹ die Taubenbrust ohne Haut mit Périgord-Trüffelsahne und Spinat-Mousseline, auf dem ein Wachteleigelb ruht. Die Etouffé-Tauben beziehen wir aus der Vendée an der Atlantikküste. Aus dieser Gegend stammen auch die berühmten Challans-Enten.

Das Außergewöhnliche an diesen Tauben ist die tiefrote Farbe ihres Fleisches. Die Brust sollte deshalb auch nur medium oder medium rare zubereitet werden, damit das Fleisch seine Farbe behält.Wichtig ist, die Taubenbrust auf den Punkt zu garen. Keine Minute länger! Andernfalls wird das kostbare Fleisch zu trocken. Bevor die Taubenbrust serviert wird, muss sie mindestens zehn Minuten ruhen. Wir belassen sie bei 55 Grad in einem Holdomat.«

WACHTEL
Lieblingsvogel der Meisterköche

Die Wachtel ist tot, fast tot! Immer seltener ertönt in freier Wildbahn der wohlklingende Wachtelruf »pick-wer-wick«, »pick-wer-wick«. Vor einem Jahrhundert verdunkelten noch riesige Schwärme den Himmel über Afrika, heute machen sich nur noch wenige Wachteln auf ihre gefährliche Reise in die warmen Winterquartiere. Verdrängt von der modernen Landwirtschaft und dem industriellen Fortschritt, ausgerottet von gewissenlosen Vogelfängern, die mit gigantischen Fangnetzen auf den Passhöhen warten, steht die Wachtel in einigen Ländern Europas inzwischen auf der Roten Liste der gefährdeten Arten.

Die **Wachtel** lebt gern im Verborgenen.

Die Wachtel ist unter den Hühnervögeln der einzige Zugvogel. Regelmäßig im September werden die Vögel von der Zugunruhe gepackt. Sie formieren sich zu kleinen Trupps und ziehen nonstop in die Steppen und Savannen Afrikas bzw. Asiens. Dabei fliegen sie immer nur nachts und wie moderne Kampfjets dicht über Wälder, Wiesen und Wasser. Erst im Mai kehren sie zu ihren europäischen Brutplätzen zurück.

Hände weg von Batterie-Wachteln

So widersinnig das auch sein mag, Wildgeflügel wie die Wachtel kommt immer häufiger aus Zuchtbetrieben: aus sogenannten Wachtelfarmen, in denen einer bestimmten Anzahl von Vögeln eine bestimmte Anzahl von Quadratzentimetern zustehen. In Frankreich und Japan hat sich die Aufzucht von Wachteln zu einer Fabrikation entwickelt. Millionen Wachteln vegetieren hier in Volieren zu je 50 Vögeln – in drangvoller Enge und unter miserablen hygienischen Verhältnissen. In seriösen Feinkost-Läden werden diese Batterie-Wachteln nicht angeboten. Ihr Weg endet meist in den Tiefkühltruhen der großen Supermarktketten. Ihr Geschmack: fad, wässrig, einförmig.

Wachteleier regen den Stoffwechsel an und lindern Krankheiten.

Wundereier, die nicht nur schmecken

Neben dem Fleisch sind vor allem die Eier der Wachtel begehrt. Sie gelten in Europa als Delikatesse. Sie werden zu Kaviar gereicht, schmücken kalte Buffets oder veredeln frische Sommersalate. Die winzigen Eier wiegen zwischen 12 und 14 Gramm. Vier Stück entsprechen einem Hühnerei. Ihr Eigengeschmack ist so empfindlich, dass man auf das Salzen verzichten sollte.

Wachteleier spielen auch in der Naturmedizin eine wichtige Rolle: Sie gelten als Allergie-Killer! Ihre chemische Zusammensetzung aus Aminosäuren, ungesättigten Fettsäuren, Vitaminen und Mineralstoffen stärkt das Immunsystem, regt den Stoffwechsel an und lindert Krankheiten wie Neurodermitis, Asthma und Diabetes.

Die Besten

1. Caille de Bresse

Bei den Meisterköchen, die es unter drei Sternen nicht machen, ist die Wachtel außerordentlich beliebt. In den Rezeptsammlungen der Gourmet-Tempel taucht das Federwild in köstlichen Variationen auf: »Wachtel auf Steinpilz-Toulis mit Pastinakenmousselin in einer Thymianjus«, »Wachtel mit getrüffelter Gänsestopfleber«, »Süppchen von der Brunnenkresse mit geräucherter Wachtel«, »Artischockensalat mit eingelegten Wachteln«, »Flambierte Wachtel mit Absinth« und so weiter.

Ein Paradies für Wachteln

So unterschiedlich die Kombinationen, so einheitlich das Ausgangsprodukt. Die Wachteln, die in den Küchen der Sterne-Restaurants angerichtet werden, stammen fast ausnahmslos aus der berühmten Bresse. Dieser Landstrich im Osten Frankreichs, durchzogen von kleinen Gewässern und Sümpfen, ist jeglichem Federvieh eine ideale Weide.

Wie das Huhn, der Kapaun, die Poularde, die Taube und das Perlhuhn unterliegt auch die Aufzucht der Caille de Bresse sorgsam überwachten Regeln. Ländliche Herkunft, artgerechte Freilandhaltung, natürliches Futter, langsames Wachstum und strenge Hygienekontrollen machen die Bresse-Wachtel zwar teuer, aber auch konkurrenzlos gut.

INFO Tiefgefrorene Wachteln

Geflügel, das im eigenen Haushalt eingefroren wird, kann wegen der fehlenden Schockfrostung, wie sie in Schlachtbetrieben üblich ist, nicht so lange gelagert werden. Gefrorene Wachteln sollten also nach wenigen Monaten zubereitet werden.

Wichtig ist, dass die Verpackung nicht beschädigt ist und dass sich keine Eiskristalle unter der Folie gebildet haben. Diese Kristalle deuten darauf hin, dass die Kühlkette unterbrochen wurde. Das Geflügel kann bereits verdorben und damit beim Verzehr lebensgefährlich sein.

Je langsamer übrigens das Auftauen vonstattengeht, desto besser für das Fleisch. Schnelles Auftauen zerstört die Zellstrukturen ebenso wie zu langsames Einfrieren. Die Wachtel am besten aus der Gefriertruhe in den Kühlschrank legen und vorsichtig in einem Behälter mit Siebeinsatz auftauen.

KAPITEL 2

FISCH & MEERES-FRÜCHTE

AUSTER
EDELFISCH AUS DEM MEER
FUGU
KAVIAR
KRABBE
MATJES
MIESMUSCHEL
RÄUCHERLACHS
THUNFISCH

AUSTER

Sie ist, was sie isst

Austern werden meist **roh geschlürft.**

Kommen wir gleich zur Sache! Steigert die Auster die sexuelle Leistungsfähigkeit? Macht sie den Liebesakt zu einem ungewöhnlich ausdauernden Erlebnis? Ist sie das Aphrodisiakum der Jahrtausende?

Nun, könnten wir Giacomo Casanova befragen, wäre die Antwort eindeutig. Der legendäre Liebhaber, dem sich Generationen von Frauen hingaben, pflegte jeden Tag zwölf Dutzend Austern zu schlürfen, um sein »Feuer« zu erhalten. Auch der Sonnenkönig, Ludwig XIV., vertilgte vor Liebesnächten Unmengen von Austern. Angeblich hat er es vor der Hochzeitsnacht mit Maria Theresia von Spanien auf 400 Austern gebracht. Mit der Königin zeugte er immerhin sechs Kinder. Mit seiner Mätresse, Madame de Montespan, brachte er es auf sieben Sprösslinge.

Das Geheimnis legendärer Liebeskraft

Seit Aphrodite, die Göttin der Liebe, auf dem Rücken einer Auster dem Meer entstieg und Eros gebar, sagt man dieser schuppigen Muschel eine stark aphrodisierende

Wirkung nach. Eine amerikanisch-italienische Forschergruppe hat nun endlich den ersten wissenschaftlichen Beweis für diese These erbracht. In einer Studie, die

TIPP Küche

Rohe Austern werden, um sie frisch und kühl zu halten, auf zerstoßenem Eis serviert. Mit einer Austerngabel löst man das Fleisch vom Schließmuskel, führt es zum Mund und schlürft es in einem Zug.

Das salzige Meerwasser in der Austernschale, das »Erste Wasser«, ist nicht jedermanns Geschmack. Viele schütten es weg. Delikater ist das sogenannte »Austernwasser«. Trennt man das Austernfleisch von der unteren Schale, so sondert die Auster eine Flüssigkeit ab. Dieser milchige Saft wird von vielen Gourmets sehr geschätzt.

In manchen Gegenden Frankreichs wird zu den Austern eine Vinaigrette aus Sherryessig, Schalotten oder Knoblauch serviert. Feinschmecker lehnen das rundweg ab, da der Eigengeschmack der Auster nahezu verloren geht.

Gleiches gilt für die Unart, Unmengen von Zitronen- oder Limettensaft über die Auster zu träufeln. Daran erkennt man einen Schickimicki, aber keinen Gourmet. Einige wenige Tropfen am Schalenrand dienten in früheren Zeiten ausschließlich als Frischetest. Lebte die Auster noch, zog sie sich leicht zusammen. Heutzutage ist das nicht mehr notwendig. Zitronen- und Limettensaft neutralisieren das Aroma der Auster.

Als Kontrast zu dem frischen Meeresgeschmack der Auster empfiehlt sich ein Stück Schwarzbrot mit ein wenig Butter. Dazu passt ein Glas Champagner oder sehr trockener leichter Weißwein. Ein wenig abgefahren, aber nicht uninteressant: Austern mit eisgekühltem Wodka.

2005 auf dem »American Chemical Society Meeting« in San Diego vorgestellt wurde, wiesen sie nach, dass zweischalige Weichtiere, zu denen auch die Auster zählt, chemische Verbindungen enthalten, die die Bildung der Sexualhormone Östrogen und Testosteron anregen.

Europäische, Pazifische und Amerikanische Auster

Die Auster heißt auf Französisch *huître* und auf Englisch *oyster*. Zoologen zählen sie zu den Schalenweichtieren, zu denen auch die Schnecken, die Tintenfische oder die Muscheln gehören. Kulinarisch betrachtet unterscheidet man drei Austernarten: die Europäische, die Pazifische und die Amerikanische Auster.

Austern gehören wie **Schnecken, Muscheln oder Tintenfische** zu den Schalenweichtieren.

Die Europäische Auster gehört zu den flachen Arten. Sie ist meist klein, fast rund, leicht gewölbt und hat eine glatte Schale. Ihre originäre Heimat sind die Küsten des Alten Kontinents. Die bekanntesten Sorten findet man in Frankreich (Belon), in Großbritannien (Colchester), in Irland (Galway) oder in den Niederlanden (Imperiales). Sie ist mit Abstand die begehrteste und teuerste Auster der Welt. Allerdings wird sie nur noch selten gezüchtet, denn sie ist zu klein, wächst zu langsam und ist darüber hinaus empfindlich wie eine Operndiva.

Die Pazifische Auster zählt zu den tiefen Arten. Sie ist groß, länglich, bauchig und hat eine zerklüftete Oberfläche. Sie wächst sehr schnell und zeigt sich gegenüber Parasiten robust. Nicht zuletzt deshalb beherrscht sie mit über 90 Prozent Anteil den Weltmarkt.

Die Amerikanische Auster ähnelt der Europäischen Auster. Sie ist mittelgroß, oval und relativ flach. Sie lebt in den Gewässern der amerikanischen Ostküste. Zu den interessantesten Vertretern zählen die Blue Point aus Connecticut und die Cotuit aus Massachusetts. Die Amerikaner genießen sie überbacken oder roh, bisweilen veredelt mit einem Schuss BBQ-Sauce.

Das Wasser macht den Geschmack

Ob europäisch, pazifisch oder amerikanisch, für jede Art gilt ein wichtiger Grundsatz: Sie ist, was sie isst! Auf der Suche nach Plankton filtert eine Auster täglich über 200 Liter Meerwasser. Jedes regionale Gewässer, sei es die Bucht von Marennes, das Lister Wattenmeer, die Chesapeake Bay oder der Golf von Saint-Malo, hat seine Besonderheit und prägt nachhaltig den Geschmack der Auster. Dabei spielen viele Faktoren eine Rolle: Wasserqualität, Salzgehalt, Nahrungsmenge, Gezeitenströmung und letztlich auch die sogenannten »Claires«, in denen die Austern zum Schluss noch einmal verfeinert werden. Zwischen einer Europäischen Auster aus Bélon und einer Europäischen Auster aus Galway liegen also kulinarische Welten.

INFO Austern aus aller Welt

Imperiales (Niederlande) ♦

Neben der Pazifischen Felsenauster wird in der Provinz Zeeland in geringem Umfang auch die Europäische Auster gezüchtet. Unter dem Namen »Imperiales« wird sie in erster Linie nach Belgien und Frankreich exportiert.

Sylter Royal (Deutschland) ♦

Deutschlands einzige Auster wächst vor List, der nördlichsten Gemeinde unserer Republik. Das dortige Wattenmeer ist ein sehr nährstoffreiches Biotop. Die kalten, nordfriesischen Wintermonate verbringt sie in Meerwasserbecken. Die Auster made in Germany ist vollfleischig und besitzt ein dezent nussiges Aroma.

Die **Sylter Royal:** mehr als 1 Million werden jedes Jahr geerntet.

Colchester (Großbritannien) ♦

Die Europäische Auster, die an der Themsemündung südlich von Colchester gezüchtet wird, ist eine absolute Rarität. Sie ähnelt sehr der französischen Belon. Die kostspielige Auster kann man bei »Harrods« genießen.

♦ **Limfjord (Dänemark)**

Auch im Limfjord, einer Meerenge zwischen den Inseln Jütland und Vendsyssel, setzt man unter anderem auf die Europäische Auster. Die Limfjord-Auster wächst wild und gilt als hochwertig.

♦ **Galway (Irland)**

Im äußersten Westen Irlands, in der Galway Bay, findet jedes Jahr die Meisterschaft im Austernöffnen statt. Dabei müssen 30 Austern in möglichst kurzer Zeit geöffnet werden. Der Rekord steht bei 91 Sekunden. Die Galway lässt sich übrigens nicht nur gut öffnen, sie schmeckt auch sehr gut.

♦ **Bluff (Neuseeland)**

Bluff an der Südspitze Neuseelands ist der Heimathafen einer großen Austernflotte. Die Austern werden hier mit großen Schürfnetzen gefischt. Das Gebiet zwischen der großen Südinsel und der kleinen Stewart-Insel ist die Heimat der flachen australischen Auster. Sie wächst dort »wild« im kalten, klaren Wasser der Foveaux Strait.

♦ **Blue Point (USA)**

Die American Oyster wächst an der gesamten Ostküste der Vereinigten Staaten. Sie ähnelt der Europäischen Auster, schmeckt aber nicht so delikat. Die Blue Point trägt den Namen eines kleinen Küstenstädtchens auf Long Island.

♦ **Kumamoto (USA)**

Die runde Kumamoto ist die kleine Verwandte der Pazifischen Auster. Sie kommt ursprünglich aus Japan. Heute wird sie hauptsächlich an der amerikanischen Westküste gezüchtet. Sie schmeckt etwas süßlich. Die besten wachsen an der Humboldt Bay im Norden Kaliforniens.

Sydney Felsenauster (Australien) ♦
Die Sydney Rock Oyster aus der Broken Bay, wo der Hawkesbury ins Meer fließt, gilt neben der Pazifischen Felsenauster als die feinste Auster Australiens. Nach einem desaströsen Parasiten-Befall ist sie nun wieder in den Feinkost-Läden Sydneys erhältlich.

Die Besten

1. Huître de Bélon

Wo endet die Welt? Im Westen natürlich. Darüber waren sich unsere Vorfahren einig. Nur über den Ort stritten sie. Die Spanier beharrten auf Cabo de Finisterre bei Santiago de Compostela. Für die Jakobspilger lag dort das Ende der Zivilisation. Im Vereinigten Königreich konzentrierte man sich auf die Grafschaft Cornwall. Die Landzunge Land's End wurde bereits von den Römern als Weltende betrachtet. Und für viele französische Patrioten endet die Welt auch heute noch an der Atlantikküste, in der Bretagne. Die Region dort trägt den Namen Finistère, entstanden aus den Wörtern *finis* (Ende) und *terra* (Erde).

Die berühmten Austernbänke des Bélon
An diesem Ende der Welt wird die beste Auster, die Belon, gezüchtet. Im Süden des Départements Finistère, an der Mündung des Bélon, liegen die berühmten Austernbänke. Der Bélon ist weder Fluss noch Meeresarm. Viele kleine Bäche treffen dort auf die Wogen des Atlantiks. Süßwasser vereint sich mit Salzwasser. Die Gezeiten geben den Takt an. Das Ergebnis ist ein steter Austausch der besten Dinge dieser beiden Welten.

In diesem nährstoffreichen Gewässer entwickelt die Belon ihren zarten, milden, leicht nussigen Geschmack. Sie wächst sehr langsam und erreicht erst nach vier bis sechs Jahren Marktgröße. Die letzten Monate ihrer Karriere als Gourmet-Artikel verbringt sie in den sogenannten »Claires«. Die flachen Wasserbecken sind luxuriöse Spas für Schalenweichtiere. Dort befreit sich die Belon von Sand, Schlamm und Schlick und bekommt über viele Monate eine Extraportion Plankton.

Die **Belon-Auster** ist ein feiner, aber kostspieliger Hochgenuss.

Der letzte Schliff für das gewisse Extra

Die Franzosen nennen dieses Pampern der Austern vornehm *Affinage*. Dieser Verfeinerungsprozess verleiht der Belon das gewisse Extra. Sie wird edler in Aussehen und Aroma. Sie wird fleischiger und milder. Und sie verliert etwas von ihrem groben, salzigen Meergeschmack. Nach einer erfolgreichen *Affinage* wird sie mit dem Label »Huîtres Plates affinées sur nos Parcs en riviére de Bélon« ausgezeichnet.

TIPP Pied de Cheval

Eine Pied de Cheval, eine »Pferdefuß-Auster«, ist eine besonders große Europäische Auster. Während die normalen Exemplare zwischen 40 und 90 Gramm wiegen, kann eine Pied de Cheval über ein Kilogramm und mehr erreichen. Die schwerste Europäische Auster, die Fischer je aus dem Wasser zogen, hatte ein Gewicht von 3,7 Kilogramm. Diese Riesenaustern sind entweder bei der Ernte übersehen worden oder es sind wilde Einzelstücke.

Dieser Satz ist wichtig! Denn auch die Pazifische Auster erhält in den Claires von Bélon häufig ihren letzten Schliff. Sie reist aus anderen bretonischen Austernbänken an, nimmt ein ausgiebiges Bad in den Verfeinerungsbecken und darf sich anschließend ebenfalls Belon nennen. Schaut man allerdings genau hin, so findet man den Satz »Huîtres Creuses élevées sur nos Parcs de Bélon«.

2. Huître Marennes Oléron

380 Kilometer südlich des Bélon hat sich die Konkurrenz niedergelassen: in der Bucht von Marennes. Zwischen La Rochelle und Bordeaux liegt das größte Austernzuchtgebiet Frankreichs. Die Austernbänke, Verfeinerungsbecken, Kanäle und Salinen erstrecken sich auf 6000 Hektar. Von hier wird die Hälfte der Grande Nation mit den kleinen Schalentieren versorgt. Über 65 000 Tonnen werden jedes Jahr geerntet und veredelt. Vorwiegend die robuste Pazifische Auster, die unbeirrt von äußeren Einflüssen wächst und wächst und wächst.

Die Austernbänke in der Bucht von Marennes

Die Bedingungen für Austern sind in der weiten Bucht von Marennes ähnlich ideal wie am Bélon. Unzählige kleine und große Flüsse speisen das Gewässer: Sie mindern den Salzgehalt des Meeres und schaffen große Mengen an Nährstoffen heran. Für ein ausgewogenes Klima sorgt die vorgelagerte Ile d'Oléron. Die große, lang gestreckte Insel schützt die Bucht vor den wilden Atlantikstürmen. Jeden Sommer steigt die Wassertemperatur zuverlässig auf über 20 Grad.

Auch die Marennes-Oléron-Auster genießt zu Lebzeiten einen ausgedehnten Aufenthalt in den Claires. Die Dauer der Schönheitskur variiert zwischen vier Wochen und zehn Monaten. Die Auster verfeinert dabei nicht nur ihren haselnussartigen Geschmack, sondern überzieht ihr Fleisch zudem mit einer zartgrünen Farbe, die an einen Smaragd erinnert. Zu verdanken hat sie diese Laune der

Natur einer kleinen Pflanze mit Namen *Navicula ostrearia*. Die Blaue Mikroalge macht die Marennes Oléron zu einem unverwechselbaren Klassiker.

Austernbänke in der Bucht von Marennes

Von fein bis perfekt

Die Qualitätsstufen der Marennes Oléron sind vielfältig. Sie orientieren sich an der Aufenthaltsdauer (1 bis 10 Monate) und an der Stückzahl (5, 10 oder 20 pro Quadratmeter) in den Claires.

Von Bedeutung sind die folgenden vier Klassen: Die *Fine de Claires* wurden bis zu vier Wochen verfeinert. Sie sind wohlgeformt, etwas fleischiger und ein wenig geschmackvoller als die einfachen *Huîtres de parc.* Die *Spéciale de Claires* lagen bis zu vier Monate in den Verfeinerungsbecken. Entsprechend fleischig und schmackhaft sind sie. Beide Qualitätsstufen werden sowohl *verte* als auch *blanche* angeboten. Die *Fine de Claires Verte Label Rouge* wiederum kommt der Perfektion schon ziemlich nahe. Sie unterliegt einer strengen Qualitätskontrolle! Vier Kriterien müssen zusammentreffen: optimale Form der Schale, feiner Geschmack, dezente Färbung und feste Konsistenz des Fleisches.

Das Spitzenprodukt der Austernzucht in der Bucht von Marennes wird schließlich *Spéciales Pousse en claire Label Rouge* genannt. Diese Auster ist der ganze Stolz der Region. Der strebsame Lieblingsschüler der Austernzüchter wird bis zu zehn Monate verfeinert. Höchstens fünf Exemplare teilen sich dabei einen Quadratmeter der Claires. Sie ist in jeder Hinsicht perfekt. Eine Auster für die großen Momente im Leben!

INFO Die Auster der Sterne-Köche

Nur eine Auster trägt weltweit den Namen des Produzenten: die »Spéciales Gillardeau«. Gérard Gillardeau ist Austernzüchter in der Bucht von Marennes-Oléron. Sein Großvater Henri hat das Unternehmen vor über hundert Jahren gegründet. Gillardeau ist spezialisiert auf das letzte Wachstumsjahr der Auster.

An den Küsten rund um Marennes-Oléron kauft er dreijährige Austern und siedelt sie in anderen Gewässern an, zum Beispiel im planktonreichen Ärmelkanal. Dort legt er sie in Zonen ab, die zweimal täglich mit der Ebbe trockenfallen. Das härtet die Schalenweichtiere ab und hält sie später länger frisch. Die »Luftveränderung« löst bei den Austern einen Entwicklungsschub aus. In den sechs bis zwölf Monaten ihres Exils setzen sie viel Fleisch an und wachsen zu einer »Spéciales Gillardeau« heran.

Die Austern des 57-jährigen Franzosen sind gesetzt auf den Speisekarten der Haute Cuisine. Alain Ducasse frittiert sie in seinem Restaurant »Le Plaza Athénée« in Traubenkernöl, würzt sie mit Cayennepfeffer und serviert sie mit einer *Sauce Tatare*. Sein Kollege Dieter Müller hat sich eine eher ungewöhnliche Kreation ausgedacht. Er verarbeitet die Gillardeau-Austern zu einem Savarin.

Und Sven Elverfeld kombiniert sie im »Aqua« in Wolfsburg mit einem Glattbutt aus dem Atlantik, mit Salicorne und mit Schwarzwurzeln.

Dieter Schiffer, Küchenchef »Party- und Bankettservice« im »KaDeWe« in Berlin:

»Die Berliner lieben Austern! Wir setzen in der Woche etwa 12 000 Stück um. Unsere Renner sind die Fine de Claires und die Sylter Royal. Gut verkauft werden auch die Bélon und die kleine Papillon aus Frankreich, die Donegal Oyster aus Irland und die Loch Fyne Oyster, die seit Ende der 70er-Jahre an der Westküste Schottlands gezüchtet wird.

Sehr delikat auch die ›Perle der Zaren‹, die Tsarskaya. Sie wird in der Bucht von Mont-Saint-Michel vor Cancale gezüchtet. Es ist eine recht große Europäische Auster, die zu Ehren der Zaren entwickelt wurde. Die russischen Herrscher waren große Liebhaber von Austern. Sie ließen sie sich regelmäßig in Sankt Petersburg mit Kaviar oder Wodka servieren. Die Tsarskaya ist fest, vollfleischig und hat einen kräftigen Geschmack. Sie wird in Cancale von der Firma ›Les Parcs Saint Kerber‹ verfeinert.«

EDELFISCH AUS DEM MEER

Die Trüffel der Tiefe

Fischfang auf einem Kutter in Frankreich

Alle Fische, die wir in diesem Kapitel empfehlen, werden wild gefangen. Wildfische schmecken besser. Sie bewegen sich mehr als Zuchtfische und entwickeln dadurch mehr festes Muskelfleisch. Außerdem wachsen sie in der freien Natur auf und ernähren sich entsprechend. Kein Restaurant von hohem Rang serviert in Europa Zuchtfische – auch wenn die meisten Gäste den Unterschied zwischen Wild- und Zuchtfisch nicht schmecken würden.

Unterschiedliche Fangmethoden

Wichtig für die Qualität des Fisches ist auch die Fangmethode. Fische erster Güteklasse werden mit der Angel oder Langleine gefangen. Dabei wird von einem kleinen Kutter eine Hauptleine mit beköderten Seitenleinen ausgelegt. Schwimmer und Gewichte halten die Leine in der gewünschten Tiefe. Die Langleinenfischerei liefert hervorragende Qualität, da die Fische unversehrt gefangen und nicht in großen Netzen zusammengedrückt werden. Die französische Fischwirtschaft unterteilt den Fang in folgende Qualitätsstufen: 1. Klasse: Langleine, 2. Klasse: stehendes Netz, 3. Klasse: Schleppnetz und 4. Klasse: Zuchtfisch.

Die Riege der Edlen

Welcher Fisch darf sich nun edel nennen? Auf diese Frage gibt es viele Antworten. Eine allgemeingültige Definition gibt es nicht. Entscheidend sind Geschmack, Aroma und Konsistenz des Fleisches. Aber auch die Verfügbarkeit auf den weltweiten Fischmärkten spielt eine gewisse Rolle: je seltener, desto edler und teurer.

Zu den Klassikern unter den Edelfischen, die im Meer leben, zählen zweifellos der Lachs und der Thunfisch, denen wir jeweils ein eigenes Kapitel gewidmet haben. Auch die Seezunge, der Steinbutt, der Seeteufel, der Wolfsbarsch, die Dorade und der Petersfisch sind unbestritten Fische der edleren Art. Über diese Auswahl hinaus haben wir uns noch für den Skrei, den Grenadier und die Rotbarbe entschieden.

Die Besten

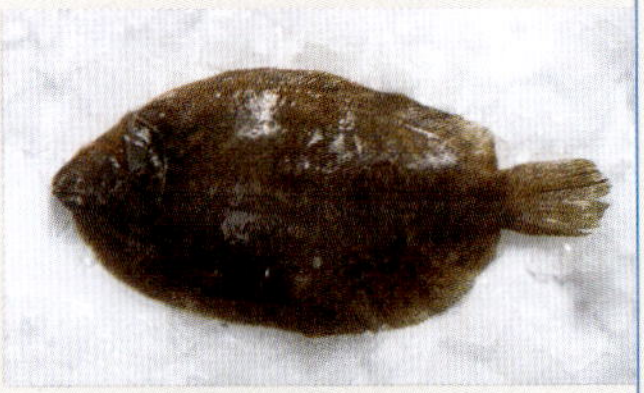

Die **Seezunge** ist einer der begehrtesten und edelsten Speisefische.

1. Seezunge

Die Seezunge ist weltweit das Synonym für edlen Fisch. In der kulinarischen Szene, in der oft die Meinungen weit auseinanderliegen, ist man sich ausnahmsweise einig: Sie ist die Nummer 1! Ihr Aroma ist unvergleichlich. Es ist nussig und leicht süßlich, eine Note, die man bei keinem anderen Edelfisch findet. Ihr Fleisch ist zart und saftig und dennoch so fest, dass es sogar durchschnittlich begabte Köche erträgt. Sie ist nahezu grätenfrei und lässt sich mühelos verarbeiten. Das einfachste Rezept ist auch das beste: häuten, salzen, leicht mehlieren und in Butter braten. Dazu Dampfkartoffeln und ein frischer Salat.

Die Heimatgewässer der Seezunge

Die Seezunge zählt zu den Plattfischen. Sie lebt vorwiegend in den südlichen Teilen der Nordsee, im Ärmelkanal und an der norwegischen Küste. Dort jagt sie in einer Tiefe von bis zu 60 Metern Krebse, Sand-Aale, Muscheln und kleine Fische. Sie kann bis zu vier Kilogramm schwer werden. In der Regel landet sie aber mit einem Viertel ihres maximalen Gewichts in den Auslagen der Fischgeschäfte.

Die Franzosen nennen sie schlicht *sole*. Die besten Exemplare werden im Atlantik gefangen. Die Gewässer um die Ile de Noirmoutier, um die Ile de Ré und vor der Hafenstadt Dieppe sind beste Fangreviere. Die höchste Qualität wird im Handel mit *sole à la ligne* (geangelte Seezunge) oder *sole commune grise* (feine, saftige Seezunge) bezeichnet. Die Engländer nennen sie *Dover sole*, weil sie in früheren Zeiten meist in Dover angelandet wurde. Und die Deutschen importieren ihre Seezunge aus den Niederlanden, Belgien und Dänemark. Die eigenen Kutter können die inländische Nachfrage nicht annähernd befriedigen.

2. Steinbutt

»Champagner unter den Plattfischen! Bressehuhn der Meere! Trüffel der Tiefe!« Fernsehkoch Johann Lafer kann rauschartige Zustände erreichen, wenn er über den Steinbutt spricht. Respektive über den, der vor der Küste der Bretagne schwimmt. Der bretonische *Turbot*, so sein französischer Name, gilt in der Tat als der beste der Welt. Leider ein teures Vergnügen! Geangelter Steinbutt aus der Bretagne kostet 41 Euro pro Kilogramm. Rechnet man Kopf, Schwanz, Flossen und Innereien ab, steigt der Kilopreis auf 80 Euro.

Der **Steinbutt** wird über 20 Jahre alt.

Der Liebling der Sterne-Köche

Nach der Seezunge gilt der Steinbutt als der feinste Edelfisch. Die beste Qualität erhält man Anfang des Jahres. Dann ist sein weißes Fleisch besonders aromatisch. Er ist der Lieblingsfisch vieler Sterne-Köche. Dieter Müller serviert ihn im »Schlosshotel Lerbach« mit Seeigelsauce und Wildreisbällchen. Und Klaus Erfort bereitet ihn in seinem Saarbrückener »Gästehaus« am liebsten im Salzteigmantel zu, damit der kostbare Fisch ohne großartiges Würzen sein eigenes Aroma entfalten kann.

Ein außergewöhnlicher Genuss sind auch die Bäckchen des Steinbutts. Sie liegen versteckt unter den Kiemendeckeln. Vorsichtig herauslösen, kurz in Butter anbraten und als Vorspeise servieren: köstlich! Was man vom Babysteinbutt nicht behaupten kann. Er schmeckt nicht annähernd so gut wie ein ausgewachsenes Exemplar! Diese Modeerscheinung ist zudem, ökologisch betrachtet, ein Frevel. Die Babys werden gefangen, bevor sie sich fortpflanzen können.

3. St. Petersfisch

Die Geschichte, wie der St. Petersfisch zu seinem Namen kam, ist eine schöne Geschichte. Der Legende nach ist der große schwarze Punkt an seiner Flanke der Fingerabdruck des heiligen Petrus. Der Apostel soll dem Fisch einst ein Goldstück aus dem Maul gezogen haben, das zuvor in den See Genezareth gefallen war. Dass der St. Petersfisch ein Salzwasserfisch ist und im Süßwasser elend zugrunde gehen würde, soll uns dabei nicht weiter stören.

Der **St. Petersfisch** ist saftig und mager.

Seltener Fang mit vielen Namen

Der St. Petersfisch kommt in Europa auch als Saint-Pierre oder John Dory in den Handel. In Deutschland wird er auch Heringskönig genannt, da er häufig mit Heringen zusammen gefangen wird. Der diskusförmige Edelfisch mit seinen langen, punkartigen Stachelflossen lebt in kleinen Gruppen im Mittelmeer und an der Ostküste des Atlantiks. Vorwiegend ernährt er sich von Schwarmfischen, kleinen Tintenfischen und Krebsen. Er wird nicht gezielt gejagt, sondern ist in den Netzen der Berufsfischer willkommener Beifang.

Die geringe Fangmenge und seine überragende Qualität erklären den hohen Verkaufspreis. Obwohl er so teuer ist, sollte man lieber mehr als zu wenig kaufen. Kopf, Flossen und Innereien machen schon zwei Drittel des Gewichts aus.

Das *Poule de Mer*, wie es in Frankreich wegen seines schneeweißen Fleisches auch genannt wird, gehört zum Besten, was die Weltmeere zu bieten haben. Sein Fleisch ist mager und vergleichsweise fest und saftig. Es eignet sich sehr gut zum Braten und Grillen.

4. Skrei

Die fünfte Jahreszeit ist laut Lexikon »ein Zeitraum, in dem ein Ereignis stattfindet, das das Leben der Menschen so stark beeinflusst, wie es sonst nur der Wechsel der Jahreszeiten vermag«. Welche Periode als fünfte Jahreszeit wahrgenommen wird, ist regional sehr unterschiedlich. In München ist es im März die Starkbierzeit, in Bremen im Oktober der Freimarkt und in Paderborn im Juli das Liborifest. Im europäischen Norden ist es die Skrei-Saison. Sie beginnt im Januar und endet im April.

Ständiger Gast in der Spitzengastronomie

Der Skrei ist seit Jahrhunderten in Norwegen eine herausragende Fischdelikatesse. Außergewöhnlich, so schwärmen Spitzenköche, sei sein feines, überaus zartes und lockeres Fleisch, seine Zunge und sein Rogen. Beim

Der St. Petersfisch heißt in Deutschland auch **Heringskönig**.

Die **Skrei-Saison** dauert vier Monate: von Januar bis April.

gewöhnlichen Konsumenten nahezu unbekannt, ist der Skrei in der Spitzengastronomie fester Bestandteil der Speisekarte. Die Franzosen haben ihm zu Ehren sogar den »Club de Skrei de Norvège« gegründet. Zu den Mitgliedern zählt die Créme de la Créme der französischen Kochkunst.

Der Skrei, zu Deutsch »Wanderer«, gehört zur zoologischen Familie der Kabeljaue. Er lebt in der eiskalten Barentssee im Norden Russlands. Um die Jahreswende zieht er zum Laichen in die Gewässer rund um die Lofoten, einem Archipel vor der Küste Norwegens. Dort liegt die Wassertemperatur nur wenige Grade höher. Warm genug, um Nachwuchs zu produzieren. Dort warten aber auch einige Tausend Fischer mit ihren Booten.

Der Skrei zählt zu den **kulinarischen Höhepunkten** des norwegischen Winters.

Sie fangen den Skrei meistens mit der Leine, damit er durch den Druck des Netzes nicht gequetscht wird. Rund 40 000 Tonnen dürfen jedes Jahr angelandet werden. Der größte Teil wird zu Stockfisch (getrocknet) und Klippfisch (gesalzen) verarbeitet und nach Italien, Portugal und Brasilien exportiert. Der kleine, aber feine Rest landet in den Küchen der Sterne-Köche. Und feiert große Erfolge: Mehrmals wurde er beim »Bocuse d'Or«, einem berühmten kulinarischen Kräftemessen, als offizielles Produkt ausgewählt.

TIPP Weitere wichtige Edelfische

♦ **Seeteufel**
Der Seeteufel ist ein gefürchteter Raubfisch, der hauptsächlich im Nordatlantik und im Mittelmeer auf die Jagd geht. Er ernährt sich von bodennahen Fischen und Schalentieren. Er ist mit seinem riesigen Kopf, den kleinen Augen, dem breiten Maul, den spitzen Zähnen und den stachligen Rückenflossen die Idealbesetzung für jeden Horrorfilm. Um die Kundschaft nicht abzuschrecken, kommt er meist ohne Kopf in den Handel.

Der Seeteufel, der in Frankreich »Lotte« genannt wird, hat bis auf die Wirbelsäule keine Gräten. Sein weißes Fleisch ist bissfest und besitzt ein feines Aroma. Nur die Haut muss vor dem Braten entfernt werden, sie wird sonst bitter. Feinschmecker bevorzugen die Backen, den Schwanz und die Leber. Die Foie gras des Seeteufels wird kühl auf Toast mit einem Glas Champagner serviert.

Grenadier ♦

So hässlich der Seeteufel, so komisch der Grenadierfisch. Er hat einen langen, nicht enden wollenden Schwanz, der ohne sichtbare Trennung in einen viel zu großen Kopf übergeht. Der Grenadier ähnelt also mehr einer schwimmenden Wundertüte als einem Fisch. Er lebt als Grundfisch in allen Weltmeeren und kann Tiefen von mehreren Tausend Metern erreichen. Grenadiere werden bis zu anderthalb Meter groß. Sie ernähren sich von kleinen Fischen, Krebsen, Tintenfischen und Tiefseegarnelen. Ihr Fleisch gilt als fettarm, eiweißreich und leider auch grätenreich.

Wolfsbarsch ♦

Der Wolfsbarsch begegnet Ihnen in England als »Bass«, in Frankreich als »Bar« (Atlantik) oder »Loup de mer« (Mittelmeer), in Italien als »Branzino« und in Spanien als »Lubina«. Sein Fleisch ist mager, fest, sehr aromatisch und grätenarm. Es genießt bei Feinschmeckern einen großartigen Ruf – am besten im Dampf gegart oder in der Salzkruste gebacken. Alain Ducasse mariniert ihn in Pfeffer und altem Balsamico und legt ihn anschließend auf den Grill.

Der Raubfisch wird bis zu sieben Kilogramm schwer. Sein Jagdrevier sind vor allem die wärmeren Küsten der Mittelmeerländer. Die Wildbestände sind in den vergangenen Jahren stark zurückgegangen, deshalb stammen die meisten Wolfsbarsche, die in den europäischen Fischgeschäften verkauft werden, aus Aquakulturen.

♦ **Dorade**

Die Dorade wird auch Goldbrasse oder Graubarsch genannt. Sie zählt zu den gefragtesten Edelfischen. Auch sie wird inzwischen mit großem Erfolg gezüchtet. Die Meeresgehege in der Türkei, in Griechenland und in Spanien produzieren jedes Jahr bis zu 10000 Tonnen. Wild lebt sie im Mittelmeer und an der nordwestafrikanischen Atlantikküste.

Mit 70 Zentimetern erreicht die Dorade eine praktische Verzehrgröße. Ihr Fleisch ist weiß, manchmal leicht rosa, zart und grätenarm. Am besten schmeckt sie in der Zeit von Juli bis Oktober.

In Folie gegarte **Rotbarbe**

♦ **Rotbarbe**

Die Rotbarbe ist ein Bodenfisch, der in kleinen Schwärmen in gemäßigten Meeren lebt. Man findet sie im Mittelmeer und im östlichen Atlantik. Sie kann bis zu 35 Zentimeter groß werden. Gefragt sind aber eher die kleineren Exemplare.

Das Fleisch der Rotbarbe ist nahezu grätenfrei, fest und hat ein kräftiges Aroma. Es eignet sich ideal zum Backen in der Alufolie. Wie beim Seeteufel ist auch die große Leber der Rotbarbe eine besondere Delikatesse. Der edle Fisch sollte nur sehr frisch verarbeitet werden, andernfalls entwickelt er einen leichten Hautgout.

Die Gourmets genießen die Rotbarbe unter dem Namen »Rougets de roche«. Die eher bodenständigen Kenner essen sie auch als »Rote Meerbarbe« oder »Triglia di scoglio«. So oder so – sie ist gegrillt, mit Olivenöl, frischem Rosmarin und Knoblauchzehen eine Offenbarung.

Hans Haas, Chef de Cuisine im »Tantris« in München – zwei Michelin-Sterne:

»Mein liebster Edelfisch schwimmt im Süßwasser: die Forelle. Ich beziehe sie von einem Züchter aus Oberbayern. Er macht einen unglaublich guten Job. Er legt großen Wert auf die Wasserqualität in seinen Zuchtteichen. Das reine Quellwasser, das er nutzt, hat sowohl im Sommer als auch im Winter fast immer die gleiche Temperatur. Die Fische wachsen ganz langsam heran. Sie werden nicht ›turbogemästet‹ – sehr wichtig für die Qualität ihres Fleisches.

Alles entscheidend für die Güte des Fisches ist allerdings seine Zubereitungsart. Man kann auch den besten Fisch in der Küche noch ruinieren. Ich lege die Filets in eine feuerfeste Form und bestreiche sie mit etwas Butter. Anschließend verschließe ich die Form mit Klarsichtfolie und gare sie auf der unteren Schiene bei 80 Grad etwa 10 bis 12 Minuten. Danach müssen die Filets noch ein paar Minuten ziehen. Ich nehme übrigens grundsätzlich keine Zitrone zum Fisch. Zitrone laugt den Fisch aus und überdeckt das Aroma.«

FUGU

Russisches Roulette mit Tetrodotoxin

Der Fugu – der **gefährlichste Speisefisch der Welt.**

Er spürt ein feines Kribbeln auf seinen Lippen, an seinen Fingern, die Arme werden taub, die Essstäbchen gleiten aus seinen Händen, er stürzt zu Boden. Er will etwas sagen, bekommt aber keinen Ton heraus. Ein Krankenwagen bringt ihn in die Klinik, die Ärzte diagnostizieren eine Ganzkörperlähmung. Er stirbt bei vollem Bewusstsein – an Tetrodotoxin, einem Nervengift, das 30-mal wirksamer ist als Zyankali. Bis heute gibt es kein sicheres Gegenmittel.

Riskanter Gaumenkitzel

Mehrere Tausend Japaner starben bisher auf diese Weise. Sie alle hatten sich für 200 Euro einen Fisch namens Fugu geleistet. Das tückische Gift steckt in elf Teilen des Kugelfisches, hauptsächlich in den Keimdrüsen und in der Leber. Besonders giftig ist er in den Wochen vor der Laichzeit, die im Frühling beginnt. Nachdem er seine Eier abgelegt hat, hat er viel von seiner Gefährlichkeit verloren. Das Fleisch schmeckt dann allerdings etwas fad, wie bei den giftlosen Kugelfischarten.

Inzwischen ist die Zahl der Fugu-Opfer in Japan gesunken. Die Regierung in Tokio hat ein Gesetz verabschiedet, wonach künftig ein Koch zwei Jahre lernen muss, wie ein Fugu fachgerecht zu filetieren ist. Also so, dass das Tetrodotoxin nicht in das ungiftige Muskelfleisch übertreten kann. Höhepunkt der Schlussprüfung ist die Verkostung des Kugelfisches. Der angehende Diplom-Koch hat den Vortritt.

Es gibt nicht wenige Japaner, die zu viel Sicherheit bedauern. Ohne Risiko, ohne russisches Roulette, schmeckt ihnen der Fugu nur noch halb so gut. »Es geht beim Fugu-Essen auch um den Kitzel«, schreibt die Autorin Shiuzuko Natsuki in ihrem Krimi, dessen Schurke mit Fugu-Gift mordet. »Ein bisschen Gift soll schließlich sein.«

Fachmännisch wird der Fugu zerlegt und in **hauchdünne Scheiben** geschnitten.

Stachliger Geselle mit Kugelgestalt

Der Kugelfisch – man zählt 90 verschiedene Arten – lebt in küstennahen Gewässern und hat kaum Feinde. Er kann nämlich etwas, was sonst kaum ein anderer Fisch kann: sich aufblasen. Der stark dehnbare Magensack vermag bei Gefahr so viel Wasser aufzunehmen, dass der stachlige Fisch die Gestalt einer riesigen Kugel annimmt. Das verdirbt den großen Räubern von vornherein den Appetit! Eine Schönheit ist er nicht, mit seinem plumpen Körper, dem schnabelartigen Gebiss, der lederartigen, fast nackten Haut und den sich wie kleine Propeller drehenden Brustflossen. Er ernährt sich von Schnecken, Muscheln und Krebsen, scheut sich nicht, aus den Korallenstöcken Stücke herauszubeißen, um an die zarten Polypen zu gelangen. Außerdem ist er streitsüchtig, wovon Aquarianer ein Lied singen können. Er verletzt sogar seine Artgenossen.

Die Besten

1. Tiger Blowfish

Der Tiger Blowfish gehört zu den allergiftigsten und zugleich schmackhaftesten Fischen! *Tiger rubripes*, wie er auf Lateinisch heißt, ist tatsächlich eine Sünde wert. Die besten seiner Art schwimmen in der Bucht von Shimonoseki auf der japanischen Hauptinsel Honshu.

Meisterstück oder Harakiri

Er ist eine schwimmende Tetrodotoxin-Bombe. Und man sollte sich vorher darüber informieren, ob er von einem Koch zubereitet wurde, der ein Fugu-Diplom besitzt. Wer das Glück hat, ihm einmal bei der Arbeit zuzuschauen, kommt aus dem Staunen nicht heraus, angesichts der Geschicklichkeit, mit der er sein Besteck handhabt. Der Fisch lebt noch, wenn der Meister ihn in hauchdünne Scheiben aufbereitet. Wehe, wenn ihm ein todbringender Fehler unterliefe! Der Ehrenkodex seines Berufsstandes verlangte früher, dass er Harakiri begeht, den rituellen Selbstmord, bei dem der Bauch mit einem rasiermesserscharfen Dolch aufgeschlitzt wird.

Unterlief dem Koch bei der Zubereitung des Fugu früher **ein Fehler, dann blieb ihm nur Harakiri.**

Auch den Feinschmecker-Oasen auf dem berühmten »Tsukiji« in Tokio, dem größten Fischmarkt der Welt, kann man trauen. Hier werden jeden Tag 2500 Tonnen Fisch für 25 Millionen Euro umgeschlagen. Siebenmal so viel wie auf dem »Rungis-Markt« in Paris. Wer in den umliegenden Fischgeschäften einkauft, sollte unbedingt nach den Preisen fragen. Denn der größte Fischmarkt der Welt ist zugleich auch der teuerste.

Wie der Fugu serviert wird

Fugu wird in Japan in drei verschiedenen Arten serviert. Fugu-Sashi ist roher Fugu, hauchdünn geschnitten, mit etwas Schnittlauch, geriebenen Radieschen und einer sauren Zitronensauce. Fugu-Chiri ist gekochter Fugu, in Stücke geschnitten, mit Tofu, chinesischem Kohl, Seegras und rotem Pfeffer. Fugu-Zousui schließlich wird serviert mit Reis und Eiern.

Beim Fugu-Sashi wird das Fleisch **hauchdünn geschnitten und kunstvoll angerichtet.**

Der Geschmack des Fugu lässt sich nur schwer beschreiben. Für Europäer liegt die unendliche Weite des Ozeans in jedem Bissen. Viele Japaner dagegen sind erst dann zufrieden, wenn der Koch den Fisch so filetiert hat, dass ein winziger Teil Gift zurückbleibt. Es muss auf den Lippen ganz leicht kribbeln! Beim Gourmet bewirkt das die Art Euphorie, die er im Fugu sucht. Die alte Tradition, wonach ein Shinto-Priester beim letzten Gang erscheint und sich beim Fugu entschuldigt, gehört ebenfalls zu einem traditionellen Fugu-Essen. Denn auch Kugelfische haben eine Seele.

KAVIAR

Krieg um die magischen Körner

Fischer ziehen Netze mit Stören aus dem Uralfluss nahe am Kaspischen Meer.

»Es muss nicht immer Kaviar sein« lautet der Titel eines Buches, das vor vielen Jahren auf den Bestsellerlisten stand. *Immer* wäre auch gar nicht denkbar! Denn das zwei bis vier Millimeter große Korn, das locker perlt, eine zarte Haut hat und einen silbergrauen, anthrazitfarbenen oder goldenen Schimmer aufweist, ist eine Delikatesse, die einen Gourmet ruinieren kann.

Diese Körner werden nicht umsonst »Schwarzes Gold« genannt, so teuer sind sie. Das heißt, so teuer sind sie heute! In Frankreich zahlte man noch vor dem Ersten Weltkrieg für ein Kilogramm Kaviar lächerliche 20 Centime – so viel wie für einen Laib Brot. Inzwischen kostet ein Kilogramm bester Beluga mehr als 7000 Euro.

Die Delikatesse der Kaiser und Könige

Viele Legenden sind über die Jahrhunderte hinweg um diese erlesene Delikatesse entstanden. Bei den Schlemmerorgien des römischen Kaisers Heliogabal regnete es Blumen von der Decke, deren Kelche mit Kaviar gefüllt waren. Die Römer labten sich nicht nur an den wundersamen Körnern, sie schätzten gleichermaßen das feste, weiße Fleisch des Fisches, aus dem sie stammten, den Stör.

Der römische Kaiser Heliogabal ließ **mit Kaviar gefüllte Blüten** von der Decke regnen.

Selbstverständlich war er bis in die Neuzeit den jeweils Herrschenden vorbehalten. Der königliche Fisch war für die königlichen Küchen reserviert. Und wer von den Fischern seinen Stör nicht ablieferte, musste mit strengen Strafen rechnen. Zar Nikolaus II. erhob als Jahressteuer von den Fischern aus Astrachan und Aserbaidschan einen Teil der kostbaren schwarzen Eier. Elf Tonnen kamen auf diese Weise zusammen, die man im Winter in großen Fässern nach Moskau transportierte.

Jagd auf ein stattliches Ungetüm

Der Gemeine Stör ist mit Knochenschilden bedeckt, besitzt eine furchterregende Schnauze, ein zahnloses Saugmaul und ein gekrümmtes, sensenförmiges Schwanzende. Eine Schönheit ist er also nicht, dafür aber groß und lang: Über acht Meter kann der Stör erreichen. Wie der Lachs ist er ein anadromer Fisch, das heißt, er zieht zum Laichen ins Süßwasser, ansonsten lebt er im Atlantik, im Mittelmeer, im Schwarzen Meer und im Kaspischen Meer.

Auf dieser gewaltigen Wasserwüste herrscht Krieg. Krieg um den Stör! Fünf Staaten grenzen an die Ufer des Kaspischen Meeres. Zu den alten Anrainerstaaten Russland und Iran sind seit dem Zusammenbruch der UdSSR drei neue Staaten hinzugekommen: Aserbaidschan, Kasachstan und Turkmenistan. Diese streiten sich nicht nur um die Öl- und Erdgasvorkommen, sondern auch um den Stör. Besonders rabiat gebärden sich die Fischer aus Russland. Sie verfolgen den Fisch bis in kasachische Hoheitsgewässer, illegal, mit Stellnetzen und schnellen Booten.

Um den Stör streiten sich fünf Anrainerstaaten des Kaspischen Meeres.

Langlebiger Allesfresser

Der Stör ist leicht zu fangen. Er lebt in 20 Meter Tiefe, pflügt mit seinem Maul durch den Schlamm und frisst alles: Krebse, Muscheln, Würmer, kleine und größere Fische. Dieses lebende Fossil aus dem Paläozoikum kann, wenn man ihn nur ließe, über hundert Jahre alt werden. Faustregel: Je älter er wird, umso köstlicher mundet sein Rogen.

Almas ist der teuerste Kaviar der Welt.

Wie der Kaviar zu uns kam

Nach Europa gelangte der Kaviar durch den Einfallsreichtum der Brüder Saposchnikow. Sie kamen auf die naheliegende Idee, den Kaviar zu kühlen und ihn auf lange Reisen zu schicken. Zum Beispiel nach Paris, wohin 1917 viele Russen geflüchtet waren, vertrieben von den Siegern des Bürgerkriegs, den Bolschewiki.

Französisch war die Zweitsprache der russischen Oberschicht, und wo diese Sprache gesprochen wurde, war auch ihre neue Heimat. Wenn sie dort den letzten der sorgfältig in die Kleidung eingenähten Diamanten verkauft hatten, standen sie oft vor dem Nichts. Es sei denn, sie eröffneten russische Restaurants oder begannen mit einer Spezialität zu handeln, die im alten Europa noch nicht so bekannt war: Kaviar. Wohlhabende Franzosen waren bereit, für die Dose Beluga oder Osietra viele Francs hinzublättern. Die Eier des Störs wurden zum Statussymbol.

Die Besten

1. Almas

Der beste Kaviar der Welt ist der Almas. Er ist so kostbar, dass für seine Verpackung nur Gold infrage kommt: goldene Dosen inklusive eines goldenen Löffels. Der hellgelbe, manchmal fast weiße Rogen stammt entweder vom seltenen Albinostör oder von einem gewöhnlichen, aber sehr alt gewordenen Stör. Die Gelehrten sind sich da nicht einig.

Der Almas war den chinesischen Kaisern vorbehalten, den russischen Zaren und den Päpsten. Wer gegen dieses ungeschriebene Gesetz verstieß, büßte seine frevlerische Tat mit dem Verlust der rechten Hand. Sie wurde ihm mit einer Axt abgeschlagen.

Ebenso rar wie kostspielig

Der Almas (russisch: Diamant) ist sehr selten und nur über eine lange Warteliste zu erwerben. Jedes Jahr werden nicht mehr als 20 Kilogramm gewonnen. Das Kilo in der 24-karätigen Golddose kostet 35 000 bis 40 000 Euro.

Vom besten Kaviar der Welt werden **jährlich nur rund 20 Kilogramm** gewonnen.

Der Geschmack sei, berichten die Beneidenswerten, die ihn verkosten durften, so überwältigend, dass man sich im Paradies wähne, und wegen seiner erregenden Eigenschaften geradezu geschaffen, um eine schöne Jungfrau zu verführen. Wobei der Verführer mindestens Millionär sein sollte.

TIPP Wie man Kaviar serviert

Kaviar kommt in der Originaldose direkt vom Kühlschrank auf den Tisch. Die Dose ruht auf einer Schale mit zerstoßenem Eis. Russischer Kaviar unterscheidet sich, sortengemäß, durch die Farbe der Deckel. Der Sevruga trägt ein Orange, der Beluga ein Blau und der Osietra ein Gelb. Das Wort »Malossol«, das auf den Dosen steht, sollte Sie nicht irritieren. Das russische Wort bedeutet nichts anderes als »leicht gesalzen«. Nur die besten Eier des Rogens werden übrigens »malossol« verarbeitet.

Ebenfalls russisch ist das Wort »Wodka«, Wässerchen genannt, die verharmlosende Bezeichnung eines Getränks, das 35 bis 65 Prozent Alkohol aufweist. Zum Kaviar ist es das geeignete Getränk. Wer so viele Prozente nicht verträgt, darf getrost zu einem trockenen Champagner greifen oder zu einem Chablis.

Metall ist übrigens Tabu bei einem Kaviaressen. Besorgen Sie sich einen Löffel aus Perlmutt oder Horn.

Kaviar wird mit einem **Löffel aus Perlmutt** gegessen.

2. Iranischer Osietra »Imperial Gold«

Der Imperial aus dem Iran ist unter den Kaviarsorten die Nummer 2. Er wird aus den äußerst seltenen und sehr alten Osietra-Karaburun-Stören gewonnen. Der Imperial-Kaviar ist weltberühmt wegen seiner goldenen Farbe und seinem einzigartigen nussigen Aroma. Der Fisch, der ihn liefert, wird nicht größer als zwei bis zweieinhalb Meter. Er hat eine Lebenserwartung von bis zu 80 Jahren. Einige wenige Exemplare erreichen sogar biblische 120 Jahre. Experten bezeichnen den Osietra als den interessantesten Stör, weil seine Eier die meisten Varianten an Größe, Aroma und Farbe aufweisen. Er lebt vornehmlich an der iranischen Küste des Kaspischen Meeres, wo das Wasser noch klar ist.

Im Iran garantieren **begrenzte Fangquoten,** dass der Stör ausreichend alt wird.

Kontrollierte Qualität und Reifezeit

Iranischer Kaviar ist in der Regel besser als russischer. Das liegt neben der Wasserqualität auch an der Verarbeitung, die akribisch kontrolliert wird. Zudem garantieren die begrenzten Fangquoten im Iran ein ausreichendes Altern der Störe. Je älter ein Störweibchen wird, umso reifer, heller und besser ist auch sein Rogen. Der Osietra zum Beispiel muss mindestens acht Jahre wachsen, um überhaupt als Kaviarlieferant infrage zu kommen. Der Beluga benötigt sogar 20 Jahre.

INFO Es muss nicht immer Stör sein

Es gibt auch andere Fische, die einen wohlschmeckenden Rogen liefern. Am bekanntesten ist der aus dem Lachs gewonnene Keta-Kaviar. Er ist golden- bis orangefarben und größer als der Beluga. Besonders in Deutschland ist er sehr beliebt: als Garnitur von Canapés, als kleine Zutat zu Blinis oder zu Sushi und Sashimi. Er wird in Gläsern zu 50, 100 und 150 Gramm angeboten und eignet sich gut zum Einfrieren.

Selten zu bekommen ist dagegen der Thunfisch-Kaviar. Die Fischer nehmen ihn traditionell nach dem Fang mit nach Hause, salzen, pressen und trocknen ihn. Er ist reich an Proteinen und Mineralien. Unter Gourmets gilt er als Geheimtipp. Auf Sardinien und Sizilien wird diese Spezialität *Bottarga di tonno* genannt.

Außerdem gibt es Forellen-Kaviar, Seehasen-Kaviar, Dolch-Kaviar und Seeigel-Kaviar. Letzterer ist eine kleine Kostbarkeit. Er schmeckt leicht nach Jod und hat eine weiche, körnige Struktur. Roh mundet er am besten, aber auch als Soufflé in der eigenen Schale.

3. Iranischer Beluga

Der Rogen des Beluga erreicht einen Durchmesser von vier Millimetern. Er enthält wie alle Störeier besonders viele leicht verdauliche Proteine, Spuren von Phosphor, Kalzium, Kupfer, Mangan, Eisen, Jod und die wichtigen Vitamine A, D und B. Außerdem weist er Enzyme auf, die für den Stoffwechsel von Bedeutung sind. Der Feinschmecker, der sich die stahlgrauen Eierchen leisten kann, darf mit gutem Gewissen einen Genuss ohne Reue empfinden.

Der Rekordhalter unter den Stören

Der Beluga ist der Hüne unter den Stören. Er kann über acht Meter lang werden und ein Gewicht von eineinhalb Tonnen erreichen. Wer das für Anglerlatein hält, wird sich von dem Rekord-Stör, der 1994 im iranischen Teil des Kaspischen Meeres gefangen wurde, überzeugen lassen. Das fünfeinhalb Meter lange und 800 Kilogramm schwere Prachtexemplar konnte nur mithilfe eines Krans an Land gehievt werden. Er brachte sage und schreibe zwei Zentner Rogen auf die Waage. Bei einem durchschnittlichen Kilopreis von 5000 Euro wäre der Jahrhundertfang heute eine halbe Million Euro wert. Der Rekord-Stör wurde im Auftrag der Regierung von französischen Fachleuten präpariert und ist heute im Naturkundemuseum von Teheran zu bestaunen.

Der **Beluga-Kaviar** ist pure Magie.

Vom Aussterben bedroht

Den Besuchern des Museums wird er in wenigen Jahrzehnten mit den Worten vorgestellt werden: »So sah einmal ein Beluga aus.« Der Fisch ist nämlich genauso wie seine zwei Dutzend Artgenossen stark gefährdet. Überfischung, Wilderei und Industrieabwässer haben die Zahl der Urfische drastisch verringert. Der Mensch in seinem unermüdlichen Bestreben, unseren schönen Planeten etwas weniger schön zu machen, hat auch den Stören zugesetzt. Wurden in den 70er-Jahren noch 3000 Tonnen des schwarzen Goldes nach Europa exportiert, sind es heute gerade noch 90 Tonnen. Pessimisten befürchten, dass Beluga, Osietra, Sevruga die nächsten 20 Jahre nicht überleben werden. Schon heute sind nur noch drei Prozent aller Störeier vom Beluga.

INFO Zuchtkaviar

Selbst wenn die wahren Genießer jetzt den Mund verziehen: Es gibt auch guten Zuchtkaviar. Immer mehr sogenannte Aquafarmer in Frankreich, Italien und Spanien widmen sich der Zucht von Stören. 250 Tonnen kommen jährlich auf den Markt. Die Menge wird sich bald verdoppeln. Der Ausdruck »widmen« ist eine treffende Bezeichnung, denn Störe sind empfindsam und nicht zu vergleichen mit den Zuchtlachsen vor der norwegischen Küste.

Die Aquarianer bevorzugen den Sibirischen Stör. Er wächst ziemlich schnell, ist nach sieben bis acht Jahren geschlechtsreif und liefert dann die begehrten schwarzen Körner. Führend auf diesem Gebiet sind die Franzosen. In den Wassern der Gironde, Garonne und Dordogne züchten sie ihre Fische.

Die Gretchenfrage: »Was schmeckt besser, der wilde oder der gezüchtete Kaviar?«, beantwortet Frank Brömmelhaus von der Firma »Caviar House & Prunier« ziemlich drastisch: »80 Prozent des weltweit gehandelten Zuchtkaviars ist Schrott. Der schmeckt modrig, fischig und ist klumpig.« Für wirkliche Gourmets sei das kein Genuss. Auch Feinkost-Händler Ralf Bos rümpft die Nase: »Ob aus dem Fluss oder aus dem Becken, Kaviar vom Baeri-Stör behält immer einen Aquarium-Ton, schmeckt im schlimmsten Fall nach Kellertreppe.«

Drei-Sterne-Koch Harald Wohlfahrt prophezeit dem wilden Kaviar eine düstere Zukunft. Man werde nolens volens nur noch Zuchtkaviar servieren. »Wenn der aber aus guten Aquaanlagen stammt, mag er kaum mehr zu unterscheiden sein vom Original. Abgesehen von den wirklichen Kennern, und von denen gibt es nicht allzu viele.«

**Michael Käfer,
»Feinkost Käfer« in München:**

»Wir bieten ausschließlich iranischen Kaviar an. Seine Qualität ist überragend und wird durch ständige Kontrollen garantiert! Die Produktion des Kaviars wird durch die staatliche Behörde ›Shilat‹ organisiert, die das iranische Fischereimonopol besitzt. Weltweit haben nur zehn ausgewählte Händler das Recht, iranischen Kaviar zu vermarkten. Über eines dieser exklusiven Häuser bezieht ›Feinkost Käfer‹ seine Ware.

Der Kaviar wird bereits vor Ort vom Händler ausgewählt und bei der Lieferung noch einmal sorgfältig auf die sensorischen Kriterien überprüft. Der Geruch von hochwertigem Kaviar muss an frischen Rogen erinnern und an die weite, offene See. Die Farbe muss beim Sevruga grau glänzen und beim Osietra schwarz bis silbergrau. Das Korn sollte einen Durchmesser von etwa zwei Millimeter haben. Es muss so fest sein, dass man es einzeln am Gaumen zerdrücken kann.

Ganz wichtig ist, dass die Metalldosen bei der Lagerung den Geschmack nicht beeinträchtigen. Deshalb wird der edle Rogen bei uns in München besonders aufwendig gepflegt. Er lagert bei null bis minus zwei Grad in einem Spezialschrank. Im Gegensatz zu vielen anderen Feinkost-Anbietern kann übrigens der Kunde bei uns den Kaviar vor dem Kauf probieren«.

KRABBE
Die lange Wanderung der Kamtschatka

»Shrimp is the fruit of the sea. You can barbecue it, boil it, broil it, bake it, saute it. There´s pineapple shrimp, lemon shrimp, coconut shrimp, pepper shrimp, shrimp soup, shrimp stew, shrimp salad, shrimp and potatoes, shrimp burger, shrimp sandwich ...« Die liebenswerte Szene, in der Benjamin Buford Blue, genannt Bubba, seinem Kameraden Forrest Gump tage- und nächtelang die Vorzüge und die Vielfalt von Shrimps erklärt, ist Filmgeschichte.

Meeresgetier in riesiger Artenvielfalt

Sie hätte auch mit der Krabbe stattfinden können, denn Shrimps (englischer Begriff für kleine Garnelen) und Krabben sind Verwandte. Sie gehören beide zu den Krebstieren, von denen in den Weltmeeren und Binnengewässern etwa 40 000 unterschiedliche Arten leben. Die kleinsten sind knapp einen Millimeter lang, die größten messen bis zu 60 Zentimeter. Echte Krabben haben einen rundlichen Körper, zwei Scheren, in der Regel vier große Beinpaare und bewegen sich seitwärts.

Das **Hafenviertel Fisherman's Wharf** in San Francisco ist berühmt für seine Fischrestaurants.

Krabben, die von Gourmets geliebt werden

Viele der etwa 5000 Krabbenarten sind eine begehrte Delikatesse. Zum Fressen gern haben Gourmets zum Beispiel die Große Seespinne, ein skurriles Geschöpf mit langen dünnen Beinen, dessen Fleisch an Hummer oder Languste erinnert und in der französischen Küche eine wichtige Rolle spielt, die Schneekrabbe, deren Scheren in Europa tiefgekühlt als »Cocktail-Krabben« vermarktet werden, oder den Kalifornischen Taschenkrebs, das beliebteste Krustentier an der amerikanischen Westküste. »Fisherman's Wharf« in San Francisco ist ohne den *dungeness crab* nur halb so attraktiv.

Kulinarisch bedeutend sind außerdem: die Wollige Schwimmkrabbe, die in der Bretagne unter dem Namen »Étrille« angeboten wird; die Blaukrabbe, populär hauptsächlich an der amerikanischen Atlantikküste, wo sie vor allem als *softshell crab* gegessen wird; die Mangrovenkrabbe, auch »Thaikrabbe« genannt, bis zu 1,5 Kilogramm schwer, mit großen fleischigen Scheren; die Steinkrabbe, die in Europa meist als *crab meat* in Dosen angeboten wird; und die Rote Tiefseekrabbe, deren Scheren vor allem auf spanischen Fischmärkten verkauft werden und als wichtige Zutat die *Paella* veredeln.

Softshell crabs: Auf den Zeitpunkt kommt es an

Zum Zeitpunkt des Panzerwechsels ist das **Fleisch der Krabben besonders köstlich.**

Nicht fehlen dürfen auf dieser Liste die sogenannten *softshell crabs*. Sie stellen keine eigene Krabbenart dar, sondern sind eine Entwicklungsstufe. Den Krabben werden – wie auch den Hummern oder Langusten – in gewissen Abständen ihre Panzer zu eng. Sie sprengen sie ab! In diesem Zustand, der nur wenige Stunden dauert, sind die Tiere besonders weich. Das Fleisch ist fein, überaus wohlschmeckend und von exzellenter Qualität.

Um den Zeitpunkt der »Häutung« nicht zu verpassen, werden die Krabben vor dem Panzerwechsel gefangen, beobachtet und rechtzeitig aus dem Wasser gefischt. *Softshell crabs* sind in den USA sehr verbreitet. Die *blue crab*, die in der geschichtlich und literarisch berühmten Chesapeake Bay in großen Mengen gefangen wird, serviert man meist ohne Panzer. In Europa sind die *softshell crabs* bedauerlicherweise nur selten zu finden.

Die Besten

1. Rote Königskrabbe

Zugegeben, es ist angesichts der vielen köstlichen Krabben, die weltweit gefangen und verzehrt werden, ein wenig vermessen, nur eine einzige zur besten Krabbe zu krönen. Wir haben es dennoch gewagt. Und wenn Sie die Rote Königskrabbe einmal probiert haben, werden Sie auch verstehen, warum.

Ein Monster als Favorit der Feinschmecker

Die Rote Königskrabbe rangiert bei den Gourmets weit vor Hummer oder Languste. Ihr Fleisch, das vornehmlich im oberen Teil der langen dünnen Beine steckt, ist zart und dennoch fest. Es schmeckt nussartig, bisweilen auch ein wenig süßlich. Für ein Kilogramm müssen Feinschmecker in Japan bis zu 400 Euro bezahlen.

Die Rote Königskrabbe ist **lebenswichtig für die Fischer** in der Finnmark.

Dieses köstliche Meerestier, das 30 Jahre alt werden kann, wird auch Monsterkrabbe genannt. Und das aus gutem Grund: Es ist ein stachelbewehrtes Ungetüm. Von Beinspitze zu Beinspitze misst es anderthalb Meter, und es bringt bis zu 15 Kilogramm auf die Waage. Sein rötlich schimmernder Panzer ist mit unzähligen spitzen Stacheln versehen. Die Mundwerkzeuge, große und mächtige Scheren, muten außerirdisch an.

Alles in allem keine Schönheit, und wer eine Spinnenphobie hat, wird sich vor ihr grausen. So wie es den norwegischen Fischern ging, als die Königskrabbe vor 30 Jahren zum ersten Mal in ihre Netze geriet. Ein Schalentier dieser Größe hatten sie noch niemals gefangen, und so glaubten sie an eine Mutation. Das aber war es nicht: Es handelte sich lediglich um eine wanderlustige Rote Königskrabbe.

Königskrabben auf Wanderschaft

Doch woher kam sie? Letztlich hat sie ihre Existenz in den norwegischen Fjorden Josef Stalin zu verdanken. Der Diktator befahl, eine Kolonie Roter Königskrabben, die am östlichen Ende Russlands, vor den Küsten Alaskas, beheimatet war, am westlichen Ende seines Reiches, in der Barentssee, auszusetzen. Die Umsiedlung sollte notleidenden Fischern helfen und die Versorgungssituation in Moskau und Murmansk verbessern.

Von der Wanderlust der Kamtschatka-Krabbe, wie sie bei den Russen heißt, ahnte er nichts. Die riesigen Viecher marschierten mit ihren sechs Beinen über 1000 Kilometer und eroberten die norwegischen Küstengewässer. Mittlerweile verbreitet sich die Krabbe im Nordatlantik über das Nordkap bis zu den Lofoten.

Die Königskrabbe hat sich so stark verbreitet, dass sie **nicht nur Segen, sondern auch Fluch** ist.

In diesen Gewässern ist sie sowohl Segen als auch Fluch. Zum einen frisst sie alles, was sich ihr in den Weg stellt. Die ökologischen Folgen für die norwegische Küste sind bis heute nicht vorhersehbar. Zum anderen lässt sich mit der Roten Königskrabbe gutes Geld verdienen. Ein Fischkutter kann pro Woche auf 40 000 Euro Einnahmen kommen. Ein Geschenk Gottes für die oft bettelarmen Fischer in der Finnmark.

TIPP Küche

Gut gesalzenes Wasser – um Meerwasser zu imitieren – mit Zwiebel, Knoblauch, Lorbeer, etwas Zitrone, einem Esslöffel Zucker und Pfefferkörnern zum Kochen bringen. Die Krabbe gefroren hineingeben und etwa 25 Minuten ziehen lassen. Nicht kochen! Mit einem Knoblauchdip und einem Glas Weißwein genießen.

Oder: Monsterkrabbe mit Petersilienöl. Dieses Rezept empfiehlt die Illustrierte »Stern« ihren Lesern. Die Krabbenbeine werden dabei längs halbiert, nebeneinander in eine ofenfeste Form gelegt und mit Pfeffer gewürzt. Später werden sie mit Zitronenspalten angerichtet und mit Petersilienöl überträufelt. Das Öl besteht aus Butter, fein geschnittener Petersilie, Pfeffer, Salz, und Olivenöl. Dazu werden Miesmuscheln in Weißwein und frisches Baguette serviert.

MATJES
Fettes Meisje im Frühjahr

Napoleon hat einer Schnitte seinen Namen verliehen, Mozart einer Kugel, Schiller einer Locke und Bismarck einem Hering. Vier berühmte Persönlichkeiten, die mit einem Küchenklassiker geadelt wurden. Wobei Bismarck und sein Hering am bekanntesten sind. »Wäre dieser Fisch selten wie Kaviar«, so der Eiserne Kanzler, »würde man ihn als feinsten Leckerbissen gelten lassen.« Zu seiner Zeit war der Hering ein Arme-Leute-Essen, wovon die Heringstonnen vor den Kolonialwaren-Läden, wie die Tante-Emma-Läden damals hießen, zeugten.

Otto von Bismarck (1815-1898), der Namensgeber des gleichnamigen Herings

Einst überreiche Beute, heute Überfischung

Wenn die Schiffe Ende Mai, dem Beginn der Fangsaison, aus den Häfen liefen, konnten sie mit reicher Beute rechnen. Im Nordatlantik, bei Island, vor den Küsten Großbritanniens, Norwegens, den Shetlandinseln, im Skagerrak schwärmten die graugrünen Fische zu Millionen. Da jedes Weibchen an die 70 000 Eier absondert, die im Meer und auf dem Meeresgrund vom Milchner befruchtet werden, brauchte man sich um die Zukunft des *Clupea harengus*, wie sein lateinischer Name lautet, keine Sorgen zu machen.

Die Zeiten jedoch, in der die Heringe kilometerlange und kilometerbreite Schwärme bildeten, sind vorbei. Die schwimmenden Fischfabriken, die mit ihren Treibnetzen rücksichtslos unter den Beständen aufräumen und sich um kein Gesetz kümmern, sind schuld an der Überfischung.

Der Fisch der fünften Jahreszeit

Diesem kleinen, bescheidenen Fisch verdankt die großmächtige Hanse einen Teil ihres Reichtums, wie auch die

»Heringsstädte« an den Nordseeküsten ohne ihn nicht so wohlhabend geworden wären. Der erste Tag, an dem der *Nieuwe Haring* gefangen wird, wie er in seiner Heimat, den Niederlanden, genannt wird, gilt dort als Beginn der fünften Jahreszeit. Das erste Eichenfass, gefüllt mit Matjes, wird traditionell der Königin überreicht. »Einem Hering kann nichts Besseres passieren, als ein Matjes zu werden«, meinen die Holländer in ihrem gemütvollen Humor.

Die »Erfindung« des Matjes

Um ein Matjes zu sein, darf der Hering noch **keine Geschlechtsprodukte** gebildet haben.

Matjes ist ein Hering, der sich für sein Geschlecht noch nicht entschieden hat: Er hat noch keine Geschlechtsprodukte, Rogen und Milch, gebildet. Er ist ein *maagdekensharing*, ein Meisje. In diesem Entwicklungsstadium ist er zart und fettreich.

Wilhelm Beukelzoon heißt der Fischermann aus Flandern, dem um 1400 eine entscheidende Entdeckung gelang. Noch an Bord des Schiffes schnitt er jeden Fisch zwischen den Kiemenbögen auf, was man Kehlung nennt, und entnahm die Eingeweide – bis auf die Bauchspeicheldrüse. Ihre Enzyme lassen den Fisch mithilfe von Salz in kurzer Zeit zum Matjes reifen, und jenes unverwechselbare Aroma entwickelt sich, das ihn so köstlich macht.

Der wackere Fischer teilte nicht das Schicksal der meisten Erfinder, für die das Wort gilt, wonach Undank der Welt Lohn ist. Kein Geringerer als Karl V., in dessen Reich die Sonne nicht unterging, besuchte sein Grab und trank einen Humpen flandrischen Bieres zu seinem Gedächtnis.

Die Besten

1. Holländischer Matjes

Der beste Matjes kommt aus Holland. Hier stimmt alles: der Fangzeitpunkt, das Fanggebiet, der Reifeprozess, die Lagerung, die Größe, der Fettgehalt und die Kehlung. Gekehlt wird heute meist maschinell, doch kann die Maschine nicht das, was die Hand kann. Ihr fehlen die Sorgfalt und das feine Gefühl für den empfindlichen Fisch. Bei unsachgemäßer Behandlung verblutet er innerlich und ist dann nicht mehr marktfähig. Nicht umsonst wird das volle Netz nicht an Bord gezogen, sondern die Fische werden herausgesaugt.

Wenig Salz, aber viel Fett

Die Niederländer essen ihren Matjes übrigens »an der Gräte gereift«, er wird im Ganzen und nicht – wie in Deutschland üblich – in zwei Hälften geteilt.

Der original *maagdekensharing* ist mittelgroß. Seine Oberhaut schimmert silbrig, und sein Fleisch erinnert an Marzipan. Das Rosa geht an der Gräte in ein schwaches Rot über. Die Holländer bevorzugen mild gesalzenen Matjes. Der Salzgehalt sollte drei Prozent nicht überschreiten. Aus diesem Grund darf *maagdekensharing* auch nicht gewässert werden, damit der dezente Geschmack erhalten bleibt. Holländischer Matjes – die beste Qualität wird unter der Bezeichnung »LS Matjes« (nicht gesalzen) oder »Primtjes« (Erstlinge) angeboten – ist darüber hinaus auch deutlich fetter als deutscher Matjes. Wahrer Matjesgenuss fängt in den Niederlanden erst bei 18 Prozent Fettgehalt an. Deutsche Gaumen begnügen sich mit 12 Prozent.

Holländer essen Matjes gerne **von »der Hand in den Mund«.**

Nach dem Aal besitzt der Hering den höchsten Nährwert unter den Nahrungsfischen. Hoch ist sein Gehalt an Mineralstoffen, vor allem an Kalium und Phosphor. Er enthält außerdem die Vitamine D, E und der B-Gruppe.

Um noch einmal auf Bismarck zu kommen. Als sein Leibarzt, ein grober Patron aus dem Bayerischen, all das, was da auf dem Frühstückstisch an ungesundem Zeug stand, kurzerhand aus dem Fenster in den Park feuerte, ließ er nur den Matjes stehen, denn der mache nicht fett, sondern fit. Von ungesättigten Fettsäuren, die er enthält, wusste der Arzt nichts, aber er tat das Richtige.

So isst man Matjes richtig

Matjes sollte nach Möglichkeit an jenem Tag verzehrt werden, an dem man ihn gekauft hat. Und bitte im Eisschrank nicht neben geruchsintensiven Lebensmitteln aufbewahren, wie zum Beispiel Zwiebeln. Der Geruch würde sich sofort übertragen und das an Meer und Algen erinnernde Aroma des Matjes verdrängen.

Matjes mit Äpfeln, Gurken und Radieschen

Und wie isst man ihn? Hier gibt es den gleichen Streit wie beim Verzehr von Weißwürsten. Man kann den Matjes am Schwanz über den Kopf halten und ihn in den Mund gleiten lassen. Wer sich dieser Übung nicht unterziehen will, mag sich Matjes-Tatar bereiten: aus Filets, Äpfeln, frischen Gurken, Radieschen und Frühlingszwiebeln. Oder ihn, wie in Deutschland üblich, auf »Hausfrauenart« genießen: mit grünen Bohnen, neuen Kartoffeln und einer Specksauce.

INFO Matjes schockgefroren?

In den 70er-Jahren zeigten sich die Matjes-Gourmets, die jede tiefgefrorene Kost ablehnten, stark befremdet, als sie hörten, dass die Holländer gesetzlich die Schockfrierung einführten. Das bedeutete: 20 Stunden bei minus 45 Grad verzögerten die Reifung, machten den Matjes länger haltbar, und, wichtiger noch, die Nematoden wurden abgetötet. Das sind Fadenwürmer, die als Parasiten den Hering begleiten und mit der Entfernung der Eingeweide eigentlich verschwinden müssten. Aber dieses »eigentlich« war es eben: Manchmal gelangte ein Fadenwurm in das Frischfleisch und konnte beim Verzehr auf den Menschen übertragen werden. Zwar spotteten die Holländer, dass auch Fadenwürmer Proteine enthalten, doch ist Schockfrierung heute überall vorgeschrieben.

MIESMUSCHEL
Kleine köstliche Klärwerke

Muschelzucht **an Holzpfählen**

Kernschinken aus den Ardennen. Leberpasteten und Waffeln aus Lüttich. Hühner aus Malines. Pralinen, Chicorée, Rosenkohl und Pommes aus Brüssel. Spargel aus Mechelen. Bier aus Hoegaarden. Käse aus Herve. Birnensirup aus Aubel. Babelutten aus Veurne. All diese belgischen Produkte haben in der Welt der Feinschmecker einen guten Klang.

Belgien ist Schlemmerland

Das Land der Flamen und Wallonen ist eine Nation von Gourmets und Gourmands. Keine europäische Hauptstadt – selbst Paris nicht – zählt mehr Bistros, Restaurants und Cafés als Brüssel: dreizehn auf jedem Quadratkilometer. Und in keinem Land der Welt gibt es so viele Michelin-Sterne pro Einwohner wie zwischen Ostende und Bastogne.

Der Belgier isst gerne. Das hat er mit seinem französischen Nachbarn gemeinsam. Mehrmals pro Woche geht er aus und schlemmt. Acht Gänge sind keine Seltenheit. Die Wallonen lieben vor allem deftige Gerichte: Poularde in Biersauce, gebratene Blutwurst mit Kräutern, Gänse-

und Entenbraten, Würste und Käse. Die Flamen hingegen bevorzugen die leichtere Kost: Gemüse, Fisch und Meeresfrüchte. Berühmte Spezialitäten sind *Tomaat Garnaal,* Fleischtomaten gefüllt mit Crevetten, oder *Waterzooi,* ein Eintopf aus Fisch oder Geflügel.

Ein Gericht, das beide Volksstämme zu schätzen wissen, ist *Moules frites,* Miesmuscheln in Gemüsesud mit Fritten. Klingt im ersten Augenblick ein wenig pervers, schmeckt aber erstaunlich gut. Die Belgier rühmen sich, die Pommes erfunden zu haben. Was von den Franzosen natürlich vehement bestritten wird. Wie auch immer! Ende des 17. Jahrhundert wurden Pommes in Belgien erstmals urkundlich erwähnt. Die original belgischen Fritten werden aus frischen Kartoffeln geschnitten, in heißem Fett gegart und vor dem Servieren nochmals knusprig und goldgelb frittiert.

Die Belgier sind mit fünf Kilo pro Kopf und Jahr die **Weltmeister im Muschelverzehr**.

Redkordverdächtiger Muschelverzehr

Anfang Juli herrscht in Belgien Ausnahmezustand. Flamen und Wallonen warten einträchtig auf den ersten Transport frischer Miesmuscheln von der Nordseeküste. Der Großteil wird aus den Niederlanden importiert. Er stammt von den Muschel- und Austernbetrieben an der Oosterschelde. Kein Volk der Welt konsumiert so viele Mollusken (Weichtiere) wie die Belgier: fünf Kilogramm pro Kopf und Jahr, landesweit 52 000 Tonnen! Eine Leistung, die eigentlich in das »Guinness Buch der Rekorde« gehört.

Die erste Adresse für »Moules frites«

Eine unbestrittene Autorität in Sachen Miesmuscheln ist das älteste Restaurant Brüssels, das »Chez Leon«, nur wenige Schritte vom Grand'Place entfernt. Helmut Kohl, Jimmy Carter, Catherine Deneuve, Eddy Merckx und viele andere pilgern in die Rue des Bouchers 18 – ausschließlich wegen der berühmten Muschelgerichte. *Moules frites* ist das Meisterstück von Monsieur Paul. Darüber hinaus serviert er die kleinen, schwarzen Muscheln in jeder nur denkbaren Art. Mariniert, frittiert oder gratiniert. *Au gratin beurre, au vin blanc* oder *au curry. À l'escargot beurre, à la creme* oder *à la poulette.* Jeden Tag verarbeitet man im »Chez Leon« auf diese Weise eine Tonne Miesmuscheln aus dem holländischen Zeeland.

Begehrt in allen Größen

Je nach Größe unterscheidet man im Handel verschiedene Qualitätsstufen: Die kleinsten Miesmuscheln heißen *extra*, dann folgen *super, imperial, jumbo* und *golden*. Etwa 25 Gramm wiegen die größten Miesmuscheln mit einem Fleischanteil von deutlich über 35 Prozent. Die Größe ist aber letztendlich nicht immer entscheidend, auch kleine Sorten sind bei Gourmets begehrt.

Miesmuscheln mit Pommes gelten als belgisches Nationalgericht.

Das Wort »Mies« stammt übrigens aus dem Mittelhochdeutschen und bedeutet »Moos«. Es bezieht sich auf die moosähnlichen Haftfäden, mit denen sich die Muscheln am jeweiligen Untergrund festhalten. In Frankreich kleben sie an Pfählen, in Spanien, Italien und Neuseeland hängen sie an Seilen oder werden einfach im flachen Wattenmeer ausgebracht.

Die Besten

1. La Moule de Bouchot

80 Prozent der in Frankreich gezüchteten Miesmuscheln gehören zu den kleinen Sorten. In der Normandie, der Bretagne, der Poitou-Charentes und dem Pays de la Loire werden sie in quadratkilometergroßen Muschelgärten gezüchtet. Sie wachsen auf drei bis sechs Meter langen Eichenpfählen, *bouchots*, die vor der Küste in den Boden gerammt werden. Jeweils im September wird die Muschelbrut spiralförmig um die Pfähle gewickelt und mit grobmaschigen Netzen gesichert. Geerntet werden sie zehn Monate später, zu Beginn der Sommermonate. Dann wimmelt es in den Küstenorten

von kastenförmigen Amphibienfahrzeugen, die ihre Fracht auf die Märkte oder zum Großhändler bringen.

Frisch geerntet am besten

Die Moule de Bouchot ist klein, gerade mal sechs Zentimeter groß, aber sehr fleischig, mit einem feinen nussartigen Geschmack. Wie alle Muscheln schmeckt sie direkt nach der Ernte am besten. An jedem weiteren Tag verliert sie etwas an Gewicht und an Geschmack.

Die »Moule de Bouchot« ist die **beliebteste Miesmuschel in Frankreich.**

In der Bucht von Mont-Saint-Michel an der normannischen Küste sollen die besten Miesmuscheln der Welt wachsen. Die Muschelzucht konzentriert sich dort um den kleinen Hafenort Le Vivier-sur-Mer, nur wenige Kilometer von der berühmten Austernzucht in Cancale entfernt. An *bouchots* auf einer Länge von 271 Kilometern werden jedes Jahr 12 000 Tonnen Miesmuscheln geerntet.

2. Grünschalmuscheln

Schafe, Kiwis und grüne Hügel fallen den meisten Menschen spontan ein, wenn sie an Neuseeland denken. An Grünschalmuscheln denken sie weniger, obwohl diese echte Neuseeländer sind. Die grünen, etwa 20 Zentimeter großen Muscheln werden deshalb auch Neuseelandmuscheln genannt. In über 60 Länder werden sie exportiert, viele davon nach Belgien.

Die Grünschalmuscheln sind größer als die bekannten europäischen Miesmuscheln. Sie sind sehr fett und haben einen festen Biss. Das Fleisch der weiblichen Muscheln ist orange, das der männlichen weiß. Im Geschmack unterscheiden sie sich kaum.

Grünschalmuscheln haben eine so genannte **»grüne Lippe«** am inneren Muschelrand.

Greenshells mit sauberem Image

Neuseeländische Miesmuscheln haben ein sehr gutes Image, da sie aus sauberen, unbelasteten Gewässern stammen. Muscheln sind nämlich kleine Klärwerke, die über 40 Liter Meerwasser pro Tag filtern. Deshalb werden zum Beispiel Miesmuscheln aus der Nordsee, bevor sie in den Verkauf kommen, mehrere Tage in sauberem Seewasser gewässert, um Schadstoffe abzubauen.

Die Marlborough Sounds an der Küste der Südinsel sind der Hotspot der Muschelzucht in Neuseeland. Unzählige Meeresarme, Inseln und Sandbuchten prägen diese Landschaft. Gut 200 Muschelfarmen züchten hier die köstlichen Greenshells. »Mussel Capital of the World« nennt sich Havelock. Das beste Straßen-Restaurant dort heißt »Mussel Boys«. In Töpfen aus Emaille werden hier die besonders großen Exemplare serviert. In Weißweinsud mit Ingwer, Chili und Koriander oder einfach gegrillt mit gedünsteten Tomaten, Pilzen und Lemon Cream.

INFO Knieschoner

Warum haben die Maoris, die Ureinwohner Neuseelands, keine Gelenkprobleme? Antwort: Weil sie jeden Tag Grünschalmuscheln essen. Die *Perna canaliculus* – so lautet ihr lateinischer Name – zeichnet sich durch einen hohen Gehalt an Glukosaminoglykanen, sogenannten Aminozuckern, aus. Sie sind für die Gleitfähigkeit unserer Gelenke immens wichtig. Das Fleisch der Muschel gibt es daher auch in Apotheken zu kaufen – als Pulver oder Tabletten.

RÄUCHERLACHS

Wild oder Zucht – das ist hier die Frage!

In den **Räucherkammern** darf die Temperatur nicht über 30 Grad steigen.

Es gab eine Zeit, in der die Dienstboten es sich in den Arbeitsverträgen schriftlich geben ließen: »Nicht mehr als zweimal Lachs die Woche!« Lachs war im Deutschland des 19. Jahrhunderts ein klassisches Arme-Leute-Essen. wie Steckrüben oder Kartoffeln. Den edlen Fisch gab es im Überfluss. Für ein Kilogramm Wildlachs musste die norddeutsche Hausfrau umgerechnet nur 50 Cent auf den Ladentisch legen.

Im Rhein wanderten jedes Jahr Hundertausende Lachse flussaufwärts zu ihren Laichplätzen. Ihre lange Reise endete erst an der damals einzigen unüberwindbaren Hürde, dem Rheinfall von Schaffhausen. 1885 ging als Rekordjahr in die Annalen der Fischerei-Verbände ein: Eine viertel Million Lachse wurden aus dem Fluss gezogen. Der Rhein war der wichtigste und größte Lachslieferant in Europa.

Vom Arme-Leute-Essen zum Luxusprodukt

50 Jahre später war damit Schluss. Die Lachse waren ausgestorben. Wasserkraftwerke und Staustufen versperrten ihre Wanderwege. Flussbettkorrekturen und Deiche zerstörten ihre Laichplätze. Industrieansiedelungen und ungeklärte Abwässer gaben dem Fisch den Rest. Lachs wurde in Europa zu einer Rarität.

Und damit begann der unaufhaltsame Aufstieg des Lachses zu einem Luxusprodukt. Auf den edlen Fisch begann in den 70er-Jahren ein Run ohnegleichen. Restaurants, Feinkost-Läden und Sterne-Hotels stürzten sich auf die Importe aus Alaska, Irland oder Island. Kaum eine Speisekarte ohne gegrillten, marinierten, gebackenen, gekochten, geräucherten oder rohen Lachs! Die Nachfrage explodierte. Das Angebot konnte nicht Schritt halten. Der Lachs wurde zum Zuchtfisch.

Moderne Lachszucht in Aquakulturen

Heute kommen neun von zehn Lachsen, die in Deutschland verkauft werden, aus Aquakulturen. Hauptproduzent ist Norwegen. In den langen Fjorden tummeln sich bis zu 100 Millionen Fische, die jedes Jahr zu 480 000 Tonnen Mastlachs verarbeitet werden. Analog zum industriellen Zuchtbetrieb entwickelten sich die Preise: von 38 Euro pro Kilogramm Wildlachs auf nur noch acht Euro pro Kilogramm Zuchtlachs.

Moderne Lachszucht
in Norwegen

Die Fischzucht im großen Stil hat Nachteile. Sie birgt dieselben Gefahren wie die industrielle Tiermast von Rindern, Schweinen, Puten oder Hühnern. Die Lachse, zu Tausenden eingesperrt auf engstem Raum, sind anfällig für Bakterien, Viren und Parasiten. Mit Chemie-Cocktails halten die Züchter dagegen. Ähnlich wie auf den großen Shrimps-Farmen in Asien werden Unmengen von Antibiotika (gegen Bakterien), Fungizide (gegen Pilze), Pestizide (gegen Parasiten), Carotinoide und Wachstumshormone verabreicht.

Das gilt natürlich nicht für alle Zuchtfarmen. Der World Wide Fund For Nature attestiert den norwegischen Lachszüchtern, die hauptsächlich an die deutschen Supermärkte liefern, Lernfähigkeit. Norwegen habe ein gutes Management, das immer konsequenter den Gebrauch von Antibiotika überwache, die Besatzdichte in den Käfigen reguliere und Schutzzonen für Wildlachse einrichte.

Dennoch, wer ein kulinarisches Erlebnis sucht und gleichzeitig seine Gesundheit schützen will, kommt an Wildlachs oder Zuchtlachs mit Bio-Siegel nicht vorbei. Hier sind die Besten der Welt.

Die Besten

1. Balik

Balik ist geräucherter Lachs, also Lachs, der durch Rauch und Salz geschmacklich veredelt und haltbarer gemacht wird. Der Verarbeitungsprozess variiert von Hersteller zu Hersteller. Jeder hat sein eigenes Rezept. Entscheidend ist dabei vor allem, welches Holz verwendet wird. In der Regel wird Premium-Lachs roh in eine Salzlake eingelegt oder mit Salz eingerieben. Anschließend mehrere Stunden, manchmal auch Tage, über glimmendem Holz geräuchert. In der Räucherkammer darf die Temperatur nicht über 30 Grad steigen. Der Lachs soll nicht garen, sondern nur den feinen Rauchgeschmack annehmen. Zum Schluss wird der geräucherte Lachs auf zehn Grad abgekühlt. Dadurch verliert er Flüssigkeit und gewinnt Qualität.

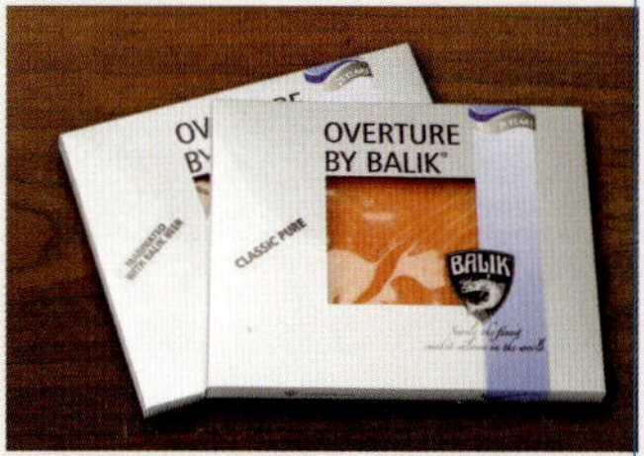

Der Balik-Lachs wird nach einem **geheimen Rezept** veredelt.

Das Geheimnis des besten Räucherlachses

Balik ist die perfekteste Harmonie aus Salz, Rauch und Fisch, die in der Welt zu finden ist. Die Rezeptur ist ein streng gehütetes Geheimnis. Einst ersonnen am russischen Zarenhof in St. Petersburg, soll sie von Generation zu Generation nur mündlich überliefert worden sein. Bis sie der Sohn eines Ostseefischers vor gut 25 Jahren einem Schweizer anvertraute. Der Eidgenosse ist Gourmet, Unternehmer und rein zufällig auch Besitzer des exklusiven Feinkost-Geschäfts »Caviar House & Prunier«.

Klingt mehr nach einer netten Marketing-Story als nach der Wahrheit, ändert aber nichts an der Qualität des Balik. Laut »Caviar House« sind 25 Verarbeitungsschritte notwendig, um aus dem Rückenstück des *Salmo Salar*, des Atlantik-Lachses, ein Balik-Medaillon zu zaubern. Verwendet wird nur Schweizer Wasser, Schweizer Luft, Schweizer Holz und ein wenig Salz. Der Balik gewinnt, wenn manchmal auch nur knapp, fast jede professionelle Verkostung. Die Tester loben seine zarte, fast cremige Konsistenz und seinen unerreicht milden Rauchton.

Das Schicksal der Besten ist, dass sie kopiert werden. Meist von Dilettanten. So auch der Balik. Über 300 Kopien kursieren inzwischen auf den Weltmärkten. Hüten Sie sich davor! Sie haben mit dem Original nichts gemein.

Vom **echten Balik** kursieren mittlerweile auf den Weltmärkten mehr als 300 Kopien.

2. Adour-Wildlachs

Der Lachs gehört zur Familie der Forellenfische, die aus 68 Arten wie der Äsche, dem Saibling, der Bachforelle oder dem Huchen besteht. Man unterscheidet zwei Gattungen: den Pazifik-Lachs, der an den nordamerikanischen und asiatischen Küsten lebt, und den Atlantik-Lachs, der in den kalten Gewässern der nördlichen Halbkugel schwimmt. Beide verbringen ihre Flegeljahre im Süßwasser der Flüsse, wandern dann ins offene Meer und kehren zum Laichen an ihren Geburtsort zurück. Nur der Atlantik-Lachs mit seinem festen, rosafarbenen Fleisch schafft es auf die Teller der Sterne-Restaurants, auf den Pazifik-Lachs wartet dagegen meist die Konserve.

Der Durchtrainierte aus dem Adour

Der wild lebende Atlantik-Lachs wie der Adour ist im Vergleich zum Zuchtlachs klein, dünn, fast drahtig. Durch sein natürliches »Training« in den Flüssen und im offenen

Meer setzt er deutlich weniger Fett an. Sein Fleisch ist kompakt, die Muskelfasern dicht, seine Farbe uneinheitlich, meist hellrosa. Für Puristen der einzig essbare Lachs.

Der beste unter den Wildlachsen lebt im Adour, einem 335 Kilometer langen Strom im Südwesten Frankreichs. Der Fluss entspringt in den Pyrenäen und mündet bei Bayonne in den Atlantischen Ozean. Auf seinem Weg ins Meer durchquert der Adour Aquitanien, von den Römern »Land des Wassers« genannt. Es ist die Heimat der Périgord-Trüffel, der Bordeaux-Weine, der Pauillac-Lämmer, des Armagnac-Branntweins und des Chevalier d'Artagnan, den einst Alexandre Dumas zum Hauptmann der Musketiere ernannte.

Der **Adour**, ein malerischer Fluss im Südwesten Frankreichs.

Streng geheime Räuchertechnik

Veredelt wird der Adour-Lachs, der übrigens seit vielen Jahren sehr erfolgreich auch im Rhein angesiedelt wird, in der 3000-Seelen-Gemeinde Peyrehorade, 30 Kilometer von der Flussmündung entfernt. Hier pflegt die Lachsfischerei Barthouil eine jahrhundertealte Räuchertechnik. Selbstverständlich streng geheim! Nur so viel ist bekannt: Einen Tag und eine Nacht lang wird der Wildlachs in Salz eingelegt, anschließend unter fließendem Wasser entsalzt und 20 Stunden über heimischem Erlenholz geräuchert. Die Erle verleiht dem *saumon fumé à l'ancienne* ein süßliches, fast fruchtiges Aroma.

Der Adour-Wildlachs ist in Frankreich von köstlicher Prominenz. Regelmäßig überschüttet die Presse – vom »Gault Millau« über den »Guide Hachette« bis zum »Figaro« – den Räucherlachs von Barthouil mit Preisen und Hymnen.

3. Bachmanns Bio-Lachs

Der Lachs, den Peter Bachmann im Gailtal in Kärnten räuchert, stammt aus den glasklaren Süßwasserseen Lough Altan und Lough Derg, 140 Kilometer nordwestlich von Dublin. In diesen ruhigen Gewässern werden die Lachse geboren und verbringen ihre Kindheit. Die Jugend beginnt mit einer Fahrt im Tankwagen zum atlantischen Strand. Von dort geht es mit dem Hubschrauber in die Clare Island Seafarm, die gut zehn Kilometer von der Küste entfernt im Schutz der Insel liegt.

Der **Bio-Lachs** verbringt seine Jugend in der Clare Island Seafarm.

Von der Aufzucht bis zum Räuchern: alles Bio

Hier wird streng biologisch gezüchtet. Die deutsch-irischen Farmer verzichten auf alle naturfremden Stoffe wie Chemikalien, Antibiotika, Genmanipulatoren oder Wachstumsregulatoren. Das Fischfutter besteht ausschließlich aus Fischmehl, Fischöl, Kohlenhydraten, Vitaminen und Mineralien. Zudem entspricht die sogenannte Besatzdichte in den Netzkäfigen fast natürlichen Bedingungen. Für die konventionelle Massentierhaltung an den Küsten Schottland, Chiles oder Norwegens sind das »unhaltbare« Zustände.

In Österreich schließlich wird der Atlantik-Lachs von der Clare Island Seafarm mit Ursalz gebeizt, mit Grander-Wasser behandelt und über einer – Sie ahnen es – »geheimen« Holzmischung geräuchert. Beim Räuchern wird, so viel ist bekannt, auch Kranewit verwendet. Kranewit ist nichts anderes als Wacholder, der bereits im Mittelalter zum Räuchern benutzt wurde.

Bachmanns Bio-Lachs erzielt bei Verkostungen respektable Plätze. Die Kommentare der Gourmets reichen von »Ein Lachs mit Abgang« über »Harmonischer Geschmack!«, »Ideale Optik!« bis hin zu »Kaum Rauchnase – vielmehr Wildkräuter und Bienenwachs«. Von unserer Nummer 3 werden leider nur fünf Tonnen pro Jahr produziert.

TIPP Empfehlenswerter Räucherlachs

♦ **Woodcocke (Irland)**
Irischer Wildlachs über Eichenholz geräuchert. Gewann auf der »Specialty & Fine Food Fair« in London die höchste Auszeichnung, den »Supreme Champion 2006«.

♦ **Spey Valley (Schottland)**
In Grantown-on-Spey, zwischen Inverness und Aberdeen, wird der Zuchtlachs von der Insel Skye über Holz, das von alten Whisky-Fässern (in der Nähe wird der berühmte Glenfiddich destilliert) stammt, geräuchert. Hinzu kommt Torf aus den nahen schottischen Mooren. Cremig, mürbe; markanter Eichengeschmack

♦ **Colfin (Schottland)**
Das schottische Portpatrick, an der Küste der Irischen See gelegen, ist die Heimat eines weiteren stolzen Siegers. Das »Colfin Smokehouse« gewann Gold für seinen geräucherten Zuchtlachs, verliehen von der »Guild of Fine Food Retailers«. Der Lachs wird vor dem Räuchern über zerkleinerten Whisky-Fässern in eine Lauge aus Salzwasser, braunem Zucker und dunklem Rum eingelegt.

♦ **Burren (Irland)**
In der Grafschaft Clare, nicht weit von den berühmten Klippen von Moher, räuchert Peter Curtin. Er soll, so zeugen zahlreiche Auszeichnungen, den feinsten über Eichenholz geräucherten Lachs produzieren. Wird übrigens auch von der Clare Island Seafarm beliefert.

Diethard Urbansky,
Küchenchef im »Dallmayr« in München –
ein Michelin-Stern:

»Der Star auf meiner Karte ist der Huchen, der auch Donaulachs genannt wird. Der Huchen lebt hauptsächlich in der Donau und in seinen Nebenflüssen wie Regen, Enns oder Lech. Er ist der Feinschmecker unter den Raubfischen. Er jagt ausschließlich nur das Beste: kleine Forellen, Saiblinge, Schalen- oder Krustentiere. Diese erlesene Nahrung macht sein Fleisch so kompakt, so fest und so schmackhaft.

Wenn der Huchen zweieinhalb bis drei Kilo wiegt, schmeckt er am besten. Dann lassen sich die schönsten Filets schneiden. Er braucht etwa vier bis fünf Jahre, um diese Größe zu erreichen. Saison ist September bis Oktober. Das Haus ›Dallmayr‹ bezieht den Huchen von einem Fischzüchter in der Nähe von Landsberg am Lech, der die Fische sehr aufwendig mit kleinen lebenden Saiblingen füttert.

Ich poschiere ihn in Wurzelsud, überziehe ihn mit einer Mousseline aus dem Kaviar des Saiblings und serviere dazu eine Kresse-Sauce. Oder ich reiche ihn als Vorspeise. Mit edlen Gewürzen gebeizt, mit frischen Kräutern verfeinert, mit Weißbrot und einem Glas Champagner.«

THUNFISCH

Sterneregen über Tokio

Der Thunfisch ist ein beliebter **Sushi-Fisch.**

2007 war ein ganz besonderes Jahr in der kulinarischen Geschichte Tokios: Zum ersten Mal erschien in den japanischen Buchgeschäften der renommierte Restaurant-Führer »Michelin«. Ein halbes Jahr lang hatten sich fünf Essprofis, drei Franzosen und zwei Japaner, inkognito durch Nippons Hauptstadt geschlemmt. Das Ergebnis kam einer kleinen Sensation gleich: Tokio erhielt mehr Auszeichnungen als Paris. 191 Sterne verliehen die Restaurant-Kritiker.

Die beste Küche der Welt

Für Kenner der Szene war der Sterneregen aus Frankreich keine allzu große Überraschung. Denn die Japaner verstehen eine ganze Menge von gutem Essen! Die Klasse ihrer Restaurants ist einzigartig! Die Perfektion ihrer Küchenchefs und die Qualität ihrer Produkte sind weltweit unerreicht! Gleiches gilt für die beinharte Konkurrenz in der japanischen Gastronomie. Tokio beherbergt mehr Restaurants, Curry-Shops und Sushi-Imbisse als jede andere Metropole in der Welt. Man schätzt die Zahl der verschiedenen gastronomischen Betriebe auf 160 000. In Paris zählt man 20 000. New York kommt auf 23 000.

Mit dem längst überfälligen Ritterschlag des »Michelins« gehört die japanische Küche nun auch offiziell zur besten der Welt. Dabei hatten Nippons Spitzenköche im Vorfeld um ihre Reputation gezittert. Sie fürchteten, dass ein westlicher Restaurant-Führer kaum die Feinheiten der fernöstlichen Küche zu schätzen weiß.

Kochkunst für den Gaumen und für das Auge

In Japan dient das Essen nämlich nicht nur dem Gaumen, sondern auch dem Auge. Die einzelnen Gänge sind kleine Kunstwerke! Sie werden fantasievoll geschmückt, mit Blättern, Blüten und anderen Garnituren. In einigen Haute-Cuisine-Restaurants ist es sogar üblich, dass der Küchenchef zur Feder greift und dem Gast ein Gedicht widmet, das diskret neben dem Teller platziert wird.

Tokio – Hochburg für Sternerestaurants

Knapp zwei Drittel der frisch gekrönten Sterne-Köche konzentrieren sich auf die klassische japanische Küche. Sie zaubern *Sashimi* (roher Fisch), *Sushi* (Fisch oder Seetang mit gesäuertem Reis), *Ishiyaki* (Fleisch und Fisch vom Steingrill), *Yakitori* (Hühnchenspieße), *Tempura* (frittierte Meeresfrüchte), *Shabu-Shabu* (dünn geschnittenes Rindfleisch) oder sind auf den so legendären wie oft auch tödlichen *Fugu* (Kugelfisch) spezialisiert. Andere Sterne-Köche konzentrieren sich auf regionale Köstlichkeiten wie *Konowata* (gepökelte Innereien der Seegurke), *Uni* (eingelegte Seeigeleier) oder *Karasumi* (getrockneter Meeräschenrogen).

Da Japan ein Inselstaat ist, umgeben vom Wasser des Pazifischen Ozeans, steht auf den Speisekarten Tokios hauptsächlich Fisch. Er ist neben dem Reis das wichtigste Grundnahrungsmittel der Japaner. Geordert wird der Fisch auf dem »Tsukiji«. Der größte Fischmarkt der Welt liegt am Sumidar-River und ist die Keimzelle der japanischen Küche. Hier kaufen die Sterneköche Tokios ein. Und von hier aus wird ganz Asien mit Fisch versorgt. 2500 Tonnen Meerestiere werden täglich umgesetzt, darunter die größten, besten und teuersten Thunfische der Welt.

Die Besten

Überfischung dezimiert den Bestand des Blauflossenthunfischs.

1. Blauflossenthunfisch

Der Blauflossenthunfisch, der wegen seines tiefroten Fleisches auch Roter Thunfisch genannt wird, zählt zu den Giganten der Meere. Er kann bis zu fünf Meter Länge erreichen und mehrere Hundert Kilogramm auf die Waage bringen. Trotz seines Körperumfangs ist er ein ungewöhnlich schneller Schwimmer. Er legt mit bis zu 80 km/h ein mörderisches Tempo vor. Damit macht er seiner Gattung alle Ehre, denn der Begriff *tuna* kommt aus dem Griechischen und bedeutet »rasen«. Zusammen mit dem Schwertfisch, der fast 100 km/h erreicht, gehört er zu den schnellsten Fischen der Welt.

Vom Aussterben bedroht

Allerdings nicht schnell genug, um den internationalen Fangflotten zu entkommen. Jedes Jahr werden mit Netzen, Langleinen oder Angelruten geschätzte 45 000 Tonnen Blauflossenthunfisch aus den Weltmeeren gezogen. Das sind 45 000 Tonnen zu viel, denn der Blauflossenthunfisch steht kurz vor dem Aussterben. Laut Greenpeace schrumpfte der Bestand in den vergangenen zwei Jahrzehnten um 80 Prozent.

Schuld daran sind die hohen Preise, die, vor allem auf dem »Tsukiji«, für diesen Thunfisch gezahlt werden. Die Großhändlerpreise liegen bei 200 Dollar pro Kilogramm, und so mancher Gigant erzielt auf den Auktionen des »Tsukiji« schon mal über 150 000 Dollar. Solche schwindelerregenden Profite ziehen die »Piratenfischer« magnetisch an. Diese Spezies fischt skrupellos die Weltmeere leer. Ohne Rücksicht auf die festgelegten Fangquoten und meist, wie in Frankreich üblich, mit stillschweigender Duldung der zuständigen Behörden. Fischereiexperten geben dem Blauflossenthunfisch nur noch wenige Jahre, bis er gänzlich ausgerottet ist.

Der **Blauflossenthunfisch** auf der Jagd

Rettung durch Aquakultur?

Die einzige Chance, die der Blauflossenthunfisch hat, liegt in der Aquakultur. Die riesigen Zuchtanlagen haben schon viele Fischbestände gerettet, darunter den Lachs. Leider ist der Thunfisch ein ungemein sensibles Geschöpf. Er braucht absolut optimale Bedingungen für die Vermehrung. Schon bei winzigen Veränderungen der Wassertemperatur, der Lichtverhältnisse oder der Nahrungsmengen verweigert er sich. Dieses Verhalten hat bisher jeden Zuchtversuch scheitern lassen.

INFO Einkauf

Achten Sie darauf, dass das Fleisch des Thunfischs gleichmäßig dunkelrot oder rötlich braun gefärbt ist und feste, aber feine Fasern aufweist. Hüten Sie sich vor leuchtend rotem, fast himbeerfarbenem Fleisch, da dieser Thunfisch vor dem Einschweißen mit Kohlenmonoxid behandelt wurde. Das Gas bindet den Muskelfarbstoff im Blut und täuscht so Frische vor.

Das rosafarbene Bauchfleisch des Thunfischs, in Japan *o-toro* genannt, ist das beliebteste Stück. Es ist am fettesten und schmeckt damit am intensivsten. Kenner bevorzugen allerdings das *chutoro*, den butterzarten Teil unter den Seitenflossen. Für sie gilt: Je näher das Fleisch am Kopf liegt, desto besser schmeckt es.

Dieter Müller,
Patron-Chef im Restaurant »Dieter Müller« (»Schlosshotel Lerbach«) – drei Michelin-Sterne:

»Meine zweiten Wanderjahre führten mich Anfang der 90er-Jahre nach Australien, USA, Hawaii, Frankreich, Thailand und Japan. In Tokio kochte ich drei Wochen lang als Repräsentant der Deutschen Küche im ›Hilton Tokyo Bay‹. Eine schöne und auch lehrreiche Zeit! Ich lernte von den japanischen Kollegen viel über Fisch, vor allem über den Thunfisch. Der *Maguro* hat in der japanischen Küche einen außerordentlich hohen Stellenwert.

Der beste Thunfisch der Welt ist ohne Zweifel der Blauflossenthunfisch. Sein Fleisch ist von einer außerordentlichen Qualität. Er ist bei uns in Deutschland nur selten zu bekommen.

Wir kaufen den Fisch im Ganzen und zerlegen ihn. Frischer Thunfisch darf weder fischig schmecken noch riechen. Und er muss einen schmelzenden Biss haben. Ein wenig erinnert das Thunfischfilet an zartes Kalbfleisch.

Bei einer Thunfisch-Komposition stehen für mich zwei Dinge im Vordergrund: die Einfachheit des Gerichts und der geschmackliche Kontrast. Die Filets schneide ich in große Stücke und brate sie auf jeder Seite ganz kurz an: höchstens vier bis fünf Sekunden! Der Thunfisch soll sich nur leicht weiß verfärben. Ich brate die Stücke in Limonen-Olivenöl. Das Öl verleiht dem Fisch von Anfang an eine spezielle Note. Der fertig gebratene Thunfisch wird schließlich in zwei Zentimeter dicke Stücke geschnitten und mit Fleur de Sel, Limonen-Olivenöl und Limonen-Pfeffer gewürzt. Den geschmacklichen Kontrast erzeuge ich mit einem rosa Ingwer-Gelee. Dazu nehme ich den süß-scharfen Saft vom eingemachten rötlichen Ingwer und süßlichen Weißwein, den ich vorher reduziere. Diese Mischung koche ich mit Agar-Agar, einem Verdickungsmittel, auf. Anschließend wird das Ganze mit Blattgelatine gebunden und kalt gestellt.

Dazu serviere ich einen Sprossen-Salat aus Soja und Erbsen. Die Sojasprossen blanchiere ich kurz, dann sind sie eleganter im Geschmack und nicht so erdig und fest. In den Salat kommen noch kleine Mangostücke, Ingwer und Chili. Angemacht wird er mit weißem Balsamico-Essig und feinem Pinienkernöl.«

SICILIA
KILO
€ 2,80
ITALIA
FINOCCHI
KILO
€ 2,50
CILIEGINO
KILO
€ 3,50

KAPITEL 3

GEMÜSE, PILZE & REIS

ARTISCHOCKE
BOHNE
LINSE
RADICCHIO
RISOTTOREIS
RÜBE
TOMATE
TRÜFFEL

ARTISCHOCKE

Der Schrecken der Väter

Artischocken kräftigen die Leber und reinigen das Blut.

Im 18. Jahrhundert waren Artischocken für Väter eine ernst zu nehmende Herausforderung. Sie fürchteten um die Tugend ihrer jungfräulichen Töchter! Die Artischocke stand nämlich im Ruf, eine stark aphrodisierende Wirkung zu haben. Töchter aus gutem Haus – vornehmlich aus dem französischen Landadel – wurden nachhaltig vor dem Genuss des edlen Gemüses gewarnt. Die besorgten Väter dagegen griffen beherzt zu! Förderten *les artichauts* doch das »Stehvermögen« bei Eheweib und Mätresse.

Arzneipflanze mit breit gefächerten Heilkräften

Artischocken waren in jener Zeit die Verkörperung des französischen Savoir-vivre und durften in den Pariser Salons auf keiner festlichen Tafel fehlen. Das galt im Übrigen auch für die »Stoßkammern« der Apotheker. Die kleine distelartige Pflanze kräftigt nachweisbar die Leber, schont den Magen, unterstützt die Galle, reinigt das Blut und senkt das Cholesterin. All das bewirkt ein Bitterstoff namens Cynarin, der in den Blättern der Artischocke enthalten ist. Cynarin wird noch heute von den Pharmaunternehmen zu Tees, Essenzen und Säften verarbeitet. Nicht umsonst wurde die Artischocke 2003 zur »Arzneipflanze des Jahres« gewählt.

Genuss auf unterschiedliche Art

Die Artischocke kann man in vielfältiger Form genießen. Zum Beispiel auch als Aperitif oder Magenbitter. »Cynar« ist ein herber, leicht süßlicher Artischocken-Kräuterlikör, der in Italien mit etwas Soda und einer Zitronenscheibe getrunken wird. Am bekanntesten ist natürlich die klassische Art, Artischocken zu essen. Die Knospe wird weich gekocht als Ganzes serviert. Die Blätter werden dann einzeln abgezupft, in eine Sauce getunkt und das Fruchtfleisch mit den Zähnen abgezogen.

Artischocken schmecken leicht herb, bisweilen auch etwas bitter. Essbar sind nur die Blätter und der Blütenboden. Viele berühmte Küchenmeister haben aus diesen begrenzten Möglichkeiten großartige Kreationen gezaubert. Sie reichen von der »Terrine von Geflügel, Artischocken und Waldpilzen« über »Karamellisierter grüner Spargel in Artischocken-Vinaigrette« oder »Loup de mer an einem Artischocken-Erdbeersalat mit einer Himbeervinaigrette« bis zu »Gefüllte Artischocken mit Ricotta«, von den Sizilianern *Cacuocciuli Chini* genannt.

Carciofi alla romana: Artischocken gefüllt mit Minze, Knoblauch, Weißbrot, Salz, Pfeffer und Olivenöl.

Die Besten

1. Camus de Bretagne

Saint-Pol-de-Leon und Roscoff liegen an der äußersten westlichen Grenze der Bretagne. Vor ihnen erstreckt sich der weite Atlantik und hinter ihnen riesige Artischockenfelder, die bis zum Horizont reichen. Die Bretagne, beseelt durch den warmen Golfstrom, der an der Küste vorbeizieht, ist Frankreichs Gemüsegarten. Neben der Artischocke gedeihen hier 25 verschiedene Gemüsesorten, alle unter dem Logo »Prince de Bretagne« vereint. Damit sind die Bretonen die wichtigsten Lieferanten der Pariser Großmarkthalle »Rungis«. Die Hälfte des Gemüsesortiments stammt von der Halbinsel im Nordwesten Frankreichs.

1960 gingen Bauern in der Bretagne **wegen der Preise für Artischocken auf die Barrikaden.**

Die beiden idyllischen Hafenstädte waren 1960 Schauplatz des berüchtigten »Artischockenkrieges«. Hunderte von Bauern errichteten damals Barrikaden, besetzten die Rathäuser und verbrannten Millionen Artischocken auf riesigen Scheiterhaufen. Der Grund: Die Pariser Behörden hatten die garantierten Mindestpreise für Artischocken aufgehoben. Daraufhin fielen die Preise ins Bodenlose. Die Bauern fürchteten um ihre Existenz.

Der Star aus der Bretagne

Fast 80 Prozent der französischen Artischocken wachsen in der Bretagne, darunter eine der besten und vor allem größten Sorten der Welt: die prächtige Camus de Bretagne. Sie ist großköpfig, grau-grün und wird bis zu einem halben Kilogramm schwer. Ihr Blütenboden ist unvergleichlich zart und fleischig.

Wegen der Größe ihrer Knospe nutzen Küchenmeister die Camus de Bretagne vor allem für raffinierte Füllungen, zum Beispiel mit Champignons, Ricotta, Oliven oder – wie in der Provence üblich – mit Pilzen, Schinken und Thymian. Die Camus de Bretagne ist im Sommer und im Herbst auf den Gemüsemärkten erhältlich.

2. Violetta

Die kleinen italienischen Artischocken wie die **Violetta** lassen sich im Ganzen verzehren.

Italienische Artischocken sind deutlich kleiner als die französischen. Die Mini-Disteln bringen bisweilen nur 50 Gramm auf die Waage. Dieser vermeintliche Nachteil hat einen großen Vorteil: Während von den großen Sorten nur ein kleiner Teil, etwa 20 Prozent, genießbar ist, lassen sich die kleinen im Ganzen verzehren. Sie sind so zart, dass sie – getunkt in einen Dip aus Olivenöl, Pfeffer und Salz – sogar roh gegessen werden.

Klein, zart und vielfältig verwendbar

Zu den zartesten und schmackhaftesten italienischen Artischocken zählt die Violetta. Sie wird in der Toskana und auf Sizilien angebaut, ist mittelgroß, rötlich-violett und etwas länglich und dient als Grundlage so köstlicher Gerichte wie *carciofi alla giudea*, Artischocken in Olivenöl frittiert und mit Salz, Pfeffer und ein wenig Zitrone abgeschmeckt. Berühmt sind auch *carciofi alla romana*, Artischocken gefüllt mit einer Farce aus gehackter Minze und Knoblauchzehen, geriebenem Weißbrot, Salz, Pfeffer und Olivenöl.

Die Violetta ist eine der **kleinsten und schmackhaftesten Artischockenarten.**

3. Alcachofa de Tudela primera

Navarra liegt im äußersten Norden der Iberischen Halbinsel. Das einstige Königreich erstreckt sich von den westlichen Pyrenäen bis ins Tal des Ebro und ist eine der reichsten Regionen Spaniens. Nach Madrid und dem Baskenland wird in Navarra am meisten verdient. Vor allem dank deutscher Investitionen! Volkswagen, Bosch und Liebherr gehören zu den wichtigsten Arbeitgebern.

Ein Grundpfeiler der Wirtschaft Navarras ist darüber hinaus der traditionelle Gemüseanbau in der Ribera, im Süden der Region. Die Ribera ist eine flache, weite und offene Landschaft. Sie wird geprägt vom Ebro, der sich von La Rioja seinen Weg nach Aragón bahnt. An seinen fruchtbaren Ufern gedeihen Spargel, Paprika, Mangold, Cogollos, Chicorée, Erbsen, Bohnen, Knoblauch und Zwiebeln. All die Zutaten, die den berühmten spanischen Gemüseeintopf Menestra de Verduras zu einem kulinarischen Meisterwerk machen.

Das saftige Erbe der Mauren

Exportschlager der Gemüsefelder am Ebro ist neben dem weißen Spargel die Artischocke, die um die Provinzhauptstadt Tudela geerntet wird. Sie gehört zum besten Gemüse, das Spanien zu bieten hat, und ist ein Erbe der maurischen Herrschaft. Die Araber schätzten die Artischocke und beschäftigten sich intensiv mit ihrer Züchtung. Der Süden und Südwesten der Ribera bietet die idealen klimatischen Voraussetzungen für hochwertige Artischocken. Der kalte Winter und das milde Frühjahr verlangsamen das Wachstum und fördern so die Qualität.

Ein **kalter Winter und ein mildes Frühjahr** sind ideal für die Qualität der Artischocke.

Die essbare Distel aus der Ribera ist kleiner als die französische und noch kleiner als die italienische. Sie ist rund, zart, knackig und hat im Inneren wenig Fasern. Sie schmeckt leicht bitter und ist ungewöhnlich saftig. Die geschützte Herkunftsbezeichnung »Alcachofa de Tuleda« gilt nur für die besten Artischocken der Sorte Blanca de Tudela, die in zwei Qualitätsstufen eingeteilt werden: Extra und Primera.

INFO Einkauf

Meiden Sie braun gefärbte, trockene, fast verwelkte Artischockenknospen. Die Blätter dürfen sich nicht aufgebogen haben, die Blütenköpfe müssen geschlossen sein und sich fest und frisch anfühlen. Gleiches gilt für den Stiel. Er dient der Distel auch nach der Ernte als wichtiger Wasserspeicher. Artischocken sollten dunkel und feucht und nur für kurze Zeit gelagert werden.

BOHNE
Ein Geschenk des Kaisers macht Karriere

Italienisches Grundnahrungsmittel – **weiße Bohnen**

»Jedes Böhnchen ein Tönchen!« Die Bohne hat ein gewaltiges Imageproblem. Dabei gilt die Volksweisheit nur für jene Menschen, die selten Ballaststoffe zu sich nehmen. Bei denen bläht und weht es in der Tat fürchterlich! Bei allen anderen befinden sich genügend Bakterien in der Darmflora, um die Zellulose, die sich in der Haut der Bohne befindet, mühelos zu verarbeiten.

Spezialisten auf diesem Gebiet sind die Italiener. Ihre Küche ist gesund und abwechslungsreich. Sie bietet wenig Fett und Proteine, dafür aber viele Vitamine und Mineralien. Die Italiener nehmen folglich auch viermal so viele Ballaststoffe zu sich wie die Deutschen.

Bohnenhochburg Toskana

Vielleicht sind sie gerade deshalb die ungekrönten Weltmeister im Bohnenessen. Vor allem in Mittelitalien, in der Toskana, ist die Bohne neben der Pasta *das* Grundnahrungsmittel der Einheimischen. In keinem europäischen Landstrich gibt es mehr Bohnengerichte als zwischen

Florenz und Pisa. Die Mailänder nennen die Toskaner deshalb abfällig *mangiafagioli*, Bohnenfresser. Diese wiederum revanchieren sich mit dem Spitznamen *polentoni*, Polentafresser, für die arroganten Norditaliener.

Die Toskaner sind große Künstler in der Bohnenküche. Keiner kann sie so perfekt zubereiten wie sie. Ein Lieblingsgericht der Florentiner sind *Fagioli al Fiasco*, Bohnen aus der Flasche. Die über Nacht eingeweichten weißen Bohnen kommen zusammen mit Knoblauch, Salbeiblättern, Olivenöl, Salz, Pfeffer und Wasser in eine bauchige Chiantiflasche. Das Ganze wird dann mit einem Tuch verschlossen und bei 120 Grad in den Backofen gestellt. Wenn die Bohnen die Brühe fast restlos aufgesogen haben, ist das Gericht fertig. Lauwarm, mit frischem Olivenöl beträufelt, wird *Fagioli al Fiasco* serviert. Durch das langsame Garen sind die Bohnen himmlisch zart und cremig.

Von Amerika in die Kochtöpfe der Neuen Welt

Die Bohne zählt mit den Linsen und den Erbsen zu den ältesten Kulturpflanzen der Menschheit. Bereits vor über 7000 Jahren wurde sie in Süd- und Mittelamerika kultiviert. Sie ist relativ anspruchslos, benötigt Sonne, Wasser, wenig Wind und einen lockeren, nicht zu sandigen Boden. Mit der Eroberung der Neuen Welt kam sie im 16. Jahrhundert nach Europa. Davor kannte man auf dem Kontinent nur die Dicken Bohnen, auch Saubohnen oder Pferdebohnen genannt, die botanisch nicht zu den Bohnen gehören, sondern zur Familie der Wicken.

Die aus Süd- und Mittelamerika stammende Bohne ist **eine der ältesten Kulturpflanzen des Menschen.**

Die Bohne aus der Neuen Welt machte neugierig. Es dauerte nicht lange, und man experimentierte in den Großküchen der Adelshäuser mit dem neuen Gemüse. Die Köche erschufen Suppen und deftige Eintöpfe, mischten die Bohnen unter Salate, rührten delikate Saucen an oder legten sie Fleischgerichten bei. Im Vergleich zur Tomate und der Kartoffel wurde die Bohne erstaunlich schnell akzeptiert und in die heimische Küche integriert.

In deutschen Feinkost-Geschäften findet man hauptsächlich die südamerikanische Käferbohne, auch Feuerbohne genannt. Aus Frankreich werden die zarten Flageolet-Bohnen importiert und aus Italien die rot gefleckten Borlotti-Bohnen und die weißen Cannellini-Bohnen.

Die Besten

1. Fagiolo di Lamon

Die besten Bohnen der Welt verdankt Italien einem spanischen König. Karl V. schenkte Papst Clemens VII., der ihn später zum Kaiser krönte, einige Säcke mit mittelamerikanischen Borlotti-Bohnen. Ein Beamter des Heiligen Vaters, Pater Pietro Valeriano, brachte diese Bohnen schließlich in eine kleine Berggemeinde in den Dolomiten, nach Lamon.

Die kleine **Spagnolet-Bohne** mit dem unverkennbaren roten Muster.

Dort, zu Füßen des Monte Coppolo, begann die einzigartige kulinarische Karriere der Fagiolo di Lamon. Die Bohnen aus Mittelamerika entwickelten sich in der Höhenluft prächtig. Das Mikroklima der Dolomiten – sonnig, magnesiumreicher Boden und reichlich Wasser – machte aus der unscheinbaren Bohne eine weltweit gefragte Delikatesse.

Vier Sorten für jeden Geschmack

Vier verschiedene Sorten der Lamon-Bohnen werden heute im Veneto angebaut. Die große Spagnolón wird mit Vorliebe in Salaten verarbeitet, aus der roten Calonega entstehen köstliche Suppen, während die dunkle Canalin wegen ihrer dicken Haut kaum noch verwendet wird. Die Vierte im Bunde, die kleine Spagnolet, gilt als die beste Bohne in Lamon. Sie besitzt ein rotes Muster, eine sehr dünne Haut und ein weiches Fruchtfleisch und wird als Beilage serviert oder als Vorspeise in Salaten und Pastagerichten.

Berühmt ist *Minestre di Fagioli alla Lamonese*, eine Suppe, die mit Schweineschwarte oder Bauchspeck angesetzt und mit Nudeln serviert wird. Ein anderes traditionelles Gericht heißt *Pendolon*, eine deftige Spezialität aus Bohnen, Kartoffeln, Zwiebeln und gerösteten Speckwürfeln.

TIPP Bohnen aus Sarconi

Einen guten Klang in Feinschmeckerkreisen haben auch die Sarconi-Bohnen. Sie stammen aus der Basilikata, einem Landstrich südlich von Neapel. Auf über 600 Metern Höhe werden in Sarconi im Val d'Acri diese süßlich schmeckenden Bohnen angepflanzt. Je nach Sorte sind sie blassgelb oder weiß gestreift, rund oder oval.

Es sind sogenannte autochthone Sorten, die seit Jahrhunderten in der Basilikata wachsen. Ihre traditionellen Namen haben sie teilweise beibehalten: *fasuli risi, verdolini, napulitani avuti, ciuoti, munachedda* oder *cannellino rampicante*. Ein grünes, ovales Logo mit einem orangen Kreuz vom »Consorzio di Tutela di Fagioli di Sarconi« verbürgt die Echtheit dieser außergewöhnlichen Bohnen.

Das **kleine Örtchen Pigna** liegt am Fuße der ligurischen Alpen.

2. Fagioli bianchi delle Alpi Liguri

Am Fuße der ligurischen Alpen, keine 40 Kilometer vom Mittelmeer entfernt, werden diese göttlichen Bohnen geerntet. Ihre Heimat sind die drei Gemeinden Pigna, Conio und Badalucco. Dichte Kastanienwälder, Olivenhaine und schmale Terrassenfelder mit den typischen Trockenmauern prägen hier die Landschaft.

Engelskugeln für Bohnenliebhaber

Die Bohnen, die von den Einheimischen zärtlich *rundin dell'angelo*, Engelskugeln, genannt werden, sind klein, weich, eiförmig und elfenbeinfarben. Ihr Geschmack erinnert an Walnüsse und Kastanien. Sie sind ein Produkt des alpinen Bodens, der warmen ligurischen Sonne und des kalkhaltigen Quellwassers. Ihre Verpackung, ein weißer Leinensack mit dem Logo des jeweiligen Ortes, ist ein begehrtes Objekt von Sammlern und Fälschern. Puristen bevorzugen die Engelskugeln, die an den Osthängen der Dörfer Ouri, Mega, Passoscio di Pigna und Lu Tuvetu angebaut werden. Sie sollen angeblich noch eine Nuance besser schmecken. Andere Gourmets schwören auf die Bohnen aus Oxentina, einem kleinen Seitental bei Badalucco. Wie auch immer die Gunst verteilt ist, die weißen Bohnen aus Ligurien sind jedenfalls so gefragt, dass an jedem Wochenende Bohnenliebhaber aus ganz Italien in die Täler strömen, um diese Delikatesse in den umliegenden Trattorien zu genießen.

Bohnen-Pfannkuchen kommen an Gründonnerstag auf denTisch.

Ein Spezialität aus Badalucco sind die *Frittelle di fagioli*, die Bohnen-Pfannkuchen. Eine Paste aus Mehl und Wasser wird mit gehackten Zwiebeln und Bohnen vermengt und in heißem Olivenöl goldbraun gebacken. Ein traditionsreiches Gericht, das vor allem am Gründonnerstag gegessen wird.

Hans Haas, Chef de Cuisine im »Tantris« in München – zwei Michelin-Sterne:

»In meiner Kindheit in Tirol kamen häufig Saubohnen auf den Tisch. Gegessen wurde die ganze Bohne mit der Innenschale, gewürzt mit ein wenig Salz. Dazu gab es frische Kartoffeln und Buttermilch. Das war ein einfaches, aber köstliches Gericht!

Diese Tradition setzt sich im ›Tantris‹ fort. Saubohnen stehen häufig auf meiner Karte. Ich mache sie gerne zu Fisch oder Fleisch. Nur diesmal ohne Innenschale. Sie wird in mühseliger Handarbeit vorher entfernt. Saubohnen sind ohne ihre Innenschale deutlich weicher und geschmackvoller«.

LINSE

Je kleiner, desto besser

Salsiccie con Lenticchie sind ein traditionelles Gericht aus Umbrien.

Als der Amerikaner Thomas W. Jacobsen auf dem Peloponnes den Eingang zur Franchthi-Höhle entdeckte, schlug eine der großen Stunden in der Geschichte der Archäologie. Die Höhle, hoch über dem Ionischen Meer gelegen, entpuppte sich als eine der frühesten Wohnstätten der Menschen. 30 000 Jahre lang wurde sie immer wieder von Jägern und Sammlern genutzt. Die akribischen Ausgrabungen förderten seltene Schätze zutage: menschliche Skelette, viele Werkzeuge, Knochen von Haustieren und herrliche Keramiktöpfe. An den Gefäßen wiederum fand man Spuren der ältesten Kulturpflanzen der Menschheit: Gerste, Weizen und Linsen.

Ein Grundnahrungsmittel der Antike

Die Linse, lateinisch *lens culinaris*, ist seit mindestens 8000 Jahren eine der wichtigsten Nutzpflanzen im Mittelmeerraum. Bei den Römern waren Linsen neben Bohnen und Erbsen das Grundnahrungsmittel der einfachen Leute. Sie schmeckten gut, füllten den Magen und kosteten nur wenig. Die Händler importierten Linsen tonnenweise aus Ägypten, denn »die besten Linsen stammen aus Pelusium an der östlichen Nilmündung«, heißt es im ersten Buch der »Georgica« von Vergil.

Eines der Linsenrezepte dieser Zeit stammt aus der Feder von Marcus Gavius Apicius, dem bekanntesten Kochbuchautor der Antike. Er beschrieb in seinem berühmten Werk »De re coquinaria« (»Über die Kochkunst«) das Gericht *lenticulum de castaneis*: Linsen gemischt mit einem Püree aus Kastanien. Gewürzt mit Pfeffer, Kümmel, Koriandersamen, Minze, Raute, Laserwurzel und Flohkraut. Angereichert mit Essig, Honig und Liquamen (Fischlake, die die Römer zum Salzen verwendeten). Für vier Personen, so Apicius, reichen 375 Gramm Linsen.

Die schmackhaften Kleinen

Er wird als Fachmann wohl kleine Linsen gewählt haben. Denn je kleiner die Linse, desto besser ihr Geschmack. Kleine Linsen haben nämlich einen höheren Anteil an Schale, und genau dort sitzen die Stoffe, die das typische Linsenaroma freisetzen. Also: Egal, welche Farbe oder Form. In diesem besonderen Fall ist die Größe tatsächlich entscheidend. Size matters! Dieses Naturgesetz gilt natürlich auch für die besten Linsen der Welt.

Die Besten

1. Lentille Verte du Puy

Der französische Romancier Maurice Barrès nannte den Wallfahrtsort Le Puy-en-Velay in der Auvergne den »verführerischsten, seltsamsten und einmaligsten« Ort Frankreichs. Verführerisch und einmalig wegen der bizarren Landschaft um Le Puy herum. Eine Landschaft, die viele Millionen Jahre von gigantischen Vulkanausbrüchen geprägt wurde. Zwei mächtige Felsnadeln aus Lavagestein sind die markanten Zeugen dieser Zeit. Auf jeder steht heute ein Gotteshaus.

Ein Museum für die beste Linse der Welt

Und seltsam? Möglicherweise, weil Le Puy die einzige Stadt auf unserem Planeten ist, die einer Hülsenfrucht ein eigenes Museum errichtet hat. Die *Lentille Verte* hat es verdient, schließlich hat sie Le Puy zu Weltruhm verholfen! Sie gilt als die beste Linse der Welt. Keine ist so zart, keine hat eine so feine Schale und keine ein so nussiges Aroma wie diese kleinen, kreisrunden, grünen Linsen.

Die **berühmten grünen Linsen** aus Puy

Seit gut 2000 Jahren wird die köstliche Linse in der Gegend um Le Puy geerntet. Sie liebt den basalt- und granitreichen Boden und die heißen, trockenen Winde der Auvergne. Vor über zehn Jahren wurde sie als erstes Gemüse Frankreichs mit dem Label AOC (Appellation d'Origine

Controlée) ausgezeichnet. Für die Einwohner Anlass genug, sie in kleine, weiße Leinensäckchen oder bemalte Emailledosen zu verpacken und die Preise anzuheben.

2. Lenticchie di Castelluccio di Norcia

Kurvenreich ist die Straße, die von Norcia Richtung Osten in die Sibillinischen Berge führt. Nach etwa einer halben Stunde öffnet sich auf über 1400 Metern eine weite, baumlose Hochebene, eingerahmt von zwei kahlen Bergen. Die Gegend trägt den Namen *Piano Grande*, Große Ebene. Nur Schafe, ein paar Pferde, streunende Hunde und die wenigen Einwohner des kleinen Bergdorfes Castelluccio leben in dieser Einöde.

Kleine Kostbarkeiten in Bio-Qualität

Die Winter sind hart. Bis tief in den April bleibt der Schnee liegen. Der Frühling kommt explosionsartig: Wildblumen, Margeriten, Klatschmohn, Narzissen, Krokusse und Kornblumen besprenkeln die Ebene mit tausend Farben. Unterbrochen nur vom eintönigen Gelb kleiner rechteckiger Felder. Auf ihnen wachsen die berühmten italienischen Berglinsen, die Lenticchie di Castelluccio di Norcia. Ein rein biologisches Produkt, von dem nur wenige Hundert Doppelzentner jedes Jahr geerntet werden.

Die **Piazza San Benedetto** in Norcia

Für italienische Feinschmecker eine Kostbarkeit. 15 Euro legen sie für ein Kilogramm auf den Ladentisch. Die Linsen aus Castelluccio sind zwei Millimeter groß, hellbraun und besitzen wie ihre Artgenossen aus Le Puy-en-Velay ein nussiges Aroma. Die Europäische Union schützt die Linsen mit dem Label I.G.P. (Indicazione Geografica Protetta).

Wanderer, kommst du nach Norcia, so iss dorten *Salsiccie con lenticchie*. Der feinen Linsen und der gewürzten Schweinswürste wegen. Sie werden in Olivenöl angebraten und zusammen mit Sellerie, Knoblauch, Tomaten, Karotten, Chilischoten und den Linsen aus Castelluccio gekocht.

RADICCHIO

Die roten Winterblumen

Radicchiofelder
in Italien

Treviso, eingebettet in das venezianische Tiefland, hat einiges zu bieten. Die Modemarken Sisley und Benetton zum Beispiel, den Hausgerätehersteller DeLonghi, den spielstarken Volleyballverein »Sisley Volley Treviso«, den Dom mit seinen sieben Kuppeln, eine pittoreske Altstadt und ein Gemälde des Malerfürsten Tizian.

Kulinarische Klassiker von Weltruhm

Einen hohen Rang in der Küche von Treviso nimmt *pasta e fagioli* ein. Diese dickflüssige Suppe aus Nudeln, Bohnen, Zwiebeln, Möhren, Sellerie und Schweinespeck ist ein echter Klassiker. Sie wird lauwarm serviert, verfeinert mit ein wenig Olivenöl.

Weltberühmt auch *riso e piselli*, im venezianischen Dialekt heißt die Speise *risi e bisi*. Mit der Mutter aller Risottos eröffnete der Doge jedes Jahr am Tag des heiligen Markus das Festmahl zu Ehren des Kirchenpatrons von Venedig. *Riso e piselli* wird weltweit in unzähligen Varianten angerichtet. Die klassischen Zutaten sind – neben Reis und Erbsen – Zwiebeln, Petersilie, Hühnerbrühe, Butter, Schinken oder Speck, Olivenöl und geriebener Parmesan.

Der **Torre Civica** an der Piazza dei Signori in Treviso.

Ruhm und Ehre erlangt die Küche des Veneto mit ihrer Vorliebe für Geflügel. Ente, Huhn, Gans, Taube und Truthahn dominieren die Speisekarte. In Treviso ist es eine Frage der kulinarischen Ehre, *l'oca arrosto con sedano* zu bestellen. Die gebratene Gans mit Sellerie ist ein Bestandteil der Esskultur wie die *zuppa di trippe*, eine kräftige Suppe aus Kutteln, die man insbesondere in der kalten Jahreszeit genießt. Oder wie das legendäre *tiramisú*, das in den 80er-Jahren an der Piazza Ancillotto 11 im Restaurant »Le Beccherie« das Licht der Welt erblickte. Die Besitzer Alba und Ado Campeol bedauern noch heute, dass sie Name und Rezept nicht haben patentieren lassen.

Ohne Radicchio geht (fast) nichts

Zu den Grundnahrungsmitteln der *marca trevigiana* zählen vor allem Gemüse, Obst und Hülsenfrüchte. Die Stars der venezianischen Ebene sind die Kirschen aus Bassano del Grappa, die Erbsen aus Lumignano, die Kürbisse aus Chioggia, der Spargel aus Cimadolmo und natürlich der Radicchio aus Treviso.

Die »rote Winterblume« ist in Italien eine Delikatesse. Sie wird gegrillt, frittiert, gebraten, gebacken, gegart oder gefüllt serviert. Sie ist Hauptbestandteil unzähliger Fleisch-, Fisch- oder Pastagarichte. Sie kommt als Auflauf, als Risotto, als Dessert, als Kuchen oder als Suppe auf den Tisch. Und manchmal auch einfach nur als Salat. Wobei sie dafür fast zu schade ist!

Der lange Weg bis zur Ernte

Die sichelförmigen Blätter des Radicchios zu ernten bzw. »herzustellen« ist kostspielig und zeitaufwendig. Die eher ungenießbare Mutterpflanze wächst im Sommer und wird nach dem ersten Frost geerntet. Die Pflanzen werden anschließend zu Bündeln geschnürt, erneut in die Erde gesteckt und mit Planen abgedeckt. Sie beginnen eine Art Winterschlaf.

Im Laufe des Winters stecken die Gemüsebauern die Radicchio-Pflanze schließlich in fließendes Quellwasser, das nicht kälter als 14 Grad werden darf. Dort bleiben sie bis zu drei Wochen. In dieser Zeit wachsen im Inneren des Pflanzenbündels neue Triebe zu einem zartbitteren Edelgemüse heran. Nur diese feinen Triebe kommen als Radicchio auf die italienischen Märkte.

TIPP Küche

Der Stoff Intybin verleiht dem Radicchio sein typisch bitteres Aroma. Er ist in dem milchigen Blättersaft enthalten. Die höchste Konzentration liegt im Strunk der Pflanze. Schneidet man diesen keilförmig heraus, so wird die Bitterkeit deutlich reduziert.

Eine andere Möglichkeit besteht darin, die Blätter für kurze Zeit in Salzwasser einzulegen. Auch das mindert die Bitterkeit, zerstört allerdings auch fast alle Vitamine und Mineralstoffe.

Fünf edle Sorten

Es gibt im Wesentlichen fünf Radicchiosorten, die unterschiedlicher nicht sein können: Die Chioggia, benannt nach einem italienischen Seehafen, der auf einer Nehrung in der Lagune von Venedig liegt. Im Hinterland von Chioggia erstreckt sich das größte Radicchio-Anbaugebiet Italiens. Diese Sorte ist kugelförmig, weiß-rot oder gelb-grün. Sie ist in Deutschland am häufigsten zu finden und wird fast ganzjährig angeboten. Die Chiogga ist eher als Salat oder als Dekoration geeignet, aber weniger zum Kochen.

Die Sorte Verona ist kompakt, weiß-rot, oval und hat kleine geschlossene Knollen. Sie wird in den Provinzen Verona, Vicenza und Padua angebaut und kann sowohl frühreif als auch spätreif geerntet werden. Auch sie ist in unseren Gefilden verbreitet.

Die drei edelsten Radicchiosorten kommen allesamt aus der Gegend um Treviso. Man findet sie in Deutschland nur in gut sortierten italienischen Feinkost-Geschäften.

Die Besten

1. Rosso Tardivo Treviso

Der beste Radicchio ist zweifellos der Tardivo, der »Späte«. Er wird – wie oben beschrieben – nach dem ersten Frost, etwa Ende November, geerntet und weiterverarbeitet. Seine Blätter erinnern an Chicorée und sehen so elegant aus, wie sie schmecken. Sie sind schlank mit einem weinroten Blattrand und schneeweißen Rippen. Der Tardivo wird ausschließlich in der gehobenen Küche verwendet.

2. Rosso Precoce Treviso

Der frühreife Bruder des Tardivo ist der Precoce. Er wird von September bis November geerntet. Im Gegensatz zum Tardivo wird er kein zweites Mal zum Austreiben angeregt. Er ist größer, schöner und weniger bitter, gilt aber dennoch als nicht so hochwertig. Möglicherweise hängt es mit der Festigkeit seiner Blätter zusammen. Sie sind nicht so knackig und knusprig wie die des Tardivo.

Der **Variegato** ist gut erkennbar an seinen rosa gesprenkelten Blättern.

3. Variegato Castelfranco

Der Variegato, der »Gesprenkelte«, wird in Castelfranco, nordöstlich von Treviso, geerntet. Er hat cremefarbene Blätter, die über und über mit kleinen rosa Flecken übersät sind, und schmeckt deutlich milder als der Tardivo: fast süßlich-zart mit einem leicht bitteren Unterton. In der italienischen Küche wird er ähnlich eingesetzt wie der Radicchio aus Treviso.

RISOTTOREIS

Bissfestes Rundkorn

Für über ein Drittel aller Menschen ist Reis das wichtigste Grundnahrungsmittel. Ungeschlagene Champions im Reisessen sind nicht, wie vermutet, die Chinesen oder die Japaner, sondern die Madagassen. Jeder Einwohner des »sechsten Kontinents« verbraucht jährlich 150 Kilogramm Reis, fast ein ganzes Pfund am Tag. Zum Vergleich: Die Europäer kommen gerade mal auf fünf Kilogramm pro Jahr.

Der **elfenbeinfarbene** Carnaroli-Reis

Reisklassiker aus aller Welt

Wir essen zwar wenig Reis, sind dafür aber sehr vielseitig, wenn es gilt, Speisen mit dieser nahrhaften Sumpfpflanze zu komponieren. Das berühmteste europäische Reisgericht ist die *paella* aus Spanien, jene rustikale Mischung aus Reis, Tomaten, Paprika, Bohnen und Hühnerfleisch mit Knochen. Dicht gefolgt vom *risotto alla milanese*. Der Safranreis aus Norditalien wird in Mailand gerne zur Kalbshaxe, zu *ossobuco alla milanese*, serviert. Und aus der Schweiz kommt *Riz Casimir*, ein eigenwilliges Durcheinander aus Reis, Kalbfleisch, Curry, Ananas, Banane und gerösteten Mandelsplittern.

Über 1000 Risotto-Rezepte

Risotto ist ein geduldiges Gericht. Unendlich viele Ingredienzien wurden im Laufe der Jahrhunderte mit dem Rundkornreis kombiniert: alle Arten von Fisch und Meeresfrüchten, Geflügel, Kalb- und Schweinefleisch, Innereien, Würste, Gemüse, Kräuter, Pilze, Obst, ja sogar exotische Früchte wie Mango, Kiwi oder Papaya. Vorsichtig geschätzt soll es weit über eintausend Risotto-Rezepte geben.

Die 100 besten Risotto-Kreationen der Welt sind in regelmäßigen Abständen im »Guida Gallo« aus Robbio bei Mailand nachzulesen. Der zweisprachige Führer, der von der Reismühle »Riso Gallo« herausgegeben wird, widmet sich ausschließlich dem Risotto. Auf 300 Seiten werden Risotto-Rezepte vorgestellt und die jeweiligen Küchenmeister ausgezeichnet.

Auf die Sorte kommt es an

Der Reisanbau hat in den drei norditalienischen Provinzen Piemont, Lombardei und Veneto eine lange Tradition. Das erste historische Dokument, das den *Oryza* erwähnt, stammt aus dem Jahre 1475. In diesem Brief wird dem Herzog von Ferrara eine Lieferung von zwölf Säcken Reis angekündigt. Angebaut wurde das Getreide hauptsächlich an den Gestaden des Po, der sich wie ein breites Band von der italienisch-französischen Grenze bis zur Adria erstreckt. Diese weite, wasserreiche Ebene ist seit über 500 Jahren die Heimat für den besten Risottoreis der Welt.

Arborio, Baldo, Vialone Nano und Carnaroli sind das Maß der Risottowelt.

Ein Risotto muss sämig, fast cremig sein. Die Reiskörner sollen weich sein, aber dennoch *al dente* bleiben. Um diese Grundvoraussetzung zu gewährleisten, ist die Wahl der Reissorte entscheidend. Zu den populärsten der über 15 verschiedenen Risotto-Reissorten gehören der Arborio und der Baldo, die beide sehr stark kleben, sowie der Vialone Nano und der Carnaroli, die dicker und deutlich weniger klebrig sind.

»Das Produkt ist der Star«, sagt Eckart Witzigmann. Alain Ducasse, der französische Gourmet-Papst, steigert das Ganze noch: »Le produit et le héro«, das Produkt ist der Held. Für welchen Rohstoff man sich beim Kochen entscheidet, sollte ausschließlich eine Frage der Qualität sein. Große Köche wie der italienische Sterne-Chef Gualtiero Marchesis entscheiden sich beim Risottoreis in der Regel für den Carnaroli.

Die Besten

1. Carnaroli del Pavese, Gran Riserva von »Riso Gallo«

Der Carnaroli ist aus dem Vialone und dem Lencino entstanden. *Il re di risi*, der König des Reises, ist elfenbeinfarben, gleichmäßig geformt und äußerst saugfähig. Seine Konsistenz ist außergewöhnlich cremig und bissfest.

Begrenzte Menge mit langer Tradition

Er wird von einer der ältesten Reismühlen Italiens hergestellt: von »Riso Gallo« aus Robbio, einem kleinem Dorf unweit von Mailand. Ausgesät wird der Premiumreis im Nordosten der Provinz Pavia, in besonders breiten Furchen, um ihm Raum zum Wachsen zu geben. Das Ergebnis sind kräftige und dichte Reispflanzen, die nur in der Mitte des Feldes, wo die Wassertemperatur am konstantesten ist, abgeerntet werden.

Der Carnaroli wird von »Riso Gallo« nur in begrenzter Menge produziert. Die petrolfarbene Dose, in der man ihn verpackt, findet sich nur in ausgewählten Feinkost-Geschäften. Dazu gehören »Peck« in Mailand, »Fauchon« in Paris und »Harrods« in London.

Exquisit: Der **Carnaroli Gran Riserva** von »Riso Gallo«

2. Vialone Nano Veronese

Der Vialone Nano ist ein Produkt aus dem Labor. Das Versuchszentrum des Getreideanbaus von Vercelli hat die besonders große Sorte Vialone Gigante mit der besonders kleinen Sorte Nano gekreuzt. Das Ergebnis war ein Reis, der wegen seiner Kochbeständigkeit und seinem Talent, sich mit anderen Zutaten zu verbinden, hervorragend für Risotto geeignet ist. Vialone Nano ist die einzige Reissorte Italiens, die mit dem Gütesiegel I.G.P. geschützt wird.

Nach seiner Entstehung im Reagenzglas hat sich der Vialone Nano zum unbestrittenen Star des Veneto entwickelt. Seine Heimat ist die Basso Veronese, die Tiefebene zwischen Verona und Mantua. Bis zum nördlichen Ufer des Po erstrecken sich die weiten Reisfelder. Die Bauern fluten die Anbauflächen nur mit dem reinen Quellwasser des Flusses Tartaro und verzichten auf chemischen Dünger. Nach der Ernte werden die Reiskörner vorsichtig in einem großen Mörser geschält, sodass ein wenig von der feinen Silberhaut haften bleibt. Dieses Verfahren nennt man *lavorato con pestelli*. Dieser Reis hat eine längere Garzeit und schmeckt nussiger.

Reisfelder in Oberitalien

Experten für die schonende Prozedur sind die Müllermeister der »Pila Vecia« in Isola della Scala, 30 Kilometer südlich von Verona. Angegliedert an die uralte Reismühle ist ein sehr zu empfehlendes Restaurant. Gabriele Ferron, *famoso maestro di cucina*, zaubert hier aus dem Vialone Nano Veronese je nach Jahreszeit über 30 verschiedene *risotti*.

Berühmt in der nördlichen Po-Ebene ist *Risotto all'Isolana*, mageres Schweine- und Kalbfleisch, gehackt und in Butter angebräunt, gewürzt mit Rosmarin, Salz, Pfeffer, einem Hauch Zimt und reichlich Grana Padano. Der Vialone Nano Veronese eignet sich übrigens auch ideal für lockeren Risotto. Viele Veneter lieben ihn *all'onda*, wellig. Der Risotto muss leicht flüssig serviert werden. Erst wenn er kleine Wellen schlägt, ist er vollkommen.

TIPP Acquarello-Reis

Dieser Superfino Carnaroli-Reis wird im Piemont geerntet, um Vercelli herum, einer Hochburg des Reisanbaus. Nur mit klarem Schmelzwasser aus dem Montblanc-Massiv werden die Reisfelder geflutet. L'aqua di Po, das Flusswasser des Po, kommt nicht infrage. Auf diesen kleinen Unterschied legen die Reisbauern großen Wert.

Acquarello-Reis wird nach der Ernte bis zu drei Jahre gelagert, in großen Silos bei einer Temperatur von zehn Grad. Ideale Bedingungen für ein Spitzenprodukt, behaupten Lebensmittelchemiker. Durch den langen Reifeprozess wird das Korn dichter und saugfähiger. Seine Stärke, Proteine und Vitamine sind darüber hinaus weniger wasserlöslich.

RÜBE

Goethes Edelgemüse

Als Goethe aus der französischen Champagne zurückkehrte, wo er mit Herzog Karl August von Weimar am österreichisch-preußischen Feldzug gegen Frankreich teilnahm, schreibt er, dass er zwischen Kot und Not, Mangel und Sorge, Gefahr und Qual, zwischen Leichen und Scheißhaufen gefangen sei. Gerichtet ist der Brief an sein Liebchen Christiane Vulpius, und er fügt unter Postskriptum hinzu, sie möge einige Bouteillen von dem roten Bordeaux bestellen, Wurst aus Braunschweig, Schinken aus Straßburg und die Teltower Rübchen nicht vergessen, die er vor der Abreise im unteren Keller im Torf vergraben habe.

Das **Teltower Rübchen** erlebt eine Renaissance in der Küche.

Wiederentdeckte kulinarische Schätze

Teltower Rübchen ist eine uralte, lange vergessene Gemüsesorte. Sie gehört zu jenen kulinarischen Bodenschätzen, die in Deutschland mangels Engagement, Fantasie und gutem Marketing nahezu ausgerottet wurden. Dieses Schicksal teilt das Rübchen aus Teltow mit dem Mangold, dem »Spargel des armen Mannes«, mit der Topinambur, einer knorrigen Knolle, die auch Erdbirne genannt wird, mit dem Portulak, einer krautartigen, leicht nussig schmeckenden Salatpflanze, mit der Echten Pastinake, einer weiß-gelblichen Rübe, die von der Kartoffel verdrängt wurde, oder mit der Dicken Bohne, die vor allem an der Nordseeküste prächtig gedieh.

Diese einheimischen Exoten, die häufig nur in Bio-Läden oder auf Wochenmärkten zu finden sind, werden zunehmend von den Chefs der gehobenen Küche wiederentdeckt. Michael Hoffmann, Sterne-Koch im Berliner Restaurant »Margaux«, Alexander Dressel, Küchenchef im Hotel »Bayrisches Haus« in Potsdam oder Harald Wohlfahrt von der »Schwarzwaldstube« setzen immer häufiger die guten alten Edelgemüse aus den deutschen Regionen ein. Sie komponieren Rezepte wie »Teltower Rübchen im Karamelfonds mit Kalbsbacke in Portwein« oder »Creme von Teltower Rübchen mit Petersilienjus und mariniertem Rehrücken«.

Speiserüben – nicht nur für harte Zeiten

Die Speiserübe gehörte, bevor die Kartoffel Deutschland eroberte, zu den wichtigsten Nahrungsmitteln der einfachen Bevölkerung. Gerade in Notzeiten half sie über den harten Winter. Sie ist ein sehr anspruchsloses Wurzelgemüse, das sandige Böden liebt. Es gibt überaus unterschiedliche Formen und Farben. Die bekanntesten sind die Mairübe, auch Navette genannt, die grün-weiße Herbstrübe, die je nach Region auch als Stoppel-, Saat- oder Wasserrübe bekannt ist, und die beste ihrer Art, die Teltower Rübe.

Die Besten

Teltower Rübchen, gedünstet mit Butter, Zucker, und Salz

1. Teltower Rübchen

Die Brandenburger Landschaft wurde vor zehntausend Jahren genial vollendet. Die Gletscher der Eiszeit legten Hand an und formten die unzähligen Hügel, Seen, Flüsse, Sümpfe und Niederungen. Viele Landstriche zwischen der Wasserburg in Rheinsberg und der Elstermühle in Plessa gleichen noch heute riesigen, unberührten Naturschutzparks. Den kleinen versteckten Reizen der brandenburgischen Landschaft hat Fontane mit seinen »Wanderungen« ein literarisches Denkmal gesetzt. »Das Ganze ein Landschaftsbild in großem Stil. Nicht von relativer Schönheit, sondern absolut.«

Kulturgut für den Gaumen

In dieser großen europäischen Kulturlandschaft, die der Dichter vor dem Vergessen gerettet hat, gedeihen nicht nur Schlösser, Kirchen, Herrensitze, Parks und Gärten, sondern auch Gurken, Spargel, Pilze, Weißkohl und Meerrettich. Die berühmtesten unter ihnen sind der Spargel aus Beelitz, die Gurken aus dem Spreewald und die Rüben aus Teltow. Die Rüben gedeihen am besten im kargen Boden der südlich von Berlin gelegenen Gemarkung Teltow. Nur dort bekommen sie dieses köstliche erdige Aroma aus Süße und Schärfe. Wer glaubt, er würde bessere und größere Rüben ernten, wenn er den Boden richtig dünge, wird enttäuscht sein: Das ärmliche Kind liebt nur ärmliche Böden. Die Teltower Bauern säen die Rüben im August auf den Stoppelfeldern aus. Auf jenen Feldern also, auf denen zuvor der Roggen und der Weizen standen. Ab Oktober wird dann geerntet.

Goethes Sehnsucht nach den Rübchen

Goethe soll Rübchen auf seiner Reise nach Berlin auf dem Gendarmenmarkt entdeckt haben. Es war jene Reise, auf der er die Berliner besser kennengelernt hat, als ihm lieb gewesen sein mag. Um sich hier durchzusetzen, schreibt er, müsste man Haare auf den Zähnen haben. Von da ab ließ er sich das weißgraue, zweifingerlange Gemüse regelmäßig per Postkutsche schicken. Als Dank für eine Sendung schrieb er die Worte »und wieder behaupten sie ihre alten Tugenden«.

Teltow in Brandenburg

Ab Mitte des 18. Jahrhunderts wurde das Rübchen aus Teltow, das den lateinischen Namen *brassica rapa sativa mima teltowiensis* trägt, immer mehr von der Kartoffel ausgebootet. Die Pflege und Ernte der kleinen Rüben waren zu aufwendig. Die Kartoffel dagegen war das ideale Massenprodukt. Es dauerte 250 Jahre, bis das Rübchen wieder zu Ehren kam.

TIPP Teltower Rübchen à la Goethe

Die Rüben waschen, schälen und in Würfel schneiden. Butter in einer Pfanne schmelzen, darin die Rüben mit Zucker oder Honig karamellisieren. Mehl darüberstäuben, leicht salzen, Sahne dazugeben. Köcheln, bis die Rüben von einem feinen, süßen Glanz überzogen sind.

TOMATE

Ochsenherzen und Berner Rosen

Es gibt etwa **2500 verschiedene Tomatensorten.**

Eva verführte Adam bekanntlich mit einem Apfel, den sie vom Baum der Erkenntnis pflückte. Statt des Apfels hätte es auch eine Tomate sein können. Nicht umsonst heißt diese Frucht in Österreich Paradeiser und in Frankreich *pomme d'amour*, Liebesapfel. Sie entstammt der Familie der Nachtschattengewächse, womit sie mit der giftigen Tollkirsche verwandt ist. Ihre Heimat ist Peru und Ecuador, wo Azteken und Inkas sie kultivierten. Ihr dortiger Name lautete *xiomatl*. Kolumbus hat sie nach Europa gebracht, wo ihr das gleiche Schicksal zuteilwurde wie der Kartoffel: essen mochte sie keiner, aber als Heilmittel war sie geschätzt, und zur Zierde dienten ihre Blüten.

Das Lieblingsgemüse der Deutschen

Zwei Jahrhunderte dauerte ihr langer Weg in die Küchen Europas. Die Italiener waren die Ersten, die ihre Saucen, Suppen, Salate und ihre Nudeln mit der Tomate verfeinerten. Ende des 18. Jahrhunderts bezeichnete die »Encyclopaedia Britannica« etwas vorlaut »den Einsatz von Tomaten in der Küche als alltäglich«.

In deutschen Landen dauerte es jedenfalls ein bisschen länger, bis die Tomate alltäglich wurde. In »Meyers Konversationslexikon« aus dem Jahre 1888 finden wir unter Tomate »siehe Lycopersicum«. Der dortige Eintrag endet mit dem Satz: »Den Namen Liebesapfel verdankt die Frucht dem Glauben, dass sie zärtliche Gefühle erwecke.«

Inzwischen ist die Tomate zum Lieblingsgemüse der Deutschen geworden. Über 17 Kilogramm werden pro Kopf und Jahr verbraucht. (Glaubt man dem Lexikon, müsste das einen wahren Liebesrausch auslösen). Es gibt, und das ist eine bemerkenswerte Zahl, etwa 2500 verschiedene Sorten. Nur wenige davon werden in unseren Läden und Märkten angeboten.

Tomaten, die nach Tomaten schmecken

Für alle Sorten gilt: Freilandtomaten schmecken besser als Treibhaustomaten, zu der die berüchtigte Hollandtomate gehört, die wässrig ist und nach nichts schmeckt. Sie gedeiht unter Acrylglas, braucht keine Erde, sondern nur Steinwolle oder Kokosmatten. Sie wird vom Computer mit Wasser und Nährstoffen versorgt, und gegen Pilzbefall werden ganze Wolken an Chemikalien verspritzt. Man wundert sich, dass die in den Glashäusern ausgesetzten Hummeln überhaupt noch Lust verspüren, ihren Dienst zu tun, nämlich die Blüten zu bestäuben.

Langsam merken das auch die Konsumenten. Die Nachfrage nach Treibhaustomaten geht in ganz Europa stetig zurück. Man besinnt sich auf die guten, längst vergessenen Sorten, die auf freiem Feld gedeihen und nicht auf »produktiv« gezüchtet wurden. Gourmet-Tomaten wie Marzano, Cuore di bue, Berner Rose oder Corbarino stehen vor einem bemerkenswerten Comeback. Die großen Märkte wie »Rungis« in Paris oder »Borough Market« in London können häufig die tägliche Nachfrage nicht befriedigen. Denn noch widmen sich nur wenige, kleine Produzenten der »alten Sorten«, die so herrlich natürlich nach Tomate schmecken.

Treibhaustomaten werden immer weniger nachgefragt.

Gesunder Genuss für Leib und Seele

Die Tomate besteht zu 95 Prozent aus Wasser. Die restlichen fünf Prozent setzen sich aus Inhaltsstoffen zusammen, die unserer Gesundheit dienen. Neben den üblichen Vitaminen und Mineralstoffen, die in jedem Gemüse zu finden sind, zählen dazu die sogenannten Carotinoide. Diese natürlichen Farbstoffe sind bewährte Radikalfänger. Sie beugen Krankheiten wie Rheuma, Alzheimer, Parkinson oder Grauem Star vor. In Öko-Tomaten ist der Anteil dieser Carotinoide übrigens doppelt so hoch. Das belegen Untersuchungen der University of California. Der Genuss von Tomaten stabilisiert darüber hinaus unsere Zellwände. Der Zusammenhang zwischen Krebs und Tomatenkonsum ist augenfällig geworden durch die Reihenuntersuchung von 470 000 Männern. Bei vier bis sieben Tomaten-Mahlzeiten pro Woche sank die Zahl der Prostatakrebs-Fälle um 20 Prozent, bei zehn Mahlzeiten pro Woche sogar um 45 Prozent.

Die Besten

Die Marzano-Tomate besitzt ein **fruchtiges und intensives Aroma.**

1. Marzano-Tomate

Die Marzano dürfte es eigentlich gar nicht mehr geben. Ein Virus war vor vielen Jahren über die Bestände an den Hängen des Vesuvs hergefallen und hatte sie innerhalb kurzer Zeit vernichtet. Doch in der Provinzregierung von Neapel saß ein Beamter, dem man einen Kranz blühender Tomaten aufs Haupt setzen sollte, hatte er doch einen Teil des Saatguts unter dem Begriff »Kulturerbe« rechtzeitig zur Seite gebracht: Die konservierten Gen-Reserven ermöglichten den erneuten Anbau der Marzano. Eine solche Tat ist eigentlich mehr wert, als irgendeine Schlacht zu gewinnen.

Rotes Gold – direkt vom Bauern

Die Marzano ist die Tomate schlechthin. »Der Geschmack dieser Frucht«, schwärmen die Neapolitaner, »ist ebenso überwältigend wie der Geruch der Felder, auf denen sie wächst.« Der vulkanische Boden und der über Kampanien wehende Seewind haben das unverwechselbare würzig-süße Aroma erzeugt. Top-Restaurants und Feinkost-Läden bestellen ihr *oro rosso*, ihr rotes Gold, direkt beim Bauern. Von Hand gepflückt, von Hand verpackt, geht es noch am Erntetag – oft per Eilkurier – zu den Kunden.

Der Normalverbraucher wird die Marzano nur in Feinkost-Läden finden, wenn überhaupt, oder er müsste sich aufmachen zu einer Reise ins Land, wo die Tomaten blühen. Gottlob mundet die Marzano auch in der Dose: Sie ist nicht umsonst *die* Tomate für ein *sugo*, eine Tomatensauce.

Alles, was über die wunderbare Frucht zu sagen ist, hat der Schriftsteller und Philosoph Luciano de Crescenzo, seines Zeichens Neapolitaner, in einem Satz zusammengefasst: »Für die Küche war die Tomate in etwa so wichtig wie die Französische Revolution für die Entwicklung unserer Gesellschaft.«

TIPP Weitere Gourmet-Tomaten

Corbarino ♦

Wer an den Tomatengärten des Vesuvs entlanggeht, wird feststellen, dass hier nicht nur die Marzano wächst, sondern noch eine andere Sorte. Es sind ovale, kleine bis mittelgroße Früchte, früh und reich tragend. Sie heißt Corbarino. Mit hoher Konzentration an Geschmacksstoffen galt sie lange Zeit als die schmackhafteste europäische Tomate.

Marianna's Peace ♦

In den USA genießt Marianna's Peace einen ausgezeichneten Ruf. Sie gilt dort als die köstlichste Tomate der Welt. Pinkfarben, gekerbt, manchmal platt und manchmal herzförmig, wird sie hochpreisig gehandelt: Sechs Samen für 24 Dollar! Sie ist fein, wohlschmeckend, fleischig und saftig.

Cuore di bue ♦

Das »Ochsenherz« wird hauptsächlich in Ligurien angebaut. Die Tomate ist bis zu 1,5 Kilogramm schwer, vielfach gerippt und von Gestalt etwas unförmig. Das dunkelrote und sehr feste Fruchtfleisch besitzt wenig Saft und fast keine Kerne. Wegen der kurzen Haltbarkeit und der Empfindlichkeit findet man die Cuore di bue nur selten im deutschen Handel.

Das unförmige **»Ochsenherz«**

♦ **Berner Rose**
Die rosarote Frucht, die bis zu 400 Gramm schwer werden kann, zählt weltweit zu den besten Sorten. Sie besitzt eine sehr dünne Schale, aber ein festes Fruchtfleisch, ist sehr saftig und besticht durch ihr kräftiges, sehr süßes Aroma. Der Zuckergehalt ist im Vergleich zu anderen Sorten ungewöhnlich hoch.

Sven Elverfeld, Chef de Cuisine im »Aqua« (Hotel »The Ritz-Carlton«) in Wolfsburg – zwei Michelin-Sterne:

»Mein Favorit unter den Tomaten ist die außergewöhnlich geschmackvolle MágiQo aus Andalusien. Sie wird von Francisco Rodriquez Cabeo in Almeria angebaut. Er produziert Klasse und nicht Masse wie die meisten Tomatenzüchter. Die MágiQo hat eine leichte Süße, eine angenehme Säure und eine besondere Struktur. Eine großartige Frucht! Meine Gäste sind von der MágiQo so begeistert, dass sie sie am liebsten gleich mit nach Hause nehmen würden.

Ich habe für die MágiQo ein eigenes Gericht kreiert: »Atlantik-Rochenflügel mit Pinienkern-Kartoffelschmelze und MágiQo-Tomaten«. Die Tomate wird dabei gegen den Strunk aufgeschnitten, damit die komplette Struktur zu erkennen ist. Die Scheiben kommen auf den angewärmten Teller und werden nur mit Pfeffer, Olivenöl und Fleur de Sel mariniert.«

TRÜFFEL

Die Diamanten der Haute Cuisine

Trüffelsucher und **Spürhund**

Das Trüffelschwein hat ausgedient. Hunde sind jetzt die kongenialen Partner der Trüffelsucher. Im Piemont zum Beispiel wird der Lagotto Romagnolo eingesetzt, ein überaus gutmütiges Tier, dem jeder Jagdeifer fehlt und den man deshalb frei in den Wäldern laufen lassen kann. Hunde sind beweglicher im Gelände, konzentrierter bei der Suche und fressen die Trüffel freundlicherweise nicht auf, sondern liefern sie brav bei Herrchen ab.

Trüffel und Baum – eine Verbindung fürs Leben
Mit seiner feinen Nase stöbert der Lagotto nach den kleinen Knollen, die ebenso selten wie aromatisch sind. Trüffel sind die Früchte eines Pilzes, der bis zu 20 Zentimeter unter der Erde wächst, vornehmlich unter Laubbäumen wie Eichen, Pappeln, Linden oder Weiden. Mit den Wurzeln dieser Bäume geht der Pilz eine Symbiose ein: Er liefert Spurenelemente und erhält dafür Zuckerarten und organische Substanzen.

Der Wirtsbaum beeinflusst übrigens Farbe, Geruch und Geschmack der Trüffel. Beispielsweise haben Trüffel, die unter Eichen wachsen, einen überaus intensiven Duft, während die, die mit Linden »zusammenarbeiten«, heller und aromatischer sind.

Das **weiße Gold** der Piemonteser: die Trüffel von Alba

Weißer Trüffel und schwarzer Trüffel

In den Wäldern Europas und Nordamerikas gibt es über 200 verschiedene Trüffelarten, aber nur wenige von ihnen sind wirklich genießbar. In Frankreich und Italien hat der Staat nur etwa 15 Trüffelarten zum Handel zugelassen, darunter den Wintertrüffel, den Sommertrüffel, den Chinatrüffel, den Bitumentrüffel und den Burgundertrüffel. Kulinarisch bedeutend sind weltweit aber nur zwei: der weiße Trüffel aus dem Piemont und der schwarze Trüffel aus dem Périgord.

Diese beiden Diamanten der Haute Cuisine werden von Jahr zu Jahr seltener und teurer. Vor gut einem Jahrhundert wurden in Italien und Frankreich noch 1000 Tonnen Trüffel ausgegraben, 1940 waren es nur noch 435 Tonnen, und in den vergangenen Jahren kletterte der Ernteertrag nicht einmal mehr über 100 Tonnen.

Analog explodierten die Preise. Für ein Kilogramm des »weißen Goldes« aus dem Piemont wird in den europäischen Feinkost-Läden bis zu 6000 Euro gezahlt, in Asien sogar das Doppelte und mehr. 2006 hat ein Feinschmecker aus Hongkong für 125 000 Euro drei Piemont-Trüffel ersteigert. Die Knollen brachten gerade mal 1,5 Kilogramm auf die Waage.

Die Besten

1. Weiße Piemont-Trüffel

Im Herbst, wenn die Tage kürzer werden und die Nächte kälter, gehen die *trifolao* auf die Jagd. Mit ihren Hunden durchstreifen die Trüffelsucher, vornehmlich im Morgengrauen oder in der Dämmerung, die weiten Wälder der piemontesischen Ebene. Zwischen den Hügeln Turins und der Küste Liguriens wächst der beste und teuerste Trüffel der Welt: der weiße Piemont-Trüffel, auch Alba-Trüffel (tartufo bianco di Alba) genannt.

Der **Alba-Trüffel** wächst zwischen den Hügeln von Turin und der ligurischen Küste.

Der Piemont-Trüffel ist rundlich mit vielen kleinen Einbuchtungen in der Haut und kann die Größe einer Apfelsine erreichen. Die Farbe des Fruchtfleisches hängt vom Wirtsbaum ab: Pappeln und Weiden färben das Fruchtfleisch weiß, Eichen hellbraun, und Linden sorgen für einen leichten rötlichen Schimmer.

Der Piemont-Trüffel reift zwischen September und Anfang Januar. In diesen Monaten entfaltet er sein ganzes, intensives Aroma: Er riecht nach Knoblauch, Schalotten und Weichkäse. Der weiße Trüffel ist sehr hitzeempfindlich. Wird er gegart, verliert er sein Aroma fast völlig. Deshalb sollte er nur roh verzehrt werden – fein gehobelt über Pasta- oder Eiergerichte.

2. Schwarze Périgord-Trüffel

An das »weiße Gold« des Piemont reichen nur die »schwarzen Diamanten« aus dem Périgord heran. Der *truffe du périgord* reift im Tal der Dordogne Mitte November bis

Ende Februar. Am besten riecht und schmeckt er ab Januar. Wird er zu früh geerntet, so ist er kaum sein Geld wert. Sein Fruchtfleisch ist schwarz-violett, die Oberfläche mattschwarz. Der Trüffel ist mit kleinen, sechskantigen Warzen übersät, was ihn wie einen Diamanten aussehen lässt. Sein Duft ist nur schwer zu beschreiben, weil zwei Trüffel nie dasselbe Aroma haben. Boden, Klima und Wirtspflanze schaffen immer wieder eine neue unverwechselbare Mischung.

Die Nachfrage steigt

Die Nachfrage nach Trüffeln ist im Laufe der Jahre so gewachsen, dass die wertvollen Knollen inzwischen auch in großen Hainen gezüchtet und geerntet werden. Allein Frankreich verarbeitet pro Jahr 150 Tonnen Trüffel. Die Hälfte davon stammt aus dem Périgord und aus der Provence, dort wurden am Mont Ventoux riesige Trüffelplantagen angelegt.

Die **schwarzen Juwelen** des Périgords

Die *truffe noir* findet man nicht nur in Frankreich. Auch in Italien, Spanien, Kroatien, Albanien, Ungarn, der Türkei und in Australien werden akzeptable Qualitäten ausgebuddelt. Gourmet-Gaumen – nach eigenen Angaben ja unbestechlich – sind sich allerdings einig, dass nur die schwarzen Trüffel aus dem Périgord und der Provence das beste Aroma besitzen.

TIPP Küche

Trüffel müssen schnell verzehrt werden. Sie verlieren pro Tag fast zehn Prozent an Feuchtigkeit und damit an Geschmack. Nach drei bis vier Tagen sind die kostbaren Knollen nur noch etwas für Fast-Food-Junkies.

Ein Schicksal, das den angeblich teuersten Trüffel der Welt ereilte. Der 850 Gramm schwere Riesentrüffel, der für 40 000 Euro ersteigert wurde, ist im Londoner

Luxus-Restaurant »Zafferano« schlecht geworden. Statt den Gästen serviert zu werden, hat man die Knolle nämlich eine Woche lang zur Schau gestellt. Am Ende war die Attraktion nur noch eine schimmelige Masse.

Diethard Urbansky,
Küchenchef im »Dallmayr« in München –
ein Michelin-Stern:

»Die schwarzen Wintertrüffel aus dem Périgord oder aus dem Vaucluse sind unbestreitbar die besten ihrer Art. Ich liebe ihren Geruch! Sie riechen nach Erde, nach Moor, nach Moschus – gepaart mit einer leichten Süße. Dieses vielschichtige Aroma entwickelt sich allerdings erst, wenn man sie aufgeschnitten hat. Beim Kauf sollte man unbedingt darauf achten, dass ihr Äußeres unbeschädigt und fest ist. Sie müssen schwer in der Hand liegen. Ihr Fruchtfleisch ist schwarz-violett und von feinen weißen Adern durchzogen.

Schwarze Edeltrüffel sind sehr vielseitig einsetzbar. Man kann sie zur Gänseleber reichen, Perlhühner damit füllen oder Saucen mit ihnen verfeinern. Im Vergleich zu anderen Sorten verleihen sie einem Gericht einen komplett eigenen Geschmack. Im Restaurant ›Dallmayr‹ servieren wir confierte Taubenbrust mit Schwarzwurzel, Datteln mit Speck und dazu eine Jus aus schwarzen Winteredeltrüffeln.«

Herta
CHICOLO
Gaucho

KAPITEL 4

WURST, SCHINKEN & SPECK

LARDO

SALAMI AUS ITALIEN

SCHINKEN

LARDO

Treibstoff für harte Arbeiter

Hauchdünn aufgeschnittener **Lardo auf knusprigem Brot**

Was ist Lardo? *Il lardo* ist das italienische Wort für Speck. *Lardoso* heißt speckig. Mit *il lardello* wird der Speckstreifen bezeichnet. Und manche Zeitgenossen schimpft man in Italien auch wenig vornehm mit *la palla di lardo,* was so viel wie Fettsack heißt.

Speck ist nicht gleich Speck

Speck darf in Italien aber nicht mit Speck verwechselt werden. Lardo hat nichts zu tun mit *pancetta* oder *guanciale*! Beide Begriffe bezeichnen eine andere Art von Speck, den sogenannten »durchwachsenen« Speck, der einen mehr oder weniger hohen Anteil an magerem Fleisch aufweist. Dieser Speck stammt in der Regel aus dem Schweinebauch und wird zum Beispiel im Süden Deutschlands Wammerl genannt.

Lardo ist dagegen Speck pur! Weißes, manchmal leicht rosafarbenes Fett ohne einen Hauch von Fleisch! Lardo wird in der italienischen Küche als Antipasto gereicht. Im Aosta-Tal zum Beispiel hauchdünn geschnitten auf knusprigem Schwarzbrot mit einem leichten Honigaufstrich. Dazu trinkt man einen fruchtigen Weißwein oder einen jungen, leichten Rotwein aus der Region.

In den Marmorbrüchen von Colonnata dagegen schaben die Arbeiter mit einem scharfen Messer das Salz von der Oberfläche des Lardo, schneiden dann den Speck in dünne Scheiben, legen ihn auf geröstetes, noch warmes Brot und krönen die Köstlichkeit mit einigen Tomatenstücken. Das Ganze nennt sich heute wie damals *Lardo dei Cavatori*.

Edler Speck für den feinen Gaumen

In der gehobenen italienischen Küche wiederum verfeinert man mit Lardo unter anderem Pasta-Saucen: *Spaghetti alla carbonara* oder *Farfalle al burro e lardo* sind beliebte Rezepte. Viele Suppen wie *Minestrone*, *Cipollata* oder *Minestra di fagiolini* werden mit Lardo veredelt.

Berühmt sind auch *Fagottini di pollo in lardo*. Man füllt Hühnerbrustfilets mit Pilzen, Knoblauch und Petersilie, umwickelt die Fleischtaschen mit zarten Scheiben Lardo, brät sie in Olivenöl an und löscht mit etwas Weißwein ab. Dann fügt man Rosinen und Pinienkerne hinzu und lässt das Werk noch 20 Minuten köcheln. Una poesia!

Auf Salat darf Lardo ebenfalls nicht fehlen. Was halten Sie von *Insalata di Lardo, finocchio, arance, olio alla liquirizia*? Ein altes Rezept aus den Tälern der Apuanischen Alpen. Vor der eigentlichen Zubereitung legten die Colonnatesen eine Lakritzstange in kalt gepresstes Olivenöl ein und ließen das Gemisch an einem dunklen Ort zwei Tage stehen. Dann schnitten sie den Lardo, eine Fenchelknolle und eine Orange in feine Streifen. Das Ganze wurde auf einem Teller angerichtet und mit dem fertigen Lakritzöl und etwas Salz gewürzt.

Die **Stadt Colonnata** an den Füßen der Apuanischen Alpen

Die Besten

1. Lardo di Colonnata

Wie gelangt man ins Paradies des italienischen Specks? Man nimmt, von Norden kommend, die Autobahn, die an der ligurischen Küste Richtung Pisa führt. 15 Kilometer nach La Spezia biegt man nach Carrara ab. Von dort geht es weiter über eine alte Bergstraße in die Alpi Apuane. In diesem Naturschutzgebiet liegt Colonnata, umgeben von uralten Kastanienwäldern, bewacht von den mächtigen Bergen Maggiore, Spallone und Sagro. 300 Seelen leben in dieser Idylle. Vierzehn von ihnen produzieren Lardo di Colonnata, den besten Speck der Welt.

Lardo di Colonnata mit feiner Kruste und würzigen Kräutern.

Eine ungewöhnliche Verbindung: Marmor und Speck

Alten Schriftstücken zufolge ist Colonnata aus einer Sklaven-Siedlung entstanden, die hier vor über 2000 Jahren von den Römern gegründet wurde. Die Leibeigenen mussten in den Marmorbrüchen bis zur Erschöpfung arbeiten. Sie trieben mit Wasser getränkte Holzkeile in die Felsspalten, um die riesigen Blöcke aus dem Berg zu sprengen. Eine mörderische Arbeit, der ungezählte Sklaven zum Opfer fielen.

Ungeachtet dessen ist Carrara weltweit der Inbegriff für Marmor. Der Legende nach sind die Apuanischen Alpen, die sich bis ans Meer erstrecken, als steinerne Tränen vom Himmel gefallen. Die Sterne am Firmament waren so gerührt von dem Liebeskummer eines Hirtenmädchens, dass sie eine ganze Nacht lang weinten. Ihre glühenden Tränen verwandelten sich auf Erden in weißen Marmor.
Die halbe Antike – Skulpturen, Altäre, Tempel, Büsten und Säulen – wurde aus Carrara-Marmor gefertigt. Das Pantheon in Rom oder das Forum des Trajan sind stoische Zeugen dieser tausendjährigen Tradition. Michelangelo höchstselbst verbrachte viele Monate in Carrara, um den *marmo statuario* für seine berühmte Pietà, eines der schönsten Kunstwerke der Peterskirche, oder seinen

David, der in Florenz vor dem Palazzo Vecchio steht, persönlich auszusuchen.

Carrara-Marmor dient bis heute aber auch vermeintlich profaneren Dingen, nämlich der Fertigung von kulinarischen Kunstwerken. In großen Trögen aus Marmor, *conche* genannt, harrt der berühmte Lardo di Colonnata über viele Monate seiner Vollendung. Der Marmor ist dafür bestens geeignet, da er eine feine Körnung besitzt. Diese leicht poröse Struktur lässt den Lardo at-men und fördert so die Umwandlung gesättigter in ungesättigte Fettsäuren.

INFO Einkauf

Guter Lardo sollte mindestens fünf Zentimeter dick sein. Seine Farbe ist entweder weiß oder leicht rosa und seine Struktur fest. Minderwertiger Speck dagegen ist häufig etwas gelblich und schmeckt ranzig. Hauchdünn geschnitten zergeht er förmlich auf der Zunge. Er schmeckt mild salzig, gepaart mit einer leichten Süße. Lardo muss trocken, kühl und luftig lagern.

Das Sattelschwein als Lardo-Lieferant

In den Wintermonaten Januar und Februar wird der Speck der *Cinta Senese*, ein Sattelschwein aus der Toskana, verarbeitet. Der Lardo wird aus dem Schweinerücken herausgetrennt, wobei nur die Fettschicht unterhalb der Schwarte verwendet wird. Die tieferen, weicheren Schichten verarbeitet man zu Schmalz. Das Fett wird in große rechteckige Stücke geschnitten und mit Meersalz eingerieben.

Das **Sattelschwein** mit weißem »Sattel«

Anschließend wird der weiße Speck Schicht für Schicht in den *conches* gelagert. Nach jeder Lage wird gewürzt: mit Pfeffer, Rosmarin, Knoblauch, Salbei, Oregano, Zimt oder Muskatnuss. Jeder Hersteller hat sein eigenes geheimes Rezept.

Warum nun kommt der beste Speck der Welt gerade aus so einem winzigen Nest wie Colonnata? Die Antwort liegt auf der Hand. Der Lardo ist eine Folge der harten, schweißtreibenden Arbeit in den Marmorbrüchen. Er ist pures Fett, also überaus kalorienreich – billiger, aber sehr wirkungsvoller Treibstoff für die *cavatori*!

2. Lardo di Arnad

Wird der Speck aus Colonnata mit der Bezeichnung I.G.P. (Indicazione Geografica Protetta) geschützt, so schmückt sich der Speck aus Arnad mit der Marke DOP (Denominazione d'Origine Protetta). Beide Qualitätswarenzeichen erfüllen den gleichen Zweck: Nur Lebensmittel, deren besondere qualitative Eigenschaften von ihrem Produktionsgebiet abhängen, erhalten diese Auszeichnung.

Das Produktionsgebiet des Lardo di Arnad liegt im Aosta-Tal, wo sowohl Italienisch als auch Französisch gesprochen wird. Das Valle d'Aosta oder Vallée d'Aoste ist eine autonome italienische Region mit Grenzen zur Schweiz und zu Frankreich. Im Westen erhebt sich mit 4809 gewaltigen Metern der höchste Berg der Alpen, der Montblanc. Im Norden zeigt das Matterhorn sein markantes Profil. Es ist zwar nicht ganz so hoch, dafür aber wohl der meistfotografierte Berg der Alpen.

Der **Lardo di Arnad** aus dem Aosta-Tal lagert während der Reife in Doils aus Kastanienholz.

Arnad: ein Synonym für Lardo

Im Süden des Aosta-Tals, an der Grenze zum Piemont, liegt Arnad. Die kleine Kommune wirbt mit einem Anflug von Verzweiflung mit dem Slogan »Arnad – non solo lardo«. Hilft alles nichts! Da Arnad mit Colonnata weltweit für deliziösen Speck steht, gilt zumindest für Gourmets, dass Arnad eben doch »nur Lardo« ist.

Lardo di Arnad unterscheidet sich vom Lardo di Colonnata im Wesentlichen durch seine Lagerung. Reift der Lardo in der Toskana in den *conches*, so wird er im Aosta-Tal seit dem 16. Jahrhundert in sogenannten *doils* geschichtet. Die quaderförmigen *doils* werden aus Kastanienholz gezimmert und geben das Aroma des Holzes im Laufe der Monate an den Speck ab. Deshalb werden zum Lardo di Arnad häufig auch honigglasierte Kastanien serviert. Jedes Jahr im Hochsommer kann man das übrigens vor Ort verkosten, wenn die Einwohner von Arnad mit dem »Festa del Lardo« ihre populärste Einnahmequelle feiern.

TIPP Lardo di Suino Nero

Unbedingt probieren! Das Besondere an diesem Speck ist der Rohstoff. Das Fett liefert das schwarze kalabrische Schwein, ein enger Verwandter des iberischen Schweins, aus dessen Keulen der berühmte Jamón Ibérico de Bellota gemacht wird. Der Lardo di Suino Nero ist vor allem in Kalabrien und auf Sizilien zu finden.

Norbert Niederkofler,
Küchenchef im »St. Hubertus« (Hotel »Rosa Alpina«)
in St. Kassian – zwei Michelin-Sterne:

»Am besten schmeckt der Lardo di Collonnata hauchdünn aufgeschnitten. Dazu ein gutes Bauernbrot und etwas Meersalz, wenn er zu mild ist. Man kann das Brot auch leicht anrösten und ein wenig Olivenöl auf den Teller tröpfeln.

Exzellent sind auch Lardo-Ravioli. Dabei wird der Lardo dünn geschnitten und auf eine Folie gelegt. Darauf kommen dann gehackte, leicht sautierte Steinpilze. Das Ganze wird mit den feinen Scheiben eingeschlagen und unter einem ›Salamander‹ ganz vorsichtig erwärmt – so lange, bis der Lardo transparent wird. Dazu servieren wir im ›St. Hubertus‹ gebratene Scampi.«

SALAMI AUS ITALIEN

In Bel Paese ist die Welt noch eine Scheibe

Die Wiege der Salami steht in **Umbrien.**

Italien nimmt im kulinarischen Universum eine Sonderstellung ein. Einer Sonne gleich beherrscht es dank seiner unwiderstehlichen Gravitationskraft ein ganzes Planetensystem. Unzählige Himmelskörper ziehen seit Jahrhunderten stoisch ihre Bahn um den italienischen Fixstern. Die Namen der Planeten lauten *vino rosso, tartufo, prosciutto, formaggio, pasta, prosecco, gelato* oder *olio d'oliva*. Sie alle stehen für außergewöhnlichen Genuss. Gleichwertiges existiert nur in einem Paralleluniversum namens Frankreich.

Der Himmel hängt voller Wurstsorten

Einer der größeren Planeten, die in ihrem Orbit um Italien gefangen sind, heißt *salumi*. »Fleisch- und Wurstwaren« lautet, wenig inspirierend, sein deutscher Name. Unter diesem Oberbegriff sind neben dem Schinken sämtliche Wurstsorten Italiens versammelt. Und das ist – *lo sa solo dio!* – ein weites Feld.

Über 300 verschiedene Salumi-Variationen soll es einer vorsichtigen Schätzung zufolge in Italien geben. Mit Zampone, Salame, Prosciutto, Bondiola, Sopressa, Mortadella, Bresaola, Coppa, Salsicce, Coppiette, Pancetta, Capocollo oder Lonzino setzt die Branche jedes Jahr über 7,1 Milliarden Euro um. 90 Prozent der gesamten Jahresproduktion bleiben übrigens im Land und werden von den Italienern selbst gegessen.

Vor dieser Fülle an Material kann man nur kapitulieren! Wir werden uns in diesem Kapitel deshalb nur mit der vermeintlich wichtigsten italienischen Wurst beschäftigen, mit der Salami. Allein von ihr soll es zwischen Bozen und Palermo fast 50 verschiedene Sorten geben.

Salami von Ruf – und vom Fließband

Die Mutter aller italienischen Salamis ist die berühmte Salame di Milano. Die Dauerwurst aus dem Norden des Landes ist weit über die Grenzen Italiens bekannt und hat den großartigen Ruf der *salumi* mitgeprägt. In manchen Ländern gilt sie gar als Synonym für eine typisch italienische Delikatesse. Dennoch taucht sie in unserer Bestenliste nicht auf! Warum nicht?

»Industrielle Massenproduktion« lautet die Antwort! Ihre Prominenz ist ihr im Laufe der Jahrzehnte zum Verhängnis geworden. Salame di Milano wird inzwischen in solch ungeheuren Mengen produziert, dass von einer Delikatesse keine Rede mehr sein kann. Es gibt in ganz Italien so gut wie keinen *macellaio* mehr, der Mailänder Salami handwerklich herstellt. Sie wird fast nur noch am Fließband in riesigen Wurstfabriken gefertigt. Kein Ort, an dem man Gourmets vermutet.

Aus der berühmten **Mailänder Salami** ist ein Massenprodukt geworden.

Die Besten

1. Salame Felino

In der Strada al Castello 1 in Felino, einem kleinen Vorort von Parma, erfährt der geneigte Besucher für fünf Euro Eintritt alles über die beste Salami Italiens: Geschichte, Kochrezepte, Produktionstechnik, Marketing und die Kunst des Schweineschlachtens stehen auf dem Programm des »Museo del Salame di Felino«.

Die Felino hat einen **milden, süßlichen Geschmack.**

Nach der Theorie folgt die Praxis im Museums-Shop oder in einer der vielen Metzgereien von Felino. Man schmeckt sofort die für eine Salami ungewöhnliche Süße, gepaart mit einer sanften Würze. Das Resultat aus drei Viertel magerem Schweinefleisch und einem Viertel Rückenspeck, wenig Salz, schwarzem Pfeffer, etwas Knoblauch und einem winzigen Schuss Wein.

Nach der Füllung in den Schweinedarm reift die Salame Felino mindestens drei Monate, wobei sie etwa ein Viertel ihres Gewichts verliert. In dieser Zeit bildet sie bei konstanten Temperaturen und nicht zu hoher Luftfeuchtigkeit ihr typisches Aroma aus.

Die Salame Felino wiegt im Schnitt etwa 500 Gramm. Sie besitzt für eine Salami einen erstaunlich geringen Fettgehalt, nur knapp 30 Prozent, und mit 2,8 Prozent einen ebenfalls ungewöhnlich niedrigen Salzgehalt. Diese Konstellation verleiht der Felino ihre so typische Süße.

Die Norcineria ist ein **Himmelreich für Wurstliebhaber.**

INFO Norcineria

Die Wiege der *salumi* steht im »grünen Herzen Italiens«, in Umbrien. Dort thront zu Füßen der Sibillinischen Berge Norcia – weltberühmt für die Verarbeitung von Schweinefleisch. Die Metzgermeister der kleinen mittelalterlichen Stadt sind die Zeremonienmeister der italienischen Wurstproduktion.

Ihr Ruf ist so legendär, dass in ganz Mittelitalien Metzgereien, die auf Würste spezialisiert sind, *norcineria* genannt werden. Eine der bekanntesten ist die »Antica Norcineria Viola« an der Piazza Campo de' Fiori in Rom. Seit 1890 wird in dieser historischen Metzgerei eine schier endlose Auswahl von Würsten angeboten.

2. Salame Gentile

Was der einen Salami ihr Museum, ist der anderen ihr Fest. In Ivaccari, zehn Kilometer südlich von Piacenza, feiern die Einwohner jeden August drei Tage lang die Salame Gentile mit Musik, viel Tanz und noch mehr Wein.

Die freundliche Salami

Die »Festa del Salame gentile« würdigt eine Dauerwurst, die, wie der Name bereits andeutet, besonders zart ist und eben »freundlich« schmeckt. In früheren Zeiten galt sie gar als kostbares Geschenk, mit der die Bauern ihrer Lehnsherrin, der Marquise Pallavicino, huldigten.

Die Salame Gentile besteht aus dem mageren Fleisch der Schweineschulter und den Resten der Keule, die bei der Schinkenproduktion übrig geblieben sind. Auch hier wird wie bei der Salame Felino Salz, Pfeffer, Zucker, Knoblauch und etwas Wein aus dem Chianti beigemengt.

Den Unterschied macht der Schweinedarm aus, in den die Wurstmasse gefüllt wird. Er soll, so versichern die Produzenten der Salame Gentile, deutlich dicker sein als bei anderen Würsten und von ausgesuchter Qualität. Diese Darmhaut hält die Wurst länger weich und ermöglicht so eine gründlichere Reifung.

3. Finocchiona di Cinta Senese Brada von Falorni

Geben Sie sich niemals mit dem Mittelmaß zufrieden! Das ist die Maxime dieses Buches. Und das ist auch das Erfolgsrezept der »Antica Macelleria Falorni« in Greve. Seit acht Generationen werden in der berühmtesten Metzgerei der Toskana *salumi* der Extraklasse produziert. Die Gebrüder Falorni verarbeiten an der Piazza Giacomo Matteotti nur Fleisch allerbester Qualität. Dazu gehören in Mittelitalien die Rinder aus dem Val di Chianina, die Wildschweine aus dem Chianti und die Schweine Cinta Senese.

Das Fleisch dieser antiken Rasse besteht nicht, wie sonst üblich, aus einem mageren und einem fetten Teil, sondern die Fettadern verteilen sich – ähnlich wie bei den Wagyu-Rindern – gleichmäßig im Muskelfleisch. Aus dem Cinta Senese, das hauptsächlich in der Provinz Siena gezüchtet wird, werden viele toskanische Spezialitäten hergestellt. Darunter der Lardo di Colonnata und die Finocchiona.

Die Fenchelsalami

Diese Wurst, die man getrost zu den Salamis zählen kann, wurde nach dem Samen der Fenchelpflanze (*Finocchio*) benannt. Fenchel, der in seinem Geschmack an Anis erinnert, ist neben dem Bauchfleisch der Cinta Senese Hauptbestandteil der Finocchiona. Beigemengt werden darüber hinaus Pfeffer, Salz, Knoblauch und natürlich Rotwein aus der Toskana.

Auch in der **»Antica Macelleria Falorni«** finden Wurstliebhaber ihr Glück.

Nach der Reifung, die je nach Größe der Salami bis zu sechs Monate dauert, kann die Fenchelsalami aufgeschnitten werden. Sie wirkt etwas körnig, ist von rosaroter Farbe und köstlichem mildem Geschmack. Zur Finocchiona empfehlen die Gebrüder Falorni aus Greve frisches *pane sciocco*, ungesalzenes toskanisches Brot, und einen Weißwein oder auch einen leichten Roten aus der Region.

4. Salame d'oca di Mortara

Eine Salami, hergestellt aus dem Fleisch des Schweins und der Gans. Schmeckt das? Fragen Sie die Menschen in der Lomellina, einem flachen Landstrich südwestlich von Mailand. Eingerahmt von den Flüssen Po, Ticino und Sesia liegt hier das Zentrum der italienischen Gänsezucht, und hier entstand vor vielen Hundert Jahren auch die Salame d'oca.

Die Salami mit Gänsefleisch

Die Salami setzt sich aus einem Teil Gänsefleisch und zwei Teilen Schweinefleisch (fett und mager) zusammen. Das Fleisch liefern übrigens die gleichen Schweine, aus deren Keulen auch die Schinken Parma und San Daniele gemacht werden. Beigemischt wird Meersalz und Pfeffer. Mehr nicht! Das Ganze wird in eine Wursthülle gepresst, die aus Gänsehaut besteht und in ihrer Form an den Hals der Gans erinnert.

Die Salame d'oca di Mortara ist eine Delikatesse, die viele Nachahmer angelockt hat. Achten Sie also beim Kauf auf die drei Buchstaben I.G.P. Sie stehen für »Indicazione Geografica Protetta« und garantieren, dass die Salami auch wirklich im lombardischen Mortara produziert wurde. Die Schutzbezeichnung I.G.P. wird nach sorgfältiger Prüfung von der Europäischen Union verliehen. Nur sechs italienische Schinken- bzw. Wurstspezialitäten haben sie bisher erhalten.

5. Ventricina del Vastese

Zwischen Adria und Apennin ist die Welt noch eine Scheibe. Dünn wie ein Pfefferkorn, besteht sie neben Schweinefleisch aus süßem Chilipulver und wildem Fenchel. Eine Scheibe der Ventricina del Vastese auf geröstetem Brot ist für die Menschen in den südlichen Abruzzen eine Offenbarung, ein Geschenk »ihrer« Landschaft.

Die Abruzzen liegen 50 Kilometer nördlich des italienischen Stiefelsporns. Sie reichen von den langen Sandstränden der Adria bis zu den schroffen Felsspitzen des fast 3000 Meter hohen Corno Grande, an dessen Nordseite der Calderone, der südlichste Gletscher Europas, liegt. Die Landschaft ist von verwirrender Vielfalt und von atemberaubender Schönheit. Ein Stück wildes, unberührtes Italien.

Blick auf die **Burg von Vasto**

Auch für den Gourmet ist diese Region von einem lustvollen Reichtum. Die abruzzische Kunst, mit dem Kochlöffel umzugehen, genießt in Italien einen ausgezeichneten Ruf. Legendär sind die Pasta *Maccheroni alla chitarra*, die Fischsuppe *Brodetto alla pescarese*, die *Nevole*, runde Waffeln mit Most verfeinert, der etwas ungeschliffene *Montepulciano d'Abruzzo*, das fruchtige Olivenöl »Gentile di Chieti« und der Safran aus L' Aquila, einer der besten der Welt.

Die traditionelle Salami

Nicht zu vergessen: die Salami Ventricina del Vastese. Spricht man über edle Wurstsorten, dann darf sie nicht fehlen. Produktionsort ist vornehmlich das Hinterland der kleinen Adriastadt Vasto. Dort schneiden die Metzger das Schweinefleisch, das zuvor von überflüssigem Fett befreit wurde, in große Würfel. Sie benutzen dafür traditionell nur ihr Messer – so wie es ihre Vorfahren taten. Die Fleischwürfel werden dann mit Salz, Pfeffer, Fenchel und, wie bereits erwähnt, mit Chilipulver, das man auch *corno di capra*, Ziegenhorn, nennt, gewürzt. Das Fleisch wird schließlich im Bauch, manchmal auch in der Blase des Schweins, verwurstet. Dadurch erhält die Ventricina del Vastese ihre charakteristisch länglich-runde Form.

TIPP Weitere Gourmet-Salamis

- **Salame al Tartufo**
  Nicht nur für Trüffelliebhaber ein Muss! Sie besteht aus magerem Schweinefleisch, gewürzt mit schwarzen oder weißen Trüffeln. Damit der Trüffelgeschmack erhalten bleibt, reift diese Salami relativ kurz. Die Trüffelwurst wird im Piemont (Salame al Tartufo Chiapella) oder auch in der Toskana (Salame al Tartufo di San Miniato) angeboten.

- **Salame al Cinghiale**
  Ein typisches Produkt der Toskana. Fleischlieferant sind vorwiegend die Wildschweine aus dem Chianti. Eingemengt werden aber auch das Fleisch und das Fett domestizierter Schweine wie der Rasse Cinta Senese. Salame al Cinghiale ist unter anderem eine Spezialität der »Antica Macelleria Falorni« in Greve.

Michael Käfer,
»Feinkost Käfer« in München:

»Die Salame Felino zählt sicherlich zu den besten Salamis in Italien. Ich schätze sie wegen ihres Duftes und ihrer besonderen Süße. Sie stammt ursprünglich aus Felino, wird heute aber auch in anderen Orten der Provinz Emilia-Romagna hergestellt.

Sie darf entsprechend der Qualitätskriterien des Konsortiums nur aus bestem Schweinefleisch und Rückenspeck produziert werden. Von einem Tier sind höchstens fünf Kilogramm Fleisch gut genug.

Ihre Qualität beruht darüber hinaus auch auf dem geringen Salzgehalt von etwa 2,8 Prozent und auf der langen Trocknung von mindestens 100 Tagen. Dazu ist das Klima, das am Fuß des Apennins herrscht, ideal. Schon eine geringfügig höhere Luftfeuchtigkeit würde einen höheren Salzgehalt nötig machen. Und damit ginge die wunderbare Süße für immer verloren.

Das spezifische Klima lässt im Übrigen auf der Salame Felino eine besondere Mikroflora wachsen, die zur Bildung organischer Verbindungen führt. Diese natürliche Flora trägt zu dem Aroma der Salami bei. Sie verleiht ihr sozusagen den Kick, der sie zu etwas Besonderem macht.

Wichtig ist bei der Salame Felino natürlich auch die Wahl des Herstellers. Nur wenn bei der Produktion alle Regeln akribisch eingehalten werden, lässt sich auch beste Qualität garantieren. Vorsicht also vor ungewöhnlich billigen Exemplaren der Salame Felino! Sie wird leider, wie alle großartigen Produkte, sehr häufig gefälscht.«

SCHINKEN

Salz, Luft und viel Zeit

Iberische Schweine
zwischen Eichenbäumen

Schinken ist nicht gleich Schinken. Zwischen einem in Folie geschweißten Industrie-Schinken aus dem Supermarkt und einem Jamón Ibérico de Bellota aus den Eichenwäldern der Extremadura liegen so viele Welten, wie der iberische Himmel Sterne hat.

Der Supermarkt-Schinken ist das traurige Produkt einer Welt, die sich immer weniger Zeit nimmt, etwas Außergewöhnliches zu schaffen. Ein Stück Schweinekeule in Scheiben geschnitten. Mit einem Fettgehalt von durchschnittlich 22 Prozent. Vollgepumpt mit Nitraten. Zwischen Schlachtung und Verkauf vergehen nicht selten nur einige wenige Wochen.

Ein Jamón Ibérico, ein Culatello di Zibello oder ein San Daniele sind dagegen einzigartige Kompositionen aus Fleisch, Salz, Luft und viel Zeit.

Die Besten

1. Jamón Ibérico de Bellota Gran Reserva

Der Jamón Ibérico de Bellota ist weltweit das Beste, was man aus der hinteren Keule eines Schweins zaubern kann. Seine purpurrote Farbe, seine atemberaubende Zartheit und sein saftiges, nussiges Aroma lassen wahre Genießer in die Knie gehen. Fast jedes Spitzenrestaurant in Paris, London oder Berlin führt den Jamón Ibérico de Bellota auf seiner Karte.

Das Schwein mit dem schwarzen Huf

Bevor man eine Scheibe dieses exquisiten Schinkens genießen kann, vergeht viel Zeit. Der Jamón Ibérico de Bellota stammt vom Hinterschinken des iberischen Schweins. Haut und Hufe des *cerdo de razza ibérica* sind dunkel, fast schwarz. Dank dieser Eigenart trägt der Bellota auch den weltberühmten Beinamen *pata negra*, schwarzer Huf.

Der **Bellota-Schinken** ist auch unter dem Namen pata negra im Handel.

Die Tiere werden in den mediterranen Eichenwäldern der Extremadura, südlich des Flusses Tajo, gezüchtet. In der Endmast leben die Schweine in spanischen Höhenregionen (*montanera*) und ernähren sich ausschließlich von Eicheln (*bellotas*). Diese spezielle Mast, die ständige Bewegung bei der Futtersuche und die Höhenluft verleihen dem Schinken sein unverwechselbares Aroma und sein zartes Fleisch.

Nach der Schlachtung werden die Schinken für mehrere Monate in grobkörniges Meersalz eingelegt. Danach reift der Jamón Ibérico de Bellota drei Jahre lang in luftigen *bodegas* (14 bis 18 Grad) und entwickelt so sein einzigartiges Bouquet. Sein Fleisch strotzt übrigens von ungesättigten Fettsäuren. Die intensive Eichelmast macht das iberische Schwein nämlich zu einem »Olivenbaum auf vier Beinen«.

Der Jamón Ibérico de Bellota ist sehr **reich an gesunden ungesättigten Fettsäuren.**

Der Beste unter den besten *pata negras* ist der Gran Reserva von »Joselito«, einem kleinen Unternehmen in Guijuelo, zwei Autostunden westlich von Madrid. Die Inhaber von »Joselito«, die Brüder Josè und Juan Luis Gómez, gelten unter Kennern als die besten Schinkenmacher Spaniens. Ihre Schinken sind Legende! Die 40 000 Gran Reservas, die jedes Jahr in alle Welt verschickt werden, haben allerdings auch ihren Preis. Ein Acht-Kilogramm-Schinken von »Joselito« kostet etwa 1100 Euro.

Für Feinschmecker eine lohnende Investition! Rafael García Santos, der einflussreichste Restaurant-Kritiker Südeuropas, gab dem Gran Reserva von »Joselito« 9,75 Punkte von möglichen zehn. In seinem Guide »Lo mejor de la gastronomia«, der jedes Jahr in Spanien Auflagenrekorde bricht, schreibt der Kritiker-Papst: »Eine Scheibe des Gran Reserva auf der Zunge ist wie eine Rückkehr ins Paradies.«

Die klassische Birnenform des **Culatello di Zibello**

2. Culatello di Zibello

Die Steigerung von Prosciutto lautet Culatello. Italiens bester Schinken kommt aus einem kleinen, verträumten Ort namens Zibello. 30 Kilometer nördlich von Parma gelegen, schmiegt sich Zibello an eine Flussbiegung des Po. Umgeben von der Emilia-Romagna, die berühmt ist für ihre gute Küche und ihr Savoir-vivre.

Der Culatello wird aus der Keule der fast schwarzen *razza nera toscana* hergestellt, einer Schweinerasse, die vor vielen Jahrhunderten aus Spanien importiert wurde. Die Schweinekeulen werden ausgebeint, abgeschwartet, zur klassischen Birnenform zugeschnitten und in eine Schweinsblase eingeschnürt. Anschließend werden sie sechs Wochen in Meersalz eingelegt. Gewürzt wird der Culatello mit Pfeffer, Knoblauch und etwas Weißwein.

Reifung mit Edelschimmel

Die finale Lagerung in den luftigen Kellern von Zibello dauert mindestens zwölf Monate. Im Gegensatz zum Parmaschinken oder zum San Daniele reift der Culatello in feuchter statt in trockener Luft. Der winterliche Nebel und die sommerliche Schwüle der Po-Ebene machen den Schinken mild und zart. Und der Edelschimmel, der sich während der Reifung auf der Schweinsblase bildet, verleiht ihm sein feines Aroma.

Ein berühmter Liebhaber des Culatello ist übrigens Alfons Schuhbeck. Der Münchner Sterne-Koch hält den Schinken aus Zibello für den besten der Welt. In seinem Restaurant am Platzl in München hat der Culatello di Zibello einen festen Platz auf der Speisekarte.

Für Sterne-Koch Alfons Schuhbeck ist der **Culatello der beste Schinken der Welt.**

3. Prosciutto di San Daniele

Zart, buttrig-mürbe, harmonisch, bergiger Duft, damenhaft mild, fein marmoriert, cremig, komplex – die Attribute, mit denen Feinschmecker den San-Daniele-Schinken beschreiben, erinnern häufig an eine Verkostung edler Weine. Meist aber fehlen die Worte, um diesem weltberühmten Schinken gerecht zu werden.

Der San Daniele reift seit Jahrhunderten in Oberitalien, am Fuß der Alpen. Das Örtchen San Daniele del Friuli liegt auf einer Anhöhe an den Ufern des Tagliamento, nordöstlich von Venedig. Hier produzieren 30 *prosciuttifici* jedes Jahr mehr als zweieinhalb Millionen Schinken und setzen damit 300 Millionen Euro um. Der San Daniele erreicht in Italien einen Marktanteil von 14 Prozent.

Strenge Regeln für den gepressten Schinken

Ein »Consorzio del Prosciutto di San Daniele« wacht mit strengen Regeln über die Produktion des kostbaren Schinkens. Nur Schweine aus Friaul und aus zehn anderen Regionen Nord- und Mittelitaliens, wie Venetien, Lombardei oder Piemont, sind für die Verarbeitung zugelassen. Die Tiere dürfen nicht geschlachtet werden, bevor sie neun Monate alt sind, um eine übertriebene Mast zu verhindern, und ihr Schlachtgewicht sollte nicht unter 160 Kilogramm liegen.

Über die Produktion des **Prosciutto di San Daniele** wacht ein Konsortium.

Das **Brandzeichen** des San-Daniele-Schinkens.

Im Gegensatz zu anderen Schinken wird der San Daniele nach dem Salzen »gepresst«. Die Schweineschenkel werden dabei – von Holzbrettern getrennt – aufeinandergeschichtet. Diese Methode fördert die Entwässerung, reduziert die Salzmenge und verbindet beim Trocknen das Fett mit dem mageren Fleischanteil. Durch die »Pressung« erhält der San Daniele übrigens auch seine charakteristische, etwas geplättete Form.

Getrocknet werden die Schinken in Räumen mit hohen, engen Fenstern, die sowohl nach Norden als auch nach Süden ausgerichtet sind. Diese Konstruktion gewährleistet einen angemessenen Luftaustausch. Hier treffen sich die kühlen Winde der Alpen und die feuchte Luft der nahen Adria. Die Reifezeit ist von der Größe der Schenkel abhängig. Vorgeschrieben sind mindestens zwölf Monate.

4. Prosciutto di Parma

Der Unterschied zwischen einem San Daniele und einem Parmaschinken besteht neben dem Geschmack und der Herstellung vor allem in den Produktionsmengen. Der Schinken aus Parma ist inzwischen – bei allem Respekt vor der Kunst der Schinkenmacher – Massenware geworden! Zehn Millionen Schinken verlassen jährlich die *prosciuttifici* in Parma. Die italienische Hochburg des guten Geschmacks, in der der Himmel voller Schinken, Würste, Käse und Pasta zu hängen scheint, setzt mit ihrem bekanntesten Produkt 1,8 Milliarden Euro um. Jedes Jahr!

Qualitätsgarantie trotz Massenproduktion

Kann man bei solchen Mengen die Qualität noch garantieren? Man kann! Auch wenn der Parmaschinken bei uns nur den 4. Platz belegt.

Die über 5000 Zuchtbetriebe, die nötig sind, um die gewaltigen Mengen »Rohmaterial« für den Parmaschinken zu produzieren, verfüttern neben Mais und Gerste vor allem Molke. Und zwar *die* Molke, die bei der Produktion des weltberühmten Parmesankäses *Parmigiano Reggiano* entstanden ist. Kraftfutter pur!

Der Metzger prüft mit einer Nadel aus Pferdeknochen den **Reifegrad des Schinkens.**

Im Vergleich zu anderen Schinken wird bei der Herstellung relativ wenig Salz verwendet. Der Salzmeister, ein honoriger Berufsstand in der Emilia-Romagna, reibt bzw. massiert das Meersalz mit den Händen ein. So bleibt das Fleisch weich, und das Salz verteilt sich gleichmäßig. Einer der Gründe für das typisch milde Aroma des Parmaschinkens.

Nach der Lufttrocknung (10 bis 12 Monate) schlägt die offizielle Geburtsstunde des Parmaschinkens. Ein unabhängiger Prüfer vom »Istituto Parma Qualità« bestimmt mit einer Nadel aus Pferdeknochen an fünf genau festgelegten Punkten den Reifegrad des Schinkens. Erst wenn der Schinken diese Prüfung bestanden hat, wird ihm das Markenzeichen, die fünfzackige Krone des einstigen Herzogtums Parma, eingebrannt.

TIPP Diät mit Schinken

Gute Nachricht für Übergewichtige! Der Schinken aus Parma kann auch in kalorienarmen Diäten verwendet werden. Nach Entfernen des sichtbaren Fettes haben 100 Gramm Parmaschinken einen geringeren Fettgehalt als die entsprechende Menge Putenbrust!

5. Jambon de Bayonne Ibaiona

Der Name Bayonne ist eigentlich Etikettenschwindel. Die Stadt im äußersten Süden Frankreichs hat mit dem gleichnamigen Schinken nur den Hafen gemeinsam. Von hier wurden die berühmten Schinkenkeulen in alle Welt verschifft. Mehr nicht! Hergestellt wird der Schinken im Schatten der Pyrenäen, im Land der Basken.

Reines Salz und würzige Bergluft

Beim luftgetrockneten rohen Schinken kommt es auf das **Zusammenspiel von Fleisch, Salz, Luft und Zeit** an.

Die Produktion des Jambon de Bayonne unterscheidet sich von seinen italienischen Konkurrenten nur wenig. Er ist ein typischer luftgetrockneter, roher Schinken, ein *jambon cru*. Fleisch, Salz, Luft und Zeit – dieses Quartett spielt auch hier die entscheidende Melodie. Das Fleisch stammt von Schweinen aus den Départements Pyrénées-Atlantiques, Haute-Pyrénées und Gers. Das Salz wird in den Salinen des Bassin de l'Adour gewonnen. Es ist reines, unbearbeitetes Tiefensalz, das tagelang in das Fleisch einmassiert wird. Die Luft ist eine sehr spezielle Mischung. Sie setzt sich zusammen aus der salzigen Meeresbrise des Atlantiks und der würzigen Bergluft der Pyrenäen. Und die Reifezeit des Jambon de Bayonne liegt zwischen neun und zwölf Monaten.

Echten Bayonne-Schinken erkennt man an der **Schutzmarke »Veritable Jambon de Bayonne«.**

Etwa anderthalb Millionen Schinken aus Bayonne werden jedes Jahr in Europa verkauft. Die meisten davon stammen aus industrieller Fertigung. Sie schmecken leider auch so! Kaufen Sie den Bayonne nur von den kleinen baskischen Schinkenherstellern. Sie sind an der Schutzmarke »Veritable Jambon de Bayonne« zu erkennen.

Es geht noch besser

Der Superlativ heißt Ibaiona. Er ist der beste Schinken aus Bayonne! Er wird nur in sehr geringer Stückzahl hergestellt: etwa zweitausend Schinken im Jahr. Sein Fleisch stammt von Schweinen, die in den letzten Monaten ihres Lebens ausschließlich mit Getreide gefüttert wurden. Und er reift in den Trockenkammern deutlich länger, nämlich bis zu 24 Monate.

Norbert Niederkofler,
Küchenchef im »St. Hubertus« (Hotel »Rosa Alpina«)
in St. Kassian – zwei Michelin-Sterne

»Pata negra, Parma, Zibello, San Daniele sind alles großartige Schinken! Keine Frage! Aber der beste der Welt kommt – bei aller Heimatverbundenheit – aus Südtirol! Wir machen im ›St. Hubertus‹ unsere Schinken selbst. Wir kaufen die Schweinekeulen ein und lassen sie von einem Bauern aus der Gegend pökeln, räuchern und reifen. Und dabei lassen wir uns viel Zeit!

Wir salzen die Schinken mindestens drei Wochen lang. In dieser Zeit atmet das Fleisch das Salz langsam, gleichmäßig und vollständig ein. Wichtig dabei ist, das richtige Maß zu finden. Der Salzgehalt darf am Ende nicht zu hoch sein! Geräuchert wird bei maximal 20 Grad über harzarmem Holz, gemischt mit ein wenig Wacholder. Die Rauchentwicklung sollte nicht zu stark sein. Wir wollen einen Schinken, der nur ganz mild nach Rauch schmeckt. Deshalb wird beim Räuchern auch immer frische Bergluft zugeführt.

Schließlich reift der Schinken. Wir lassen ihn bis zu 36 Wochen hängen. Dabei verliert er über 30 Prozent seines Originalgewichts. Das macht ihn fest, kernig, und trotzdem zergeht er auf der Zunge. Ich mag ihn am liebsten, wenn er zwei Drittel rot, ein Drittel weiß ist. Er muss einen ordentlichen Anteil Fett haben, denn im Fett steckt der Geschmack!«

TERRINE DE FROMAGE
LE KILO
TERRINE DE FROMAGE
MIMOLETTE ET GOUDA VIEUX,
PISTACHE ET RAISIN
LE KILO
COEUR
DE CAMEMBERT
AFFINE AU CALVADOS
BLEU DE SASSENAGE
ISERE/VERCORS
LE KILO
Tome
Le kilo :
Fromagerie Sébastien

KAPITEL 5

BUTTER & KÄSE

BUTTER
CAMEMBERT
MANCHEGO
MOZZARELLA

BUTTER

Semper fidelis

Alles in Butter mit der Butter? Nein, mitnichten! Auch hier haben die Lebensmittel-Technokraten das Besondere, das Außergewöhnliche, das Individuelle gnadenlos platt gewalzt.

Waren vor Jahrzehnten die Landwirte mit ihren Milchkühen noch per Du, so kommunizieren sie heute mit ihnen nur noch im agrarwissenschaftlichen Jargon: Laktationsstadium, Wiederkauschläge, Pansen-pH, Totale-Misch-Ration, Maissilage. Das sind die Vokabeln, die die Euter fast platzen lassen. Produzierte eine Milchkuh 1960 noch 2800 Liter pro Jahr, so kommt sie heute auf fast 10 000 Liter. Zahlen, die jeden Unternehmensberater in Ekstase versetzen.

Hochleistungskühe und Milchfabriken

Zeitgleich fiel die »Nutzungsdauer der Milchrasse« dramatisch. Sie verkürzte sich von fünfzehn auf vier Jahre. Mit anderen Worten: Die Hochleistungskühe sterben bereits im Teenie-Alter. Die moderne Landwirtschaft nennt das »Zwangsabgänge, bedingt durch chronische Probleme« wie Euterentzündungen oder Klauengeschwüre.

Dieser betriebswirtschaftliche Wahnsinn setzt sich bei den »Milchverarbeitungsbetrieben« fort. Gab es 1950 noch über 3400 Molkereien in Deutschland, so zählt man heute nur noch knapp 100. Der Konzentrationsprozess gebar monströse Milchfabriken. In diesen Betrieben hat der Buttermacher weitgehend ausgedient. Hier buttert nur noch der EDV-Fachmann. An LCD-Bildschirmen werden Pumpen, Zentrifugen, Vakuumanlagen, Rahmsilos und Reifetanks gesteuert. Jede Abweichung von der Norm wird penibel registriert und umgehend geschmacksneutralisiert. Das Ergebnis ist ein standardisiertes Massenprodukt. Keimfrei und streichfähig. Aber leider auch ohne jeden Charakter.

Die Deutschen verzehren jährlich 540 000 Tonnen davon, das sind 6,5 Kilogramm pro Kopf oder 26 Päckchen.

Die meisten Zeitgenossen zwischen Flensburg und Mittenwald wissen nicht, was sie essen. Sie sind mit diesem industriell gefertigten Einheitsprodukt aufgewachsen. Sie kennen nichts anderes. Sie wissen nichts von Rohmilchbutter oder *beurre salé*. Sie kennen nicht den Unterschied zwischen Frühlingsbutter und Winterbutter. Und sie kennen schon gar nicht die besten Buttersorten der Welt.

Viele kennen **Butter nur als Einheitsprodukt.**

Die Besten

1. Beurre Bordier

Wenn Jean-Yves Bordier seine Butter isst, dann nimmt er ein kleines Stück mit der Spitze eines Messers, legt es auf die Zunge und lässt es langsam schmelzen. Und dann entfalten sich Aromen wie Frühlingsblumen, warme Sonne, Seeluft und leicht geröstete Haselnüsse.

Butter ist im Norden Frankreichs so wichtig wie das Olivenöl im Süden der Grande Nation. Für einen Bretonen oder Normannen ist Butter kein bloßer Brotaufstrich, sondern eine Delikatesse. Entsprechend hoch ist der Stellenwert. »Wenn ich mich für ein Gericht entscheiden müsste, das meine Heimat am besten charakterisiert, dann würde ich *beurre salé* über Austern, Muscheln oder Hummer wählen«, so Olivier Roellinger aus dem bretonischen Fischerdorf Cancale. Sein Restaurant »La Maison de Bricourt« erhielt vor zwei Jahren den dritten Stern von »Michelin«.

Für einen Franzosen ist **Butter mehr als ein Brotaufstrich.**

Bordier bleibt sich treu

Roellingers Butter wird in St. Malo gemacht, einer stolzen bretonischen Stadt am Atlantik, die in ihrem Wappen den Wahlspruch »Semper fidelis« trägt. »Sich selbst immer treu bleiben« ist auch das Berufsethos des Buttermachers Jean-Yves Bordier. Wider alle technologischen

Verlockungen produziert er seine Butter so, wie es seine Vorfahren überliefert haben.

Glückliche Kühe und viel Zeit

Die Basis seiner Spitzenbutter ist die beste Milch, die in Frankreich für Geld zu kaufen ist. In der Regel bezieht Bordier sie von den Landwirten im Osten der Bretagne. Deren Kühe, Holsteiner und Normannen, sind für ihre Milch berühmt. Es sind »glückliche« Kühe! Sie stehen das ganze Jahr über auf der Weide und wiederkäuen die saftigen Gräser der weiten bretonischen Wiesen.

Milchkühe an der **Küste der Bretagne**

Ist der Faktor Zeit in den Milchfabriken der Konkurrenz blankes Geld wert, so läuft bei Bordier alles gaaanz langsam. Der Rahm reift in den kleinen Molkereien, mit denen Bordier zusammenarbeitet, länger als 36 Stunden, damit er sein besonderes Aroma ausbilden kann. Bedächtig geht auch das eigentliche Buttern. Gut zweieinhalb Stunden dauert es, bis sich die Fettkügelchen zu Butterkörnchen zusammenballen.

Die Butter der Gourmets

In seiner winzigen *fromagerie* in der Rue de l'Orme in St. Malo wird aus der goldenen Masse schließlich Beurre Bordier. In einem Fass aus Teakholz wird sie mit den bloßen Händen geknetet, langsam und vorsichtig, so wie es ihn sein Vater gelehrt hat. Das Kneten macht die Butter geschmeidig und weich. Während des Knetens wird die Buttermasse mit Meersalz bestreut.

Beurre Bordier hat in der Welt des guten Geschmacks zahlreiche Anhänger. Renommierte Pariser Hotels wie das »George VI.« oder das »Ritz« servieren die Butter aus Malo. Berühmte Restaurants wie das »La Tour d'Argent« oder das »Chez Taillevent« gehören ebenfalls zu den Kunden von Jean-Yves Bordier. Nicht zu vergessen die französischen Sterne-Köche! Neben Olivier Roellinger schwärmen auch Guy Savoy und Alain Passard von der bretonischen Köstlichkeit. Auf den Altären ihrer Drei-Sterne-Tempel »Guy Savoy« und »L'Arpege« stehen immer kleine Schälchen mit Beurre Bordier.

INFO »Alles in Butter!«

Dieses geflügelte Wort hat seinen Ursprung im Mittelalter. Damals wurde Zerbrechliches in Butterfässern transportiert. Man versenkte die kostbaren Gegenstände in flüssige Butter und ließ den Rahm hart werden. Auf diese Weise waren die fragilen Gegenstände, fest von der Buttermasse umschlossen, vor Erschütterungen geschützt. Am Ziel der Reise wurde die Butter wieder verflüssigt und das Transportgut unversehrt entnommen. Und »alles war in Butter«!

2. Beurre d'Echiré AOC

Das Poitou-Charentes ist ein weithin unbekannter Landstrich in der Mitte Frankreichs. Die Region grenzt im Norden an das Loire-Tal mit seinen weltberühmten Schlössern, im Osten an die dichten Wälder des Limousin, im Süden an die einstige römische Provinz Aquitanien und im Westen an die raue Küste des Atlantiks.

Die Beurre d´Echire hat eine **weiche Konsistenz und ein fein nussiges Aroma.**

Das Poitou-Charentes gehört zu den Mauerblümchen der 26 französischen Regionen. Zu übermächtig ist der Glanz der Bretagne, der Normandie, der Bourgogne oder der Provence. In das Poitou-Charentes verlieren sich in der Regel nur wenige Touristen. Einziger Anziehungspunkt ist die Hafenstadt La Rochelle am Golf von Biskaya, im Zweiten Weltkrieg ein wichtiger U-Boot-Stützpunkt der deutschen Kriegsmarine.

Zwei Orte, zwei berühmte Produkte

Der Reichtum der Region besteht aus zwei kleinen Orten, Cognac und Echiré. In der kleinen Gemeinde Cognac im Süden der Region wird der einzige Weinbrand produziert, der weltweit den Namen Cognac tragen darf – neben dem Champagner und dem Bordeaux das berühmteste Getränk Frankreichs. Und genau 80 Kilometer weiter nördlich wird in Echiré seit über einhundert Jahren eine der besten Buttersorten der Welt hergestellt.

Die Beurre d'Echiré ist in den Regalen der *fromageries* leicht zu finden. Sie wird traditionell in kleine Körbchen aus Pappelholz verpackt. Unter Kennern ist sie berühmt für ihre weiche Konsistenz und ihr feines, etwas nussiges Aroma. Am besten schmeckt die Beurre d'Echiré zwischen April und Juni, wenn die Kühe das Frühlingsgras fressen.

Das Futter macht die Butter

Der fruchtbare Boden um die Gemeinde Echiré macht den Unterschied aus. Hier gedeihen die Gräser und Pflanzen, die die Beurre d'Echiré zu einer besonderen Butter machen. Untersuchungen haben ergeben, dass die Rasse der Kühe weder die Qualität noch den Geschmack von Butter beeinflusst. Nur das Futter der Kühe macht ihre Milch, und damit auch die Butter, zu etwas Unverwechselbarem.

Das Weideland um Echiré soll so einzigartig sein, dass Beurre d'Echiré 1979 vom Landwirtschaftsministerium in Paris mit dem prestigereichen Label AOC ausgezeichnet wurde. Damit steht Butter, zumindest in Frankreich, auf der gleichen Qualitätsstufe wie Champagner, Cognac, Calvados oder Wein.

Eine Bäuerin beim **mühsamen Buttern**

INFO Butterherstellung

Damals

Bis weit ins 19. Jahrhundert war die Herstellung von Butter mühsame Handarbeit. Die Bäuerinnen schütteten die Rohmilch in flache Schalen und ließen sie zwei Tage lang stehen. Anschließend schöpften sie den Rahm, der sich an der Oberfläche gebildet hatte, vorsichtig ab. Der Rahm musste reifen, um danach in einem schmalen

Fass »gebuttert« zu werden. Dabei wurde er mit einem Stampfer so lange geschlagen, bis sich kleine Butterkörnchen bildeten. Anschließend wurden die Körnchen zu einer geschmeidigen Masse geknetet, geformt und verpackt.

Heute

Schon im Alten Testament steht: »Wenn man Milch stößt, so macht man Butter daraus.« Daran hat sich bis heute nichts geändert. Nur dass die Technik ein wenig verfeinert wurde.

In einer Zentrifuge aus Edelstahl wird der Rahm von der Molke abgetrennt. Dieser Vorgang dauert wenige Sekunden. Anschließend wird der Rahm nach den gesetzlichen Bestimmungen »pasteurisiert«: Durch kurzzeitiges Erhitzen werden unerwünschte Mikroorganismen vernichtet. Während der Reifung wird der Rahm mit Milchsäurebakterien versetzt, die für eine Aromatisierung sorgen und die Lagerfähigkeit verbessern. Der Rahm wird dann in einem rotierenden Zylinder geschlagen und gestoßen, also »gebuttert«. Zuletzt wird die Buttermasse geknetet, ausgeformt, gewogen und abgepackt.

Das Buttern erledigt heute eine **Maschine**.

3. Beurre d'Isigny Sainte-Mére AOC

Nur französische Produkte auf den ersten drei Plätzen?! Leider gibt es in deutschen Gefilden nur wenige kulinarische Schätze zu heben. Eine Gesellschaft, die die Norm liebt, lässt eben nur wenig Individualität zu. Ein Menschenschlag, der meist den Konsens sucht, unterdrückt das Besondere. Überspitzt formuliert, regiert in Deutschland der pure Sozialismus. Kulinarisch betrachtet!

Die große Gleichmacherei hat zwar vor vielen Jahrzehnten auch Frankreich überrollt. Die kulinarischen Bastionen aber konnte sie nicht stürmen. Der unverwechselbare Charakter einer Region und seiner Erzeugnisse ist den Franzosen heilig. Sie nennen das *terroir*.

Rotwein, Camembert und Baguette mit Beurre d'Isigny

Das Land der Butter

Und das gilt auch für die Butter. Wie wichtig Butter in Frankreich ist, wird in jedem durchschnittlichen Supermarkt deutlich. Bis zu zwei Dutzend Handelsmarken in unzähligen Variationen werden angeboten: *pasteurisé, demi-sel, salé, cru, extra-fin, baratte, concentré, créme crue* und so weiter. Wen wundert es, dass der Durchschnittsfranzose mehr Butter isst als jeder andere Bürger in der Welt? 8,5 Kilogramm im Jahr!

An prominenter Stelle steht in den Regalen der *supermarchés* die Butter aus Isigny-sur-Mer. Der kleine Ort liegt im südlichen Teil der Normandie, der sogenannten Basse-Normandie, genau zwischen der Halbinsel Cotentin und dem Département Calvados, der Heimat von neun Millionen Apfelbäumen.

Die Lage entscheidet

Auch hier ist natürlich *terroir* das entscheidende Kriterium für die unverwechselbare Qualität der Butter. Der Rohstoff für die Beurre d'Isigny darf in 193 Gemeinden gewonnen werden, die vorwiegend an der Seine-Bucht liegen. Die Gräser, Kräuter und Blumen, die hier wachsen, sind das Produkt eines sehr speziellen Mikroklimas. Hier vereinigt sich die Kälte des Ärmelkanals mit der Wärme des Kontinents. Die salzige Seeluft trifft auf die feinen Nebel der Sümpfe von Bessin und Cotentin. Zu den klimatischen Bedingungen gesellen sich geologische Eigenarten wie ein ungewöhnlich ton- und kalkhaltiger Boden.

All das spiegelt sich in der Milch der normannischen Kühe wider, und damit in der Beurre d'Isigny. Dieses *terroir* macht sie einzigartig. Seit über 20 Jahren steht sie deshalb im Rang eines AOC-Produkts und erfreut sich großer Beliebtheit. Über 4000 Tonnen verlassen jährlich die Molkereien. 40 Prozent davon finden ihre Abnehmer im Ausland. Wir empfehlen die *beurre cru demi-sel*, die leicht gesalzene Rohmilchbutter aus Isigny-sur-Mer. Ihr Aroma ist besonders vollmundig, besonders authentisch. Sie riecht und schmeckt nach Kuh, Gras, Sahne, Salz, Kräutern, Nüssen und – ob Sie es glauben oder nicht – nach der kühlen Luft des Atlantiks.

TIPP Odenwälder Butter

Wer die heimische Wirtschaft unterstützen will, sollte »Odenwälder Butter« probieren. Sie stammt aus dem südlichen Odenwald, der sich von Hessen bis nach Bayern und Baden-Württemberg erstreckt.

Produziert wird die Butter von der Molkerei Hüttenthal wie zu Großvaters Zeiten. Auf Zusatzstoffe wie im Labor gezüchtete Milchsäurebakterien wird völlig verzichtet. Die Milch der »Odenwälder Butter« stammt, so versichert die Molkerei, ausschließlich aus landwirtschaftlichen Betrieben der Mittelgebirgsregion.

Sven Elverfeld,
Chef de Cuisine im »Aqua« (Hotel »The Ritz-Carlton«)
in Wolfsburg – zwei Michelin-Sterne:

»Auf den Tischen im ›Aqua‹ steht ausschließlich die ›Le Marin aux cristaux de Sel de Guérande‹. Diese Butter wird im Département Mayenne im Westen Frankreichs hergestellt. Sie wird ganz leicht mit Meersalz verfeinert. Das Salz stammt aus den Salinen der Guérande, einer kleinen Halbinsel im Süden der Bretagne. Die Butter hat einen sehr feinen Schmelz, und die Salzkristalle sind nicht zu körnig. Sie schmeckt wunderbar nach Rahm und ist nicht wässrig wie viele andere Butterprodukte.«

CAMEMBERT

Lait cru oder lait pasteurisé

Ein **gereifter Camembert** aus der Normandie

Brie oder Camembert? »Der Unterschied ist dem deutschen Verbraucher völlig egal«, stellte die EU-Kommission im Oktober 2007 in einer Marktstudie nüchtern fest. Was auf den ersten Blick dem Tatbestand der Beleidigung nahekommt, trifft leider die Realität. Die meisten Deutschen, aber auch Österreicher, Polen, Tschechen und Ungarn, haben in der Tat keinen blassen Schimmer, was einen Brie von einem Camembert unterscheidet.

Obwohl schon das Äußere auf das Trennende hinweist. Der Camembert ist rund und klein, er misst höchstens elf Zentimeter im Durchmesser. Der Brie dagegen ist erheblich größer. Er hat die Form einer flachen Torte und bringt bis zu drei Kilogramm auf die Waage. Auch im Geschmack unterscheiden sie sich! Ein Camembert besitzt eine pilzartige, schweflige und blumige Note, ein Brie dagegen ein feines Nussaroma.

Echt nur mit Siegel

Der Begriff »Camembert« ist nicht geschützt. Ein Käse mit diesem Namen darf auf der ganzen Welt hergestellt werden. Egal wo und leider auch egal wie. Meist wird er aus roher oder pasteurisierter Kuhmilch produziert. So weit sind sich die Käsemacher noch einig. Bei der Wahl des Milchproduzenten scheiden sich allerdings die Geister. Alles ist möglich – von der Kuh über die Ziege bis zum Schaf. Camembert scheint geduldig zu sein.

Wer unverfälschten Genuss erleben will, muss sich an den »echten« Camembert halten. Er reift im Nordwesten Frankreichs, in der Normandie. Vor fast 25 Jahren erhielt er das staatliche Gütezeichen AOC. Er gehört damit zu einem erlauchten Kreis: Nur 43 Käse aus über eintausend verschiedenen Sorten erhalten in Frankreich dieses Zertifikat.

Das Siegel garantiert seine normannische Herkunft, seine traditionelle Herstellung und seine Qualität. Und es gewährleistet, dass der Camembert aus roher Kuhmilch hergestellt und der Käsebruch mit einem Löffel abgeschöpft wird. *Lait cru* bzw. *Moulé à la Louche* prangen dafür wie kleine Orden auf der Verpackung.

Nach alter Sitte zum berühmten Geschmack

Der traditionelle Herstellungsprozess ist zwar prestigeträchtig, kostet jedoch auch Zeit und Geld. Deshalb produzieren in der Normandie nur noch fünf Familienbetriebe nach alter Sitte. Die großen Industriefirmen setzen dagegen auf Effizienz. Sie verwenden ausschließlich pasteurisierte Milch. Das erleichtert den Produktionsprozess, vernichtet aber auch den Großteil der natürlichen Milchflora, die der Träger des berühmten Camembert-Geschmacks ist.

Die **Käsebruch** wird mit einem Löffel abgeschöpft.

Für Puristen ein unverzeihlicher Frevel! Gérard Roger, Präsident des »Komitees zur Verteidigung des echten Camemberts«: »Wenn Sie Milch erhitzen, haben Sie zwar noch immer Käse, aber keinen Camembert mehr.«

Umsatz kontra Tradition

Die letzten großen Produzenten, »Lactalis« und »Isigny Sainte-Mère«, wechselten Anfang 2007 die Fronten. Auch sie werden künftig keine Rohmilch für ihren Camembert mehr verwenden. Man setze, so verkündeten sie, auf eine sanfte Pasteurisierung. Gleichzeitig stellten die Käse-Manager den Antrag, das umsatzträchtige AOC-Siegel weiter führen zu dürfen.

Die großen Produzenten setzen auf **Effizienz und damit auf Pasteurisierung** der Milch.

Bisher haben die Behörden diesem unsittlichen Gesuch nicht stattgegeben. Es ist zu befürchten, dass die Genehmigung eine Frage der Zeit ist. Denn das Geschäft mit dem Camembert ist ein großes Geschäft. Über 110 000 Tonnen gehen jedes Jahr über die Käsetheken.

Die Besten

1. Ferme de la Héronniere

Der beste Camembert der Welt kommt aus Camembert. Woher auch sonst! In dem kleinen Dorf in der Basse-Normandie arbeitet der 46-jährige François Durand, einer der unbeugsamen Rohmilch-Verfechter. Sein Camembert wird aus der erstklassigen *lait cru* der normannischen Kuh gemacht. Sie lebt wie im Paradies. Sie grast auf saftigen Wiesen unter lieblichen Apfelbäumen und genießt die würzige Luft des Atlantiks. Vielleicht ist dieses Leben das Geheimnis ihrer so fettreichen, so reichhaltigen Milch.

Gut Ding will Weile haben

Wenn mehr Molke verbleibt, wird der **Camembert geschmeidiger.**

Viel Zeit, Muße und Leidenschaft sind notwendig, um einen echten AOC herzustellen. Jeden Tag füllt François die geronnene Milch mit einer Schöpfkelle in runde Formen. Jeder dieser perforierten Behälter hat die Größe eines fertig verpackten Camemberts. Alle 45 Minuten werden die Formen mit Käsebruch aufgefüllt, Zentimeter für Zentimeter, Schicht für Schicht. Durch diesen zeitraubenden Aufbau bleibt mehr Molke im Käse, was den Camembert später geschmeidiger macht.

Nach 24 Stunden werden die Käse aus den Formen genommen, gesalzen und mit einem Edelbakterium besprüht: *Penicillium candidum* sorgt für den weißen Schimmel auf der Außenhaut. Anschließend reifen die Camemberts zwei Wochen bei Temperaturen zwischen 10 und 14 Grad und einer Luftfeuchtigkeit von 95 Prozent.

Im Frühsommer schmeckt der Camembert am besten, denn zu dieser Zeit weist die Rohmilch aus der Normandie den höchsten Protein-, Fett- und Milchzuckergehalt auf. Käseliebhaber verschmähen die jungen, schneeweißen Camemberts. Sie schwärmen für die älteren Semester – wenn sie fleckig, runzlig und wellig werden. In diesem Stadium soll der Geschmack des Camemberts unübertroffen sein.

INFO Weitere AOC-Camembert

Camembert Marie Harel AOC ♦

Der Camembert aus Saint Hilaire de Briouze, einem kleinen Ort südlich von Caen, gewann etliche Goldmedaillen auf der Landwirtschaftsmesse in Paris, dem »Concours Géneral Agricole«. Bereits seit 1912 gibt es die Molkerei. Jeden Tag werden hier 1000 Camemberts aus Rohmilch produziert.

Camembert Th. Réaux AOC ♦

Dieser Camembert wird von vielen deutschen Delikatessen-Läden geführt. Die Käserei in Lessay produziert im Jahr drei Millionen Camemberts, fünf Prozent davon werden exportiert. Zu diesem Camembert passt ein fruchtiger Weißwein, wie ein Pinot Gris, ein Sancerre oder ein Entre-deux-Mers. Hat er reifere Zeiten erreicht, konveniert ein kräftiger Pouilly Fumé oder ein Rotwein aus dem Rhône-Tal. Wer es traditionell liebt, greift zu einem Cidre aus der Normandie.

♦ **Camembert St. Loup de Normandie AOC**
Die kleine Käserei im Herzen des Pays d`Auge mit ihren weltberühmten Badeorten Deauville und Trouville verkauft ihren Camembert in einer dekorativen, bunten Spanschachtel. Der Camembert gewann beim »Concours Général Agricole« eine Silbermedaille.

Marcus Porzucek,
Einkaufsmanager »Käse und Molkereiprodukte« im »KaDeWe« in Berlin:

»Wir bieten die Camemberts unterschiedlich reif an. So hat der Kunde eine größere Auswahl. Ich persönlich bevorzuge sehr ausgereifte Camemberts. Sie dürfen schon ein bisschen runzlig sein und ein paar rötlich-graue Flecken haben. In diesem Stadium schmecken sie einfach intensiver und haben ein kräftigeres Aroma.

Wir haben etwa fünf verschiedene AOC-Camemberts im Angebot. Der beste wird von der ›Laterie Saint Hilaire de Briouze‹ in der Normandie hergestellt. Sie haben ihren Camembert nach Marie Harel benannt. Marie Harel gilt als Mutter des Camemberts. Sie war eine normannische Bäuerin, die während der Revolution das Camembert-Rezept von einem untergetauchten Mönch erfahren haben will. Der Camembert ›Marie Harel‹ von Gillot wird aus Rohmilch hergestellt. Er ist von der Textur sehr gleichmäßig und vom Geschmack ausgesprochen aromatisch. Er wurde 2007 auf dem ›Concours Général Agricole‹ in Paris mit der Goldmedaille ausgezeichnet.«

MANCHEGO
Der Käse des Don Quijote de la Mancha

Zu spanischen Tapas darf der **Manchego** nicht fehlen.

»Eine Mahlzeit ohne Käse gleicht einer einäugigen Schönheit«, schreibt der Feinschmecker Jean Anthelme Brillat-Savarin in seinem berühmten Buch »Physiologie des Geschmacks«. Das Werk mit dem Untertitel »Betrachtungen über das höhere Tafelvergnügen« gilt als Meilenstein in der Entwicklung der Kochkunst. Der Franzose prägte wie kein Zweiter die »Lehre von der Pflege des Magens«. Für ihn war ein gutes Essen keine bloße Nahrungsaufnahme, sondern eine unsterbliche Komposition aus den fünf menschlichen Sinnen: Sehen, Hören, Riechen, Schmecken und Fühlen.

Zu seinen Ehren heißen heute viele Speisen »Brillat-Savarin«, darunter auch ein handgeschöpfter Frischkäse, der in der Bourgogne und in der Normandie hergestellt wird. Ein Käse? Nicht ohne Grund! Die Liebe Brillat-Savarins zu erlesenen Käsesorten war legendär. Er kann mit einigem Recht behaupten, alle französischen Käsesorten mindestens einmal probiert zu haben. Das gilt auch für die großen Käse aus dem Ausland wie Limburger, Gorgonzola, Stilton, Parmigiano oder Manchego.

Queso Manchego schmeckt **würzig und leicht säuerlich.**

Große Literatur und ein großer Käse

Der Queso Manchego ist ein elfenbeinfarbener, leicht säuerlicher Hartkäse aus Schafsmilch. Von den 20 spanischen Käsesorten, deren Herkunft mit dem Siegel D.O. geschützt werden, ist er der bekannteste. Seine Heimat ist La Mancha, eine weite Hochebene im Herzen der Iberischen Halbinsel. Die Mauren haben diese unwirtliche Gegend »Al-Mansha« genannt, »Land ohne Wasser«. Es ist die Bühne des weltbekannten Klassikers »Don Quijote«.

»An einem Orte der Mancha, an dessen Namen ich mich nicht erinnern will ...« Mit diesen Worten beginnt Miguel de Cervantes seinen Roman. Er beschreibt nicht nur die Abenteuer des Ritters von der traurigen Gestalt, sondern auch das karge Leben der Bauern, die mit ihren Schafherden durch das dürre Land ziehen. Sie aßen einen Käse, so Cervantes, der »hart war, als wäre er aus Sand und Kalk gemacht«. Der spanische Dichter kann nur einen Manchego gemeint haben. Keinen jungen, sondern einen *anejo*, einen alten, harten, ausgereiften Manchego.

Unverwechselbarer Geschmack nach Heimat

Der Käse des Don Quijote wird aus der Milch der Razza Manchega gewonnen, einer sehr robusten Schafrasse, die sich über Jahrhunderte dem extremen Klima angepasst hat. Problemlos trotzen die Tiere der glühenden Hitze des Sommers und den eisigen Winden des Winters. Auf ihren langen Wanderungen ernähren sich die Schafe vorwiegend von Steppengräsern und Wildkräutern. Diese Nahrung gibt dem Manchego seinen unverwechselbaren

La-Mancha-Geschmack. Alle Versuche, den Manchego außerhalb seiner angestammten Heimat herzustellen, scheiterten bisher kläglich.

Sein typisches Äußeres, ein leichtes Fischgrätenmuster an den Rändern, wird heute von den Käsebauern nachgeahmt. Es stammt ursprünglich von den Käseformen der Schafhirten. Diese waren nicht wie heute üblich aus Metall oder Plastik, sondern aus Esparto-Gras geflochten, einem Süßgras, dessen Blätter sich beim Formen der Käsemasse ganz fein in den Laib abdrückten.

Schafe in der **La Mancha**

Von weich bis hart

Der Manchego wird mit unterschiedlichen Reifegraden angeboten. Man unterscheidet zwischen dem weichen *fresco* (zwei Monate), dem kompakten *semicurado* (bis sechs Monate), dem festen *curado* (bis neun Monate) und dem harten *anejo* (bis sechzehn Monate). Diese Varianten des Manchego dürfen – laut D.O.-Verordnung von 1984 – nur in den spanischen Provinzen Albacete, Ciudad Real, Cuenca und Toledo produziert werden. Erfüllen sie diese Voraussetzung, so tragen sie ein nummeriertes Siegel auf der Verpackung. Darauf ist Don Quijote mit seiner Rosinante abgebildet.

Der Manchego wird heute vorwiegend aus pasteurisierter Milch gewonnen. Nur noch 40 Käsereien fertigen ihn in der La Mancha nach alter Tradition: aus *leche cruda*, aus Rohmilch. Diese Käse tragen den Beinamen *artesano*.

Die Besten

1. Villadiego Queso Manchego Artesano D.O.

Die Quesos Manchegos von der Finca »Villadiego« in Poblete, südwestlich von Ciudad Real, gehören zu den besten Spaniens. Je nach Reifezeit werden sie als *artesano semicurado* oder *artesano curado* angeboten. Die Molkerei kann man jederzeit besichtigen und den Käse verkosten. Vortrefflich ist die Kombination mit Serrano-Schinken und grünen Oliven. Viele Spanier essen den Manchego auch mit Nüssen und Honig.

Der Manchego »Marantona« wird **nach alter Tradition, aber mit modernster Technik** produziert.

2. Marantona Queso Manchego Artesano D.O.

Der kleine Familienbetrieb »La Casota«, 50 Kilometer östlich von Ciudad Real, verkauft seinen Rohmilch-Manchego unter dem Markennamen »Marantona«. Der Käse wird nach alter Tradition, aber mit modernster Technik hergestellt. Der »Marantona« ist ein Longseller auf den diversen Landwirtschaftsmessen. Allein auf der »Gran Seleccion de Alimentos de Castilla-La Mancha« erhielt er zwei Goldmedaillen. Idealer Begleiter für diesen würzigen Hartkäse ist ein D.O.-Rotwein aus der La Mancha oder ein halbtrockener Amontillado-Sherry aus dem Fass.

Für den **Manchego »Valdehierro«** wird ausschließlich pasteurisierte Milch verwendet.

3. Valdehierro Queso Manchego D.O.

Die Marke »Valdehierro« ist hoch dekoriert. Die Käserei »Quesos Cristo del Prado« aus Madridejos in der Provinz Toledo verweist nicht ohne Stolz auf über 35 Auszeichnungen, die sich in den vergangenen vierzehn Jahren angesammelt haben. Das ist der Spitzenwert in der La Mancha! Der »Valdehierro« wird aus pasteurisierter Milch hergestellt. Den Rohstoff liefern die Tiere von handverlesenen Züchtern. Die beste Schafsmilch soll es angeblich zwischen Februar und Mai geben.

4. Montescusa Queso Manchego D.O.

Die Käseprodukte der Firma »Lominchar« aus Coral de Almaguer in der Provinz Toledo stehen ebenfalls mit großer Regelmäßigkeit auf dem Siegertreppchen. Auf dem »Salon International del Club de Gourmets« und auf der »Gran Seleccion de Alimentos de Castilla-La Mancha« wurde der Montescusa als bester Käse in seiner Kategorie ausgezeichnet. Der Hartkäse reift zwischen acht und zehn Monate und wird aus pasteurisierter Milch gewonnen.

MOZZARELLA
Gerupfte Kugeln von glücklichen Büffeln

»Mozzarella in carrozza« ist das kampanische Traditionsgericht.

»Neapel sehen und sterben!« Dieses geflügelte Wort kann sich eigentlich nur auf die bezahlten Killer der Camorra, auf die giftigen Müllberge, den gemeingefährlichen Verkehr oder das verschlossene Wesen der Neapolitaner beziehen. Neapel hat – seien wir ehrlich – wenig zum Weltkulturerbe beizutragen. Selbst die Pizza ist in jedem deutschen Nest besser als am Fuße des Vesuvs.

»Mozzarella in der Kutsche«

»O sole mio« und »Mozzarella in carrozza« sollte man dagegen der Nachwelt erhalten. Letzteres besteht aus zwei Scheiben Kastenbrot mit Mozzarella dazwischen. Das Sandwich wird mit Mehl bestäubt und in einer Lauge aus Ei und Milch so lange gewendet, bis es sich mit der Flüssigkeit vollgesogen hat. Anschließend wird diese kleine, widerliche Köstlichkeit in heißem Öl goldbraun gebacken.

Das kampanische Traditionsgericht heißt, Gott weiß warum, »Mozzarella in der Kutsche«. Wichtig beim Anrichten ist die Verwendung von Mozzarella aus Büffelmilch. Der »echte« Mozzarella bleibt nämlich beim Frittieren zwischen den Brotscheiben kleben. Nimmt man dagegen Mozzarella aus Kuhmilch, schmilzt der Käse und tritt zwischen den Scheiben aus. Das kampanische Sandwich hat dann viel Ähnlichkeit mit einem Kunstwerk von Joseph Beuys.

Kugeln, die Karriere machten

Käse prägt seit jeher die Küche Neapels und Kampaniens. Die Sorten Provolone, Scamorza, Ricotta und Mozzarella sind die tragenden Säulen vieler Rezepte. Vor allem die kleinen weißen Kugeln aus Büffelmilch haben eine bemerkenswerte Karriere hinter sich. Ohne sie gäbe es keine Pizza! Zumindest keine *Margherita*, keine *Napoletana* und keine *Romana*. Unzählige Antipasti würden für immer von der Karte verschwinden. Und *caprese* wäre nur ein Inselbewohner, aber kein Sommergericht in den Nationalfarben Italiens.

Käsehersteller beim **Rupfen des Mozzarella**

Mozzarella ist ein Pasta-Filata-Käse: Bei der Herstellung wird der Büffelmilch zunächst Lab beigemischt, um die Milch zum Gerinnen zu bringen. Lab sind Enzyme, die die Eigenschaft haben, Milch einzudicken, ohne dass sie sauer wird. Der dadurch entstandene Käsebruch wird zerteilt, erhitzt und so lange bearbeitet, bis er zu einem elastischen Teig wird. Von dieser Knetmasse rupfen die Käsemacher dann faustgroße Klumpen ab, die sie in einem kalten Wasserbad zu Kugeln rollen. Dieses Rupfen bzw. Abschneiden heißt auf Italienisch mozzare und gab dem Käse seinen Namen.

Es gibt verschiedene Formen und Arten von Mozzarella. Bocconcini sind kleine Bällchen, die aus Kuhmilch gemacht werden. Der braune, aromatische Provola ist geräucherter Mozzarella aus Büffelmilch. Scamorza ist getrockneter Mozzarella, der paarweise und birnenförmig geschnürt wird. Fior di Latte ist ein Pasta-Filata-Käse aus Kuhmilch, der in Deutschland sehr verbreitet ist und sich eigentlich nicht Mozzarella nennen dürfte. Denn der einzig wahre und echte Mozzarella ist der Mozzarella di Bufala Campana.

Die Besten

1. Mozzarella di Bufala Campana DOP

Der *Bubalus bubalis*, wie der Wasserbüffel auf Lateinisch heißt, ist ein glückliches Tier! Denn der Mensch hat es nicht auf sein Fleisch abgesehen, sondern nur auf seine Milch. Er ist einen Meter achtzig groß, drei Meter lang und wiegt mehr als eine Tonne. Er frisst am Tag 50 Kilogramm Gras, Kräuter und Trockenfutter und revanchiert sich mit acht Litern bester Büffelmilch. Diese Milch ist die Grundlage für den berühmtesten Mozzarella der Welt.

Der Mozzarella di Bufala Campana wird nördlich von Neapel geknetet, an den Ufern des Flusses Volturno. Diese fruchtbare Region ist seit der Antike als *Terra di lavoro*, als Arbeitsland bekannt. Hier werden Obst und Gemüse angebaut, außerdem Weizen, Mais, Hafer, Tabak, Oliven und Wein. Es werden Fische gefangen und Holz geschlagen. Und es wird der Wasserbüffel gezüchtet. Mehrere Hunderttausend Tiere grasen auf dieser flachen, teils sumpfigen Landschaft.

Gesetzlich geschützter Büffelmozzarella

Während Mozzarella an sich auf der ganzen Welt produziert werden darf, ist der Käse aus der Milch der kampanischen Wasserbüffel gesetzlich geschützt. Mitte der 90er-Jahre wurde der Mozzarella di Bufala Campana von der Europäischen Union anerkannt und mit dem DOP-Siegel (Denominazione d'Origine Protetta) ausgezeichnet. Kommt der Käse aus der gegend um Rom, aus dem Latium, so darf er zumindest noch den DOC-Aufdruck (Denominazione d'Origine Controllata) auf dem Plastikbeutel tragen.

Dem **Mozzarella di Bufala Campana** wurde Mitte der 90er-Jahre das DOP-Siegel verliehen.

Im Vergleich zu seinen gummiartigen Kuhmilch-Pendants ist der Büffelmozzarella weicher, charaktervoller und fetter. Er ist außen fest und innen weich wie Quark. Er riecht intensiv nach Milch mit einer leichten nussigen Note. Am besten schmeckt er so, wie man ihn auf der Insel Capri isst: *caprese*. Tomaten, Mozzarella, Basilikum, Olivenöl, schwarzer Pfeffer und Flor de Sel.

Caprese: ein Klassiker in den italienischen Nationalfarben

Arno Steguweit,
Sommelier im »Fischers Fritz« (Hotel »The Regent«) in Berlin – zwei Michelin-Sterne:

»Welcher Wein passt zu Käse? Weißwein! Der tief verwurzelte Glaube, der perfekte Begleiter sei ein Rotwein, ist schlicht falsch. Die Gerbstoffe der Rotweine führen in Kombination mit Käse in der Regel zu einer geschmacklichen Disharmonie. In zwei Dritteln aller Fälle passen Weißweine besser. Bedauerlicherweise sind viele Weinliebhaber äußerst hart im Nehmen und verschließen sich dieser Erkenntnis. Sie malträtieren weiter mit großer Hartnäckigkeit ihre Papillen, anstatt ihnen eine Chance zu geben.

Bei ›Mozzarella Caprese‹ dominieren geschmacklich die Tomaten und das Basilikum. Ich empfehle daher feine, dezente Tropfen. Sie sind angenehm leicht und gefallen auch denen, die eher wenig Wein trinken. Der Klassiker wäre in diesem Fall ein Rosé aus der Provence, zum Beispiel ein ›2007 Château de Selle‹ von der ›Domaines Ott‹. Ein toller Sommerwein, der mit wenig Frucht und feiner Würze beeindruckt.

Meine zweite Wahl fällt für die Freunde des Rotweins auf einen ›2006 Grauvernatsch DOC‹ vom Südtiroler Weingut ›Alois Lageder‹. Ebenfalls ein leichter Wein, der jung getrunken wird und sich mit dezenter Würze dem Basilikum anpasst. Ein unkomplizierter Tropfen, der dank seiner geringen Säure auch gut mit den Tomaten kann.

Die extravagante Lösung bieten unsere Nachbarn aus Österreich. Rotgipfler und Zierfandler sind zwei extrem spannende Weißweine. Diese autochthonen Rebsorten aus der Thermenregion zwischen Wienerwald und Wiener Neustadt haben eine äußerst subtile Ausprägung und sind eher etwas für fortgeschrittene Weinkenner. Sie besitzen sehr feine Fruchtaromen und intensive Mineralik. Ich empfehle den ›2005 Rotgipfler‹ und den ›2004 Zierfandler Mandelhöh‹. Beide werden vom ›Weingut Stadelmann‹ in Traiskirchen gekeltert.«

9.90

KAPITEL 6

OBST

ANANAS
AVOCADO
DATTEL
FEIGE
MANGO
PAPAYA

ANANAS

A pineapple a day keeps the doctor away

Ein Bauer beim Setzen **der Ananasschößlinge**

Nana nennen die Guarani-Indianer am Amazonas die Ananas. *Nana* heißt »köstliche Frucht«. Ihre Vorfahren haben die Ananas vor vielen Tausend Jahren kultiviert und in ganz Mittel- und Südamerika verbreitet. So gelangte sie auch nach Guadeloupe, wo sie Kolumbus auf seiner zweiten Amerika-Reise entdeckte und nach Europa brachte. Fernando von Aragón, König von Spanien, erklärte die Ananas, die er *pina* (Pinienzapfen) nannte, umgehend zur »schmackhaftesten Frucht der Welt«.

Süßer Exportschlager aus den Tropen

Seit diesen Tagen ist die Ananas der Inbegriff der Südfrucht. Exotisch, fruchtig, süß. In jedem Bissen riecht und schmeckt man das Aroma der Tropen. Neben der Banane ist sie die meistimportierte Frucht der Welt, jährlich werden laut der »Food and Agriculture Organization« der UN knapp 17 Millionen Tonnen Ananas produziert. Die Hauptanbaugebiete sind Thailand, Brasilien und die Philippinen. Die Ananas ist eine nichtklimakterische Frucht, eine Frucht also, die nach der Ernte nicht nachreift. In diesem Punkt ist sie sich einig mit der Erdbeere, der Himbeere, der Kirsche, der Kokosnuss, der Wassermelone, dem Granatapfel und der Brombeere, um nur einige zu nennen. Mit anderen Worten: Die Ananas muss reif geerntet werden und ist damit entsprechend empfindlich.

Geballte Ladung an Vitalstoffen

Die Königin der Früchte ist übrigens Medizin pur. »A pineapple a day keeps the doctor away!" müsste es eigentlich heißen, denn die Ananas ist dem Apfel weit überlegen. In ihrem konischen Körper schlummern unter anderem die Vitamine C, B und A, die Mineralstoffe Kalium, Magnesium, Phosphor, Eisen, Kupfer, Mangan, Zink und Jod sowie das Enzym Bromelain, das die Verdauung fördert, den Blutdruck senkt und entzündungshemmend wirkt. All das zu 57 Kalorien pro 100 Gramm. Besser geht's nicht!

Doch Achtung! Diese Inhaltsstoffe bietet nur eine frische Ananasfrucht. Ananassaft oder Ananasstücke in der Dose, in Europa sehr verbreitet, sind nur minderwertige Ausgaben. Durch die Hitzebehandlung werden viele Inhaltsstoffe zerstört, darunter Bromelain und Vitamin C. Außerdem versetzt man die meisten Säfte und Konserven mit Zucker, um die Ananasstücke haltbarer zu machen. Zucker aber macht bekanntlich dick. Gleiches gilt übrigens für getrocknete Ananasringe, auch sie enthalten kein Bromelain und Vitamin C mehr.

Nur **frische Ananas** enthält wertvolle Vitamine und Mineralstoffe.

Die Besten

1. Abacaxi

Kauft man in Brasilien eine Ananas, so kauft man eine *Abacaxi.* Das ist das portugiesische Wort für Ananas. »Abacaxi!«, heißt es übrigens auch, wenn Personen, die man fotografieren will, lächeln sollen. Wir sagen in solchen Fällen »Cheese!«.

Eine Abacaxi kann **bis zu fünf Kilo Gewicht** auf die Waage bringen.

Die Abacaxi – sie wird auch Pernambuco, Eleuthera oder English genannt – kann bis zu fünf Kilogramm wiegen. Sie ist länglich und trägt bläulich grüne Blätter mit einer rot-violetten Knospe. Sie ist überaus wohlriechend, und ihr Aroma ist betörend süß. Das blassgelbe, saftige Fruchtfleisch hat nur einen kleinen harten Kern.

Die Abacaxi ist weit verbreitet in Brasilien, auf den Bahamas und in Florida. In unseren Breitengraden ist sie kaum erhältlich. Die Frucht ist zu zart, um sie unbeschadet über viele Tausend Kilometer zu transportieren.

2. MD2

MD2 ist die firmeninterne Bezeichnung einer Ananas-Kreuzung, die der weltweit größte Ananasproduzent »Del Monte« zusammen mit dem »Hawaiian Pineapple Research Institute« entwickelt hat. MD2 wurde benannt nach Mrs. Dillard, der Gattin des Vizepräsidenten von »Del Monte Hawaii«, und wird heute vertrieben unter dem Namen »Del Monte Gold Extra Sweet«.

Die MD2 kann bis zu zweieinhalb Kilogramm schwer werden. Sie hat eine zylindrische Form und eine unverwechselbare goldgelbe Farbe. Ihr helles Fruchtfleisch ist fest, süß, faserig und weist einen besonders hohen Vitamin-C-Gehalt auf. Die Markteinführung von MD2 im Jahr 1996 löste die bis dahin dominierende Ananassorte »Smooth Cayenne« ab. Heute werden von der »Del Monte Extra Gold« weltweit mehr als 125 Millionen Stück jährlich verkauft.

3. Queen

Die Queen, eine verhältnismäßig kleine Ananas mit konischer Form, wird maximal nur ein Kilogramm schwer. Ihr tiefgelbes Fruchtfleisch hat ein exzellentes Aroma. Es ist weniger saftig, dafür aber ausgesprochen süß.

Die »Queen« findet man **im Handel oft als »Babyananas«.**

Die Queen ist die führende Sorte in Südafrika, in Australien, auf Mauritius und auf den Philippinen. Sie ist überaus widerstandsfähig gegen Kälte und Pflanzenschädlinge und hervorragend geeignet für eine lange Lagerung. Sehr häufig wird sie auch als »Babyananas« angeboten.

AVOCADO

Die Butterbirne des Briefträgers

Die Avocado ist ein **leicht verdaulicher Energiespender.**

Eine Avocado ist eine Avocado ist eine Avocado. Man könnte das noch einige Male fortsetzen und wäre dennoch nicht am Ende, so vielfältig ist das Mitglied der Familie der Lorbeergewächse.

Eine Frucht für Gesundheit und Schönheit

Der Geschmack der Avocado ist nussartig und hat ein relativ neutrales Aroma, weshalb sie sich für pikante wie auch für süße Gerichte eignet. Ernährungsphysiologisch zählt sie zu den wertvollsten Früchten. Sie enthält wenig Zucker und sehr wenig Fruchtsäure, weist einen hohen Fettgehalt auf und ist leicht verdaulich. Alles in allem also ein gesunder Energiespender.

Meist wird die Avocado pur gelöffelt, nur mit Pfeffer, Salz und Zitrone angereichert. Oder man püriert sie, würzt sie mit Kräutersalz und Pfeffer und verfeinert mit Chili, Knoblauch, Zwiebeln und Salatgurke. Das nennt sich dann *Guacamole*, das aztekische Wort für »Avocado-Sauce«, und ist ein wunderbarer Dip zu Tortilla-Chips. Man kann die Avocado auch aushöhlen, das Fleisch mit Krabben vermischen, in die Schale füllen und überbacken. Eine delikate Vorspeise! Darüberhinaus werden mit Avocados Saucen angerührt, Omelette gefüllt, Salatdressings zubereitet und sogar Getränke gemischt. Und in der japanischen Sushi-Küche dienen Avocado-Stücke als Füllung für Makis. Der Phantasie sind also keine Grenzen gesetzt.

Mexikanerinnen begnügen sich übrigens nicht nur mit dem Genuss, sie schätzen die Avocado auch als Kosmetikum. Sie verrühren das Fruchtfleisch mit Honig, Quark und ein wenig Zitronensaft und tragen es auf das Gesicht auf. Die Avocado-Gesichtsmaske bewirkt bei trockener Haut wahre Wunder. Sie entspannt, erfrischt und versorgt die Haut mit viel Feuchtigkeit.

Der **Avocado-Baum** wird über 20 Meter hoch.

Je später die Ernte ...

Der Baum, der die Früchte trägt, kann eine Höhe von über 20 Metern erreichen – wenn man ihn ließe. Doch der Farmer lässt ihn nicht. Bei einer Höhe von sechs Metern kappt er ihn, damit die ganze Kraft den Früchten zugutekommt. Bisweilen lässt man die Früchte fast ein Jahr hängen, ohne fürchten zu müssen, dass sie verderben. Sie reifen erst nach der Ernte vollständig aus. Hier gilt die Regel: Je später die Ernte, umso besser die Frucht. Wenn sich die Schale leicht eindrücken lässt, ist die Avocado mundgerecht, also genussreif.

Von Mexiko bis nach Deutschland

Das Ursprungsland der Avocado ist Mexiko. Historiker erwähnen sie im Zusammenhang mit dem spanischen Konquistador Hernando Cortés, dem großen Entdecker (und großen Verbrecher). Seine paar Hundert Männer, mit denen er ganz Mexiko eroberte und zerstörte, bewahrte die Wunderfrucht vor Magen- und Darmbeschwerden, vor Koliken, vor Mangelkrankheiten aller Art. Jede Frucht ähnelt einem Vitamin-Cocktail: Die Vitamine A, B, C, Eisen, Kalzium, Magnesium und vor allem Kalium finden sich reichlich. Von den Azteken stammt ihr Name *ahuacatl*, was in der Übersetzung auch »Hoden« heißt. Die Ureinwohner Mexikos nutzten die Frucht auch als sexuelles Stimulans. Die Engländer in Jamaika nannten sie *alligator pear*, wegen ihrer lederähnlichen, grünen Haut. Und die Deutschen bezeichneten die Avocado wegen der Konsistenz ihres Fruchtfleisches als »Butterbirne«.

Die Avocado ist eine **Mineralstoffbombe.**

Die Besten

1. Hass

Die Avocado von heute hat drei Vorfahren: die mexikanische Sorte (klein, aber reich an Öl), die westindische (groß, etwas wässrig und sehr empfindlich) und die guatemaltekische (eher rundlich, mittlerer Ölgehalt). Aus diesen drei Arten sind im Laufe der Jahrhunderte einige Hundert Hybriden entstanden. Die genaue Zahl ist nicht bekannt. Die in unseren Breitengraden am bekanntesten sind die Fuerte, die Ettinger, die Edranol, die Pinkerton, die Reed und die Hass.

Die Hass ist runzlig, hat eine warzenähnliche Haut und wirkt immer etwas überreif. Sie wird in Mexiko, Kalifornien, Israel und Spanien angebaut. Die Frucht ist zunächst grün, wird bei Fruchtreife dann schwarz oder dunkelbraun. Kenner rühmen ihr cremiges Fleisch, das ausgesprochen nussig schmeckt, und ihr großartiges Aroma.

Die Beste: ein Zufallstreffer

Die Hass ist keine gewollte Züchtung, sondern eher dem Zufall geschuldet. Der erste Baum wuchs wild zwischen den Avocados des Postmannes Rudolph Hass aus Whittier in Kalifornien. Welchen Ursprung der Samen hatte, ist bis heute ungeklärt. Der Mutterbaum wurde 2002 gefällt. Aus seinem Holz wurden kleine Andenken und Geschenke geschnitzt. Die Frau des Postmannes Hass hat übrigens das ehrwürdige Alter von 98 Jahren erreicht. Begonnen hat sie den Tag mit einigen Avocadoscheiben auf einem halben Weizentoast.

Klaus Bernhardt,
Einkaufsmanager »Obst und Gemüse«
im »KaDeWe« in Berlin:

»Keine Frage! Die beste Avocado ist die Hass. Ihr Fruchtfleisch ist wesentlich cremiger als das der anderen Sorten. Außerdem hat sie den höchsten Anteil an Ölen, Mineralstoffen und Fetten. Wir beziehen sie aus Israel. Die Avocados aus dem Nahen Osten schmecken am besten zu den Erntezeiten im Frühjahr (März und April) und im Herbst (Oktober und November). Kleiner Tipp: Kauft man etwas zu feste Ware, so sollte man die Avocado in Zeitungspapier wickeln und ein paar Tage ans Küchenfenster legen. So reift sie optimal nach.

Ich persönlich esse die Avocado am liebsten auf altdeutsche Art. Ich würze das Fruchtfleisch mit Pfeffer, Salz und Zitrone, streue fein gehackte Zwiebeln darüber und esse Weißbrot dazu.«

DATTEL
Hamil al-tamr ila Hajar

Als Allah die Welt erschuf, so wird an den Lagerfeuern der Beduinen erzählt, habe er zunächst den Menschen geformt. Anschließend schuf er ein Kamel und eine Dattelpalme.

Datteln wachsen in **langen Rispen.**

Datteln sind das »Brot der Wüste«. Bis heute dienen sie den Beduinenvölkern als wichtige Nahrungsquelle auf ihren langen, strapaziösen Karawanen. Ein idealer Proviant! Getrocknete Datteln strotzen vor Energie: Sie liefern 270 Kalorien auf 100 Gramm!

Frische Datteln bestehen außerdem zu 65 Prozent aus Wasser, enthalten mehr Ballaststoffe als Vollkornbrot und mehr Kalium als Bananen. Nicht zu vergessen der erstaunlich hohe Anteil an Kalzium, Magnesium, Eisen, Kupfer, Zink, Mangan und zahllosen Vitaminen. Eine Handvoll Datteln also garantierte das Überleben in der Wüste.

Die Dattelpalme: uraltes Symbol

Die *Phoenix dactylifera* gehört zu den ältesten Kulturpflanzen der Menschheit. Keine Pflanze wird so häufig in der Bibel erwähnt wie die Dattelpalme. Sie stand für Frieden, Gerechtigkeit und Tugend. »Der Gerechte gedeiht wie die Palme, er wächst wie die Zedern des Libanon«, heißt es im Alten Testament.

In der griechisch-römischen Antike galt die Dattelpalme als Symbol des Lebens, und im alten Ägypten wurde sie gar als heiliger Baum verehrt. Aber auch als Sinnbild für den Sieg ist die Palme in vielen Kulturen noch heute lebendig. Häufig wird bei Turnieren oder Wettbewerben – zum Beispiel bei den Filmfestspielen in Cannes – dem Sieger das Symbol eines Palmenzweigs überreicht.

Datteln werden **auf den arabischen Märkten** hoch gehandelt.

Vielfalt an Farben und Formen

Die großen Produktionsländer von Datteln liegen im arabischen Raum. Dort stehen, so schätzen die Vereinten Nationen, über zwei Drittel der weltweit 90 Millionen Dattelpalmen. Der Rest verteilt sich auf Nordafrika, die Türkei und Kalifornien.

In all diesen Ländern werden schätzungsweise 600 verschiedene Dattelsorten geerntet. Die Natur hat eine schier unerschöpfliche Vielfalt geschaffen: große und kleine, trockene und saftige, weiche und harte, süße und aromatische Datteln. Manche sind rund, andere oval, viele länglich. Es gibt sogar schwarze Datteln. Die meisten sind aber gelb, rot, braun, orange, beige oder bernsteinfarben.

Die Besten

1. Khalasah

Das arabische Sprichwort »Hamil al-tamr ila Hajar« entspricht der deutschen Redensart »Eulen nach Athen tragen«. Der Engländer sagt »To carry coal to Newcastle« und der Franzose »Porter de l'eau à la rivière«. Alle beschreiben das Gleiche: eine höchst überflüssige, ja sinnlose Tätigkeit.

Die größte Datteloase der Welt

»Hamil al-tamr ila Hajar« lautet übersetzt »Datteln nach Hajar tragen«. Hajar heißt heute Al-Hasa und ist mit 20 000 Hektar die größte Datteloase der Welt. Drei Millionen Dattelpalmen wachsen hier, im Herzen von Saudi-Arabien. Das Königreich ist mit über 600 000 Tonnen pro Jahr der größte Dattelproduzent weltweit.

Die Dattelpalme, so sagen die Züchter, hat gerne »die Füße im Wasser und den Kopf im Ofen«. Diese Bedingungen findet sie seit vielen Tausend Jahren nirgends besser als in Al-Hasa. Die Oase, etwa 90 Kilometer vom Persischen Golf entfernt, ist der vollkommene Platz, um

Dattelpalmen anzupflanzen. Über einhundert natürliche Quellen, manche davon heiß, sprudeln hier aus dem Wüstensand. Der Boden ist in der Tiefe ausreichend feucht und das Klima heiß und trocken. Die Temperaturen liegen im Sommer konstant über 40 Grad.

Meister der schwierigen Dattelzucht

Das Geschäft mit den Datteln ist mühsam. Fünf Jahre dauert es, bis eine Palme die ersten Datteln trägt. In dieser Zeit stirbt die Hälfte der empfindlichen Setzlinge einen schnellen Tod. Auch die Ernte ist zeitraubend und beschwerlich. Wie vor tausend Jahren klettern Jungen barfuß den 20 bis 30 Meter hohen Stamm hinauf und schlagen mit einem Messer die Dattelbüschel aus der Baumkrone. Bis zu 100 Kilogramm wirft ein Baum im Jahr ab. Die ungekrönten Meister der Dattelzucht leben und arbeiten in Al Mutairfi, einer kleinen Ansiedlung innerhalb der weitläufigen Oase. Al Mutairfi ist auch die Heimat der besten Dattel der arabischen Welt: der legendären Khalasah.

Eine ganze Welt an Aromen

Khalasah, die Betonung liegt auf der zweiten Silbe, heißt übersetzt »Quintessenz«. Einen treffenderen Namen könnte sie nicht tragen, denn die Khalasah ist auf der saudi-arabischen Halbinsel das Maß der Dinge in der Dattelzucht. Diese legendäre Frucht, die von den Arabern auch *Khlas* genannt wird, hat eine orange-braune, seidene, etwas klebrige Haut. Ihr Fruchtfleisch ist fest, rötlich-gelb und leicht transparent.

Dattelernte ist mühsame Handarbeit.

In ihr vereinigt sich eine Vielzahl an Aromen. Am häufigsten werden Honig, Zuckerrohr, Nüsse, Karamell, süße Kartoffeln und Schokolade mit Mandeln genannt. Kenner benötigen oft eine ganze Stunde, um das schier grenzenlose Bouquet einer einzigen Khalasah zu erforschen. Sie kauen sie allerdings auch nicht, sie lassen sie auf der Zunge zergehen.

INFO Weitere Gourmet-Datteln

♦ **Anbara**

Sehr selten, sehr teuer, sehr populär. Sie kommt aus der Gegend von Medina, der zweitheiligsten Stadt des Islam. Medina ist auch Schauplatz des berühmten Dattel-Marktes »Souq Al Tumoor«, auf dem 150 verschiedene Dattelsorten angeboten werden.

♦ **Nubout sayf**

Eine lange Dattel, geformt wie ein Schwert (arabisch: *sayf*). Sie kommt aus der Region um Riad, der Hauptstadt Saudi-Arabiens.

♦ **Sukkari**

Goldbraune Dattel aus der Region Quasim, nördlich von Riad.

♦ **Medjool**

Wegen ihrer Größe, ihres weichen Fleisches und ihrer extremen Süße wird sie als »Königin unter den Datteln« bezeichnet. Die Medjool schmeckt nach Maronencreme. Ursprünglich kommt sie aus Marokko, heute wird sie hauptsächlich in Südkalifornien geerntet. Besonders in der westlichen Welt beliebt.

♦ **Halawy**

Auch »Goldene Prinzessin« genannt. Die fingerförmige, bernsteinfarbene und weiche Dattel schmeckt ein wenig nach Karamel-Bonbons. Anbaugebiet: Irak, Kalifornien.

♦ **Khadrawy**

Die Khadrawy reift schneller als viele andere Datteln. Sie hat eine ovale Form, eine rötlich-blonde Farbe und weiches, puddingartiges Fruchtfleisch. Gilt neben der Khalasah als beste Qualität.

FEIGE

Delikatesse der Antike

Die Feige war bereits in der Antike **Hauptnahrungs- und Heilmittel**.

Als Michelangelo unter der Decke der Sixtinischen Kapelle hing, malte er nicht nur einen Apfelbaum, der die Früchte der Erkenntnis trug, sondern auch einen Feigenbaum. Mit dessen Blättern bedeckten Adam und Eva ihre Blöße, denn sie hatten erkannt, dass sie nackt waren, und sie schämten sich. Die Feige war die erste Frucht, die in der Bibel mit Namen genannt wurde.

Ein Baum und seine Früchte machen Geschichte
Romulus und Remus, die Zwillinge, wurden einst ausgesetzt am Tiber, aber wieder an Land gespült, wo sie unter einem Feigenbaum von einer Wölfin entdeckt wurden, die sie nährte und aufzog. Der Feigenbaum wurde zum Symbol Roms, er blühte, gedieh, und an dem Tag, da er verdorrte, war es auch mit der Macht Roms vorbei.

Legenden, mythische Geschichten, und doch zeigen sie, wie wichtig dieser Baum für die Menschheit war. Seine Früchte, die Feigen, gehörten neben den Oliven zum Hauptnahrungsmittel der antiken Völker. Sie aßen sie frisch, getrocknet, bereiteten berauschende Getränke daraus, bekämpften damit Erkältungen, Verstopfung, heilten Wunden, verwandelten zähes Ochsenfleisch in zarte Koteletts. Und die Männer glaubten, dass der Genuss von Feigen ihre Potenz steigerte.

Der Feigenbaum trägt erst **nach sieben Jahren Früchte**.

Die Frauen dagegen mussten sich damit abfinden, dass man ihr Geschlechtsteil »Feige« nannte, eine Bezeichnung aus dem Gossenjargon. »Mit der Feige hausieren gehen«, das taten die Prostituierten, und ein Schürzenjäger war ein »Feigentandler«.

Als die Mailänder den Kaiser Barbarossa aus ihrer Stadt vertrieben hatten, setzten sie seine Gemahlin, Kaiserin Beatrix, verkehrt herum auf einen Esel und führten sie so durch die Gassen. Rotbart revanchierte sich nach der Wiedereroberung auf höchst undelikate Weise: Er zwang die Honoratioren, wollten sie denn am Leben bleiben, mit ihren Zähnen eine Feige aus dem After des Esels zu ziehen.

Heilige Bäume, die uralt werden können

Alexander der Große entdeckte nach der Überschreitung der Grenzen Indiens einen etwa 30 Meter hohen Baum, dessen Krone sich über 90 Meter erstreckte. Luftwurzeln unterstützten die gewaltigen Äste. Es handelte sich dabei um den *Ficus bengalensis*, eine südasiatische Feigenart, die im Hinduismus als heiliger Baum gilt. Das gewaltige Blätterdach bot den Kriegern des Makedonen Schutz vor den stürzenden Regenfluten des Monsuns.

Der in den Mittelmeerländern wachsende Feigenbaum wird etwa zehn Meter hoch, doch meist auf drei bis vier Meter gekürzt, damit er bessere Früchte trage. Feigenbäume können 100 Jahre alt werden, doch erst sieben

Jahre nach der Pflanzung stellt sich der erste volle Ertrag ein. Die reichste Ernte bringt der knorrige Baum nach 30 bis 40 Jahren. Weltweit gibt es bis zu 200 unterschiedliche Feigensorten, die in allen Farben leuchten: grün, gelb, rot, dunkelviolett und schwarz.

Die Besten

1. Shirazfeige aus dem Iran

Unter all diesen Sorten gibt es eine, die geschmacklich konkurrenzlos ist: die Shirazfeige aus dem Iran. Sie wächst in den Hochtälern des Zagrosgebirges, 400 Kilometer südlich von Teheran, und ist deutlich kleiner als ihre mediterranen Schwestern. Ihre Kugelform erinnert eher an eine Nuss als an eine klassische Feige. Da sie in einer recht kargen Landschaft wächst, entwickelt sie deutlich weniger Fruchtzucker. Ihr Geschmack ist eher süß-herb, und ihr Aroma erinnert an wilden Honig.

Die **Shirazfeige** gehört im Iran auf jeden Frühstückstisch.

Die Heimat der Shirazfeige ist die iranische Provinz Fars mit ihrer Hauptstadt Shiraz, eine der schönsten persischen Metropolen. Die Feigen reifen im Sommer, wenn die Sonne unbarmherzig brennt und die trockenen Wüstenwinde durch den Zagros wehen. Die Ernte erfolgt im Herbst. Zwischen September und Oktober werden sie in den tausend Jahre alten Feigengärten eingesammelt und an der Sonne getrocknet. Die Feigenbäume werden nicht gedüngt und auch nicht mit Insektengift oder Pestiziden besprüht. Ihre Früchte kommen vollkommen unbehandelt in den Handel.

Die Shirazfeige ist eine wahre **Vitamin- und Mineralstoffbombe.**

Die Shirazfeige, die auch Wild-, Kugel-, Zwerg- oder Zagrosfeige genannt wird, ist somit auch ein Festessen für Bio-Fans. Sie ist reich an Mineralien wie Kalium, Kalzium, Phosphor und Eisen sowie Vitaminen und Ballaststoffen. Seit alters wird sie in Persien als Naturheilmittel eingesetzt. Sie hilft vorzüglich bei Verstopfung, schützt Leber und Prostata und soll sogar Krebserkrankungen vorbeugen.

2. Smyrnafeige aus der Türkei

Die Smyrnafeige ist kugelig bis birnenförmig, ziemlich groß, überwiegend dünnschalig, saftig, das Fruchtmark weich, das Aroma honigartig. Frisch vom Baum schmecken die Früchte am besten. Sie in diesem Zustand zu transportieren ist problematisch: Wie alles Edle sind sie besonders empfindlich. Sie halten sich nicht länger als zwei bis drei Tage.

Ein Insekt als Geburtshelfer

Damit die Smyrnafeige Früchte ansetzen kann, braucht sie die Hilfe eines winzigen Insekts, *Blastophaga psenes* genannt. Ohne diese Wespe, die sie bestäubt, wäre die Smyrna ein Blindgänger. Da die Essfeigen nur weibliche Blüten hervorbringen, trägt das anderthalb Millimeter große Insekt die Pollen männlicher Blüten herbei, die von der Ziegenfeige stammen.

Schon frühzeitig machten sich die Bauern von der Feigenwespe unabhängig, indem sie einfach Zweige der Ziegenfeige in die Fruchtstände der Essfeigen hängten und die restliche Arbeit dem Wind überließen.

TIPP Die Feige in der Küche

Gebratene Feigen mit Rucola und Pecorino. Der Sterne-Koch Dieter Müller hat das Rezept einst komponiert und das Ergebnis in seinem Restaurant in Bergisch-Gladbach angeboten.

Tessiner Feigen-Senf-Sauce. Schmeckt süßlich-scharf. Als Grundlage dienen ausschließlich reife, saftige Feigen. Die Sauce passt ideal zu allen Käsesorten.

Mandelkuchen mit frischen Feigen. Eine Kreation von Jamie Oliver. Oder aus der Meisterküche von Heinz Winkler in Aschau im Chiemgau: Cassis-Feigen mit weißer Schokoladenmousse.

Feigen-Walnuss-Chutney zu einer Terrine von Geflügel, Artischocken und Waldpilzen. Damit verwöhnt Andreas Krolik, Chefkoch des »Brenner's Park Hotel« in Baden-Baden, Business-Class-Passagiere der Lufthansa.

Feigen-Suppe. Feigen, Honigmelone und den Saft der Zitrone pürieren und eine Stunde im Kühlschrank erkalten lassen. So entsteht eine erfrischende Feigen-Gazpacho! Vor dem Servieren noch ein paar Feigenstücke hinzufügen und mit einem Blatt Minze, Zitronenbasilikum oder -melisse dekorieren.

Cassis-Feigen mit Schokoladenzimtmousse

MANGO

Fliegende Früchte aus Asien

Der **Mangobaum** kann bis zu 30 Meter hoch werden.

Exotische Früchte haben es unter wahren Kennern schwer. Sie halten in Europa nur selten, was sie in ihrer Heimat versprechen. Sie haben einen viel zu langen Weg hinter sich, um wirklich zu schmecken. Meist werden sie weit vor ihrer Reife geerntet, um unsere Märkte in einem einigermaßen erträglichen Zustand zu erreichen. Sie reifen also nach, aber nicht unter tropischer Sonne, sondern im gekühlten Frachtraum eines Schiffes. Das kann nicht schmecken!

Der schnellste Weg zu reifen Früchten

Die Lösung heißt Flugware: Die Exoten werden im Ursprungsland reif geerntet, gewaschen, sortiert, verpackt und über Nacht per Air-Cargo nach Europa transportiert. Eine thailändische Flugmango, die in Berlin, Hamburg oder München geschält wird, hing also zwei Tage vorher noch an einem Baum in Chiang Mai. Das schmecken Sie! Flugware ist ein kostspieliger Genuss. Mitunter müssen Sie das Dreifache auf den Ladentisch blättern. Flugware ist außerdem politisch nicht korrekt. In der Garage ein Ein-Liter-Auto, aber die Mango einfliegen lassen? Eine bizarre Vorstellung für Umweltschützer! Dennoch: Wer einmal Flugware gegessen hat, kauft nie wieder »nachgereifte« Früchte aus den Kühlhäusern der Supermärkte.

Ein Gigant unter den Obstbäumen

Der Mangobaum kann bis zu 30 Meter hoch werden. Die *Magnifera indica* wächst also auf den größten Obstbäumen der Welt. In Indien, der Urheimat der Mango, steht der gigantische Baum für Kraft und Stärke. In seinem dichten und immergrünen Blätterwerk hängen die köstlichen Steinfrüchte an langen Stielen von den Ästen. Sie reifen vorwiegend in tropischen und subtropischen Klimazonen. Fast 30 Millionen Tonnen werden jedes Jahr produziert, hauptsächlich in Indien, China und Thailand.

Der Mangobaum gilt in Indien als **Symbol für Kraft und Stärke.**

Die Besten

1. Alphonso (Indien)

Für eine Milliarde Inder gehört die Mango zu ihrem täglichen Leben. Es gibt unfassbar viele Sorten, und jedes Jahr kommen neue Züchtungen hinzu. Es gibt kleine und große, süße und saure, mehlige und faserige, runde und ovale, gelbe und grüne, nieren- und herzförmige, melonenschwere und aprikosenleichte Mangos.

Man macht aus ihnen Marmelade, Kuchen, Sushi, Eiscreme, Gelee, Saft, Joghurt, Saucen, Gemüse, Gewürze oder Duftstoffe. Aus dem Holz des riesigen Mangobaums werden Möbel hergestellt und aus seiner Rinde Färbemittel. Sie schmücken Familienfeste, ehren religiöse Zeremonien, adeln kulinarische Kreationen und inspirieren zu Wettessen – bei 1,3 Kilogramm in drei Minuten liegt der Rekord.

Die **Auswahl an Mangosorten ist immens –** ebenso wie die Verwendung der Früchte.

Die köstlichste Mango des Subkontinents ist die Alphonso. Sie wächst und gedeiht vornehmlich im Westen des

Landes, in Maharashtra, dem führenden Wirtschafts- und Finanzzentrum Indiens. Die bekanntesten Städte des Bundesstaates sind Mumbai, das frühere Bombay, und Poona, wo in den 70er-Jahren der berühmte Sektenführer Bhagwan Shree Rajneesh seine zahlreichen Anhänger aus Europa und den USA um sich scharte.

Betörendes Aroma

Die Alphonso ist gelb-grün mit einem Hauch von Rot, mittelgroß und nierenförmig. Das Fruchtfleisch ist faserfrei, weich und extrem saftig. Eine Zunge allein ist nicht genug, um das sinnenberaubend süße Aroma zu schmecken. Weltweit gilt die Alphonso als unbestrittene Nummer 1 und ist bei Züchtern heiß begehrt. Wie ein hoch dekorierter Zuchtbulle hat sie viele bedeutende Abkömmlinge in ihrem Stammbaum. Am bekanntesten sind die »Bennet« aus Südamerika und die »Irwin« aus Mexiko.

Die **Nam Dok Mai** mit ihrer typischen ovalen Form und goldgelben Farbe.

2. Nam Dok Mai (Thailand)

Das Beste muss nicht immer teuer sein. *Khao Niau Mamuang*, eine atemberaubend köstliche Süßspeise, kostet auf den Straßen Bangkoks gerade mal 60 Baht, umgerechnet 1,20 Euro. Das Rezept ist denkbar einfach: Thai-Reis zwölf Stunden in kaltem Wasser einweichen, anschließend zum Kochen bringen und 20 Minuten bei schwacher Hitze garen. Kokosmilch mit braunem Zucker und Wasser aufkochen und mit dem Reis vermischen. Den klebrigen Reis portionieren, dickflüssige Kokosmilch darübergießen und reife Mangoscheiben dazulegen.

Das funktioniert natürlich nur mit einer unter thailändischer Sonne gereiften Nam Dok Mai. Die »Königin der Mangos«, wie sie von den Thai genannt wird, ist oval, leuchtet goldgelb und schmeckt himmlisch süß. Sie wird in ganz Thailand geerntet. Die Saison beginnt im Spätherbst im Süden des Landes, an der Grenze zu Malaysia. In der Folge werden die Früchte immer weiter nördlich gepflückt, bis sie schließlich zehn Monate später auch in Chiang Mai, an der Grenze zu Myanmar und Laos, reif sind.

Die Nam Dok Mai ist eine von unzähligen Mangosorten, die in Thailand angepflanzt werden. Thailand ist wie Indien Mango-Land. Mehrere Tausend Tonnen *Ma-muang* gehen jedes Jahr ins Ausland, vor allem nach Japan. Einige wenige erreichen auch Deutschland und werden im Feinkost-Handel, so scheint es, mit Gold aufgewogen. Kostet eine Nam Dok Mai auf den thailändischen Märkten im Schnitt 50 Cent, so müssen Sie auf dem Münchner Viktualienmarkt acht Euro hinlegen.

Die Alternative: München – Bangkok mit Thai Airways für 720 Euro. Anschließend mit dem Tuk-Tuk zum »Phak Klong Thalad«-Markt an der Memorial Bridge.

INFO Weitere Gourmet-Mangos

Carabao ♦

Auch bekannt als »Manila Super Mango«. Wird im »Guinness Buch der Rekorde« aus dem Jahr 1995 als süßeste Frucht der Welt geführt. Die besten Carabaos werden in den Sommermonaten angeboten. Außerhalb der Philippinen werden sie vor allem in Tokio, Singapur und Hongkong verkauft.

Kent ♦

Amerikas Antwort auf Asien! Gilt als die beste Mango Floridas: süß und saftig, mit nur ganz leichter Säure. Die gelb-grün-rote Frucht ist arm an Fasern und weich wie Butter.

Die **Kent** wurde 1945 in Florida gezüchtet.

Sindhri ♦

Der große Stolz Pakistans. Angeblich war die Sindhri-Mango auch das offizielle Hochzeitsgeschenk Pakistans für Prinz Charles und Lady Di. Sie ist kanariengelb, süß, aromatisch und fast faserfrei.

PAPAYA

Die Frucht der Engel

Die Papaya wächst am **»Melonenbaum«**.

Die Papaya wächst auf meterhohen Stauden in Mittel- und Südamerika, die von den Botanikern »Melonenbäume« genannt werden, denn die birnenartigen, bis zu zehn Kilogramm schweren Papayas erinnern mit ihrem Aroma an Melonen. Die anspruchslose und vollkommen pflegearme Pflanze hat keine Zweige, die Blätter wachsen direkt am Stamm. Sie trägt bis zu 150 Früchten im Jahr.

Wenn in den Gebieten, wo sie wächst, viele Krankheiten unbekannt sind, so liegt das nicht zuletzt an der Papaya und an ihrer paradiesischen Heilkraft. Fast alle Teile der Pflanze, besonders aber die Früchte im unreifen Zustand, enthalten einen weißlichen Saft, der aufgrund seines Gehaltes an Papain in der Volksmedizin wahre Wunder bewirkt.

Dieses eiweißspaltende Enzym macht die Papaya zu einer »Frucht der Engel«, wie Kolumbus sie genannt hat. Es lindert Magenschmerzen, heilt Hautkrankheiten und wirkt gegen Entzündungen, Krampfadern, Bluthochdruck und Arterienverkalkung. Es kurbelt die Produktion der Sexualhormone an und trägt zur Zellerneuerung bei.

Die Papaya fördert zudem auf magische Weise die Verdauung. Das Papain ist dabei so wirksam, dass schwere Gerichte binnen weniger Stunden problemlos verdaut werden. Die Indios nutzten diesen Effekt, um Fleisch zart zu machen. Sie wickelten es in die Blätter der Papaya-Staude.

Die Papaya wird heute in allen tropischen Ländern angebaut. *Carica papaya*, so ihre botanische Bezeichnung, hat überall einen anderen Namen. In Portugal nennt man sie Mamao, weil sie an die Brüste einer Frau erinnert. In Kuba ist sie die Fruta de Bomba, bei den Briten einfach melon tree.

Die Besten

1. Calimosa

50 verschiedene Papayasorten werden heutzutage kultiviert und vermarktet. Dazu zählt auch die berühmte Formosa. Sie stammt aus Brasilien, genauer aus dem Küstenstaat Espirito Santo, wo sie ideale Bedingungen findet: konstanter leichter Regen, milde Temperaturen, ein mineralhaltiger Boden. Ihr rotes Fleisch ist cremig, saftig und hat einen exzellenten Geschmack.

Lange galt sie als die beste Papaya der Welt. Doch den Papayaexperten der »Brazilian University North Fluminense« ließ es keine Ruhe, die Formosa zu toppen. Nach jahrelangen Versuchen, die 84 Kreuzungen hervorbrachten, erzielten sie ein Produkt, das die besten Eigenschaften der Sorten Solo und Formosa vereinte.

Die Calimosa gilt als die **beste Papaya der Welt.**

Sie nannten sie Calimosa. Eine Papaya, die größer ist als die normale Frucht und fester im Fleisch. Aufgeschnitten verlockt ihre orange Farbe sofort zum Verzehr. Die Calimosa ist das Beste, was auf dem Gebiet der Papaya zu haben ist. Sie ist, so errechneten die stolzen Züchter, im Schnitt um 26,6 Prozent süßer als die Formosa.

TIPP Einkauf

Papayas werden das ganze Jahr in den Obstabteilungen der Supermärkte angeboten. Von unreifen, also noch grünen Papayas sollte man die Finger lassen! Denn die Papaya gehört zu den Produkten, die nur wenig nachreifen. Zu früh geerntete Früchte haben ein hartes Fruchtfleisch und schmecken herb, fast bitter. Sie lassen sich höchstens noch zu Gemüse verarbeiten. Die Reife Frucht erkennt man an der Farbe (gelb bis orange) und mit Hilfe des bekannten »Fingertests«: Je leichter sie sich eindrücken lässt desto reifer ist sie.

vierge extra
OLIVES
SPÉCIAL APÉRO
6€,40 le Kilo
8€,00 le Kilo
AU PISTOU
6€,40 le Kilo

KAPITEL 7

ÖL, ESSIG & PASTA

ACETO BALSAMICO
ARGANÖL
KÜRBISKERNÖL
OLIVENÖL
PASTA

ACETO BALSAMICO

Der Stoff, aus dem die Träume sind

Der echte Balsamico ist **dickflüssig wie Honig.**

Legenden tragen in Modena den Namen Ferrari, Pavarotti oder Maserati. Enzo Ferrari legte in seiner Heimatstadt den Grundstein für seinen berühmten Rennstall, die »Scuderia Ferrari«. Luciano Pavarotti übte im Chor der Stadt sein erstes hohes C. Und das Herz der Maseratisti schlägt in der Viale Ciro Menotti. Dort prangt auf einem klassischen Ziegelsteinbau der berühmte Tridente.

Original und Fälschung

Zu den großen Söhnen dieser alten Universitätsstadt zählt auch der berühmteste Essig der Welt, der Aceto Balsamico. Modena und Balsamico sind untrennbar miteinander verbunden. Googelt man den Namen der Stadt oder den Namen des Essigs, so erhält man unweigerlich auch sein kongeniales Synonym. »Aceto Balsamico di Modena« gilt weltweit als der beste aller Essige.

Zu Unrecht, denn häufig ist die alkoholhaltige Flüssigkeit, die unter diesem Namen verkauft wird, nicht einmal die Flasche wert, in die sie gefüllt wurde. Das Problem: Der Begriff »Aceto Balsamico di Modena« ist nicht geschützt. Jeder Essighändler auf unserem Globus darf sein Produkt unter diesem Namen verkaufen. Und das wird weidlich genutzt! Denn im Kielwasser der großen *balsamici* aus Modena lässt sich trefflich Geld verdienen.

Die meisten Essige, die das Etikett »Aceto Balsamico di Modena« tragen, sind weder aus Modena, noch bestehen sie aus eingedicktem Traubenmost. Sie sind rein industrielle Produkte, hergestellt aus Weinessig, Zucker, Schwefeldioxid, Farbstoffen und Geschmacksverstärkern. Die Reifezeit liegt zwischen einem Tag und wenigen Monaten. Diese künstlichen Substanzen – manche riechen penetrant nach Nagellack – kosten im Supermarkt oft nur 99 Cent pro halber Liter.

Schwere Süße und weiche Säure

Mit dem Original hat diese Chemiebrühe nichts gemein. Das Original ist eine Delikatesse, die nahezu alle Sinne befriedigt. Ein Stoff, der belebt, betört, verzaubert und stimuliert. Er ist dickflüssig wie Honig. Er ist von schwerer Süße und weicher Säure. Er ist von einem dichten Dunkelbraun mit einem flüchtigen rötlichen Schimmer. Und sein Aroma besteht aus unendlichen Facetten. Auf der Zunge explodieren Kirsche, Eiche, Kastanie, Esche, Maulbeere, Schokolade, Wacholder und Pflaume. Ein Saft, aus dem Träume gemacht werden. Viel zu gut, um nur über Salat gegossen zu werden.

Äußerlich erkennt man das Original an der Flasche, an seinem Namen und am Preis. 100 Milliliter echter Balsamico sind nicht unter 50 Euro zu bekommen. Sollten Sie ein deutlich günstigeres Angebot finden, dann ist es vermutlich eine Fälschung. Die Flasche ist winzig, sie umschließt gerade einmal den zehnten Teil eines Liters. Wurde sie in Modena abgefüllt, so ist die Form der Bouteille bauchig. Stammt sie aus der Emilia, so ist sie deutlich schlanker.

Auf dem Etikett steht »Aceto Balsamico tradizionale di Modena« oder »Aceto Balsamico tradizionale di Reggio Emilia«. Nur echter, über zwölf Jahre gereifter Balsamico darf den Zusatz *tradizionale* tragen. Und nur die Mitglieder des offiziellen Konsortiums dürfen diesen Beinamen verwenden. Lediglich 270 kleine bis mittelgroße Familienbetriebe aus der Emilia-Romagna haben weltweit das Privileg, echten Balsamico herzustellen. Bisweilen ist auf

Viele Essige mit dem Etikett »Aceto Balsamico« sind **industrielle Produkte aus künstlichen Substanzen.**

Echter Balsamico-Essig hat seinen Preis: **100 Milliliter kosten etwa 50 Euro.**

dem Etikett auch noch der Vermerk *extra vecchio* zu finden. Solch einem Balsamico ist mit Demut zu begegnen! Hat er doch ein ganzes Vierteljahrhundert in hölzernen Fässern verbracht.

Die preisgünstige Alternative
Gibt es einen goldenen Weg zwischen dem sündhaft teuren Tradizionale und den Chemieprodukten der Lebensmittelindustrie? Wir empfehlen für den kleinen Geldbeutel oder für den täglichen Einsatz die Zweitprodukte der alteingesessenen Balsamico-Hersteller aus Modena und Umgebung. Diese günstigen *balsamici* stammen meist aus der Produktionsserie des teuren Tradizionale. Nur die Reifezeit wurde um ein Vielfaches verkürzt.

Die Besten

1. Aceto Balsamico Tradizionale di Modena extra vecchio

Der Tradizionale ist ein blütenreines Bio-Produkt. Er wird aus weißen und manchmal auch roten Trauben gewonnen. In den Essigkellereien in Modena setzt man hauptsächlich die Trebbiano-Traube ein. In der Emilia greift man unter anderem auch auf die Rebsorte Lambrusco zurück. Die Trauben werden gereinigt, von den Stielen befreit und leicht gepresst. Anschließend köchelt der Traubenmost in großen, offenen Trögen auf kleiner Flamme, und zwar so lange, bis er dick und zähflüssig wird. Diese Prozedur kann bis zu 30 Stunden dauern.

Dann lässt man den Most abkühlen, filtert ihn und füllt ihn in Fässer aus edlem Holz. Die Fässer haben an der Oberseite alle ein kleines Loch, das nur mit einem Leinentuch abgedeckt ist. Durch diese Öffnung atmet der Most und wandelt sich langsam zu Essig. Je länger er reift, desto aromatischer wird er. Vier Elemente vereinigen sich dabei zu einer perfekten Harmonie: Frucht, Holz, Klima und Zeit.

Reifen mit den Jahreszeiten

Die Bühne, auf der dieses Stück gespielt wird, ist kein dunkler, feuchter Keller, sondern ein heller Dachboden. Auf den Speichern der Emilia-Romagna ist es im Winter bitterkalt und im Sommer brütend heiß. Dieser raue klimatische Wechsel ist wichtig für das Reifen des Balsamico. In der warmen Jahreszeit verliert der Essig durch die Verdunstung konstant an Volumen, er wird konzentrierter und dichter. In den kalten Monaten dagegen kommt dieser Prozess zum Stillstand. Der Essig ruht, reift und entwickelt Aroma.

Der Essig **ruht und reift in Fässern** auf hellen Dachböden.

Regisseur in diesem Stück ist der Mensch. Der Essigmacher kontrolliert und dirigiert mit ruhiger Hand. Seine Mitarbeiter sind fünf unterschiedlich große Fässer aus verschiedenen Hölzern. Meist kommt Eiche, Kastanie, Wacholder, Kirsche und Maulbeere zum Einsatz.

Die Karriere des Tradizionale beginnt dabei in einem 60-Liter-Fass aus Eiche und endet in einem 20-Liter-Fass aus Maulbeere. Dazwischen liegen zwölf Jahre und vier Umfüllungen – von einem Fass ins nächste. Der Essigmacher mischt mit viel Fingerspitzengefühl junge und alte, dickflüssige und wässrige, kräftige und dünne *balsamici*. Nur durch dieses behutsame Verschneiden entsteht ein großer Essig.

TIPP Aceto Balsamico – günstig und gut

Il Novizio – Acetaia Picci ♦

Dieser grundsolide Balsamico wird im norditalienischen Cavriago nach dem gleichen Verfahren hergestellt wie der Tradizionale. Der einzige Unterschied: er reift nur drei Jahre in den Holzfässern. Die »Acetaia Picci« gewinnt ihn aus handverlesenen Trauben der Sorten Trebbiano und Spergola. Il Novizio wird von der Zeitschrift »Öko-Test« und von Rolf Merkle, Autor des Buches »Aceto Balsamico Tradizionale«, empfohlen.

- **Etichetta Nera – Antica Balsameria Emiliana**
  Das »International Taste & Quality Institute« in Brüssel verlieh diesem Balsamico zwei Sterne für »bemerkenswerte Qualität«. Etichetta Nera wird in der Via Zappiano in Modena hergestellt. Der Produzent, die »Antica Balsameria Emiliana«, füllt auch den Tradizionale ab.

- **Castello »Serie 10« – Leonardi Giovanni**
  Auch dieser Alltags-Balsamico wurde vom »International Taste & Quality Institute« mit zwei Sternen ausgezeichnet. Die Essigfirma in Magreta di Formigine, südlich von Modena, produziert seit über 130 Jahren Aceto Balsamico. Nach Angaben der *Acetaia* passt die »Serie 10« gut zu gegrilltem Gemüse, Lachs, Kaviar, Käse, Fruchtsalat und Vanille-Eiscreme.

- **Saporoso – »Acetaia Malpighi«**
  »Malpighi« gehört zu den angesehensten Balsamico-Herstellern in Modena. Sein Tradizionale ist von herausragender Qualität. Gleiches gilt für den preiswerteren Saporoso, aus derselben Produktionslinie wie der Tradizionale. Der Balsamico für Einsteiger wird von den Experten des Magazins »Der Feinschmecker« empfohlen.

Dieter Müller,
Patron-Chef im Restaurant »Dieter Müller« (»Schlosshotel Lerbach«) – drei Michelin-Sterne:

»Aceto Balsamico ist eine wichtige Konstante in meiner Küche! Mit diesem großartigen Essig lässt sich ein Gericht sehr dezent abschmecken. Es ist kein raubeiniger Essig, der die Papillen reizt. Ganz im Gegenteil! Durch seine milde Säure wirkt er unaufdringlich. Er lässt anderen

Komponenten genug Spielraum, sich zu entfalten.

Dieser noble Charakterzug sichert bei Salaten und Vorspeisen auch ein harmonisches Arrangement mit dem jeweiligen Öl. Ich setze nur hochwertige Oliven- oder Nussöle ein. Sie allein können es mit einem Balsamico aufnehmen. Sie sind, wenn Sie so wollen, die kongenialen Partner eines großen Feuerwerks der Aromen.

In der Regel verwende ich schwarzen Aceto Balsamico. Nur beim klassischen Blattsalat, beim Carpaccio oder beim Fischtatar greife ich zur weißen Variante. Der weiße Aceto Balsamico ist in diesen Fällen geeigneter, weil er noch süßweiniger und noch dezenter ist.

Ein großer, in Ehren ergrauter Aceto Balsamico Tradizionale ist vielfältig einsetzbar. Ich trinke ihn zum Beispiel auch gerne pur als Digestiv. Oder ich verfeinere Desserts mit ihm: zum Beispiel süße Erdbeeren mit fein geschnittenen Basilikumblättern. Ich gebe ein wenig Erdbeerpüree, Puderzucker und kleine Parmesanstücke dazu und tröpfele zum Schluss einige wenige Tropfen schwarzen Balsamico darüber.

Den Tradizionale, den ich einsetze, beziehe ich von der »Acetaia Malpighi« aus Modena. Auch Fernando Pensato, der für sein gutes apulisches Olivenöl bekannt ist, stellt einen hervorragenden Essig her.«

ARGANÖL

Das Gold der Berber

Nur Ziegen trotzen den **Dornen der Arganie.**

Arganöl wird aus den Früchten der Arganie gewonnen. Ein Baum, der heroisch der Wüste trotzt, der Hitze und Dürre stoisch aussitzt und dabei mehr als 200 Jahre alt wird. Ein Baum, der breiter ist als hoch und dessen Wurzeln die bemerkenswerte Tiefe von 30 Metern erreichen. Mit diesen natürlichen Ankern stemmt er sich gegen die apokalyptischen Sandstürme der Sahara.

Baumdenkmäler in Frauenhand

Einst auch in Europa beheimatet, wächst die Arganie heute nur noch im Südwesten Marokkos, in der Region Souss-Massa-Dra. Dort, zwischen Agadir und dem Atlasgebirge, stehen etwa 20 Millionen Arganien. Kostbare Bäume, die vom marokkanischen Königshaus und von der UNESCO wie seltene Denkmäler beschützt werden. Jeder Baum gehört dem Staat. Er alleine bestimmt, wer seine Früchte ernten und verarbeiten darf.

Die »Auserwählten« sind ausschließlich Frauen. Eintausend Berberinnen, die sich in der UCFA, der »Union des Coopératives des Femmes de l'Arganeraie«, zusammengeschlossen haben. Die Herstellung von Arganöl ist in Marokko traditionell Frauenarbeit. Und kein Mann hat den Frauen dieses Privileg bisher streitig gemacht, denn Arganöl zu gewinnen ist eine überaus mühselige Arbeit.

Die Früchte der Arganie können nicht gepflückt werden. Der Baum hat wie ein Kaktus Tausende von Dornen, die nur Ziegen oder Dromedare unbeeindruckt lassen. Die Berberinnen müssen also warten, bis die Früchte zu Boden fallen. Nach dem Einsammeln werden sie auf den flachen Dächern der Lehmhütten getrocknet. Anschließend werden die Kerne aus der Fruchthülle geschält und abermals getrocknet.

Steinharte Kerne als kostbare Ölquelle

Arganöl wird nicht wie Olivenöl aus dem Fruchtfleisch gewonnen, sondern aus den Kernen der Frucht. Sie sind härter als jede Nuss. Nicht umsonst wird die Arganie auch Eisenholzbaum genannt. Mit schweren Steinen und viel Kraft zertrümmern die Frauen die Kerne und holen drei weiße Mandeln heraus. Sie sind die Quelle des teuersten Öls der Welt.

Die Mandeln werden auf offenem Feuer leicht geröstet und mit Handmühlen zu einem Teig vermahlen. Diese Paste wird so lange mit den Händen bearbeitet, bis sich das rötliche Öl von den anderen Bestandteilen trennt. Aus 30 Kilogramm Früchten gewinnen die Berberinnen einen Liter Arganöl. Nur Öl, das auf diese traditionelle Weise hergestellt wird, darf sich »natives Arganöl« nennen.

Durch **beständiges Kneten** wird das kostbare Öl langsam aus der Paste herausgelöst.

Die Besten

1. Argand'Or

Der Geschmack von Arganöl erinnert an das feine Aroma einer Walnuss. Schon winzige Mengen reichen, um Speisen eine raffinierte Note zu verleihen. Arganöl schmeckt zu kalten wie zu warmen Gerichten, zu Salaten, Sülzen, Käse oder Süßspeisen, zu Geflügel, Fisch, Lamm oder Gemüse. In der Sterne-Küche kommt Arganöl oft zum Einsatz, um Meeresfrüchte, Terrinen oder Vinaigrette zu verfeinern.

Frühstück mit Arganöl

Die Berber essen ihr Öl meist schon zum Frühstück. Sie tauchen ihr Fladenbrot in *Amlou*, einen Dip aus Arganöl, gehackten Mandeln und Orangenblütenhonig. Das berühmte *Couscous*, Grundnahrungsmittel in der nordafrikanischen Küche, wird ebenfalls mit Arganöl veredelt. Gleiches gilt für die sogenannten *Tajines*, benannt nach dem Tongefäß, in dem sie zubereitet werden: Lamm- oder Hühnchengerichte mit Gemüse und einem kräftigen Schuss Arganöl.

Argannüsse mit und ohne Schale.

Die Gewerkschaft der Berberinnen

Das beste Arganöl, das zurzeit in Deutschland angeboten wird, ist »Argand'Or – Das Gold Marokkos«. Es wird von der marokkanisch-deutschen Argand'Or GmbH in Friedrichsdorf vertrieben. Das Unternehmen vertritt weltweit die Interessen der UCFA, in der sich die Berberinnen organisiert haben. Argand'Or wird – wie beschrieben – nur von Hand gepresst, ohne Einsatz von Maschinen. Diese traditionelle Herstellungsweise garantiert hohe Qualität. Industrielles Arganöl dagegen wird mit Wärme und enormem Druck erzeugt. Es führt häufig die Bezeichnung »nach Berberart«.

Argand'Or, von dem 250 Milliliter um die 30 Euro kosten, ist vielfach ausgezeichnet worden. Die weltgrößte Foodmesse »Anuga« in Köln verlieh dem Öl den »Taste 2007«, und die »BioFach« in Nürnberg wählte es zum »Produkt des Jahres 2005«. Den Ritterschlag bekam das Gold der Berber von den zehn renommiertesten kulinarischen Organisationen der Welt, zusammengeschlossen im »Internationalen Taste & Quality Institute«. Das iTQi schmückte das »Argand'Or« mit dem »Superior Taste Award 2007«.

TIPP Vorsicht Fälschungen!

Seltene und damit entsprechend kostbare Produkte ziehen Fälscher an wie das Licht die Motten. Das gilt für Kaviar, Trüffeln, Safran und leider auch für Arganöl. Die dankbarsten Opfer sind, wie so häufig, arglose Touristen. Marokkanische Straßenhändler drehen ihnen ranziges Billigöl an, eine Mischung aus maschinell hergestelltem Arganöl und gebrauchtem Frittieröl. Andere Variante: Sonnenblumenöl, das mit Argan-Presskuchen wochenlang aromatisch aufgepeppt wird.

KÜRBISKERNÖL

Das samtene Öl aus der Steiermark

Der Kürbis ist eine Beere. Das ist kein Scherz! Botanisch betrachtet, gehört die *Cucurbita* wie die Tomate, Gurke oder Banane zu den Beerenfrüchten. Dafür aber sind Himbeere und Brombeere keine Beeren, sondern sogenannte Sammelsteinfrüchte. Die Botanik hat ihre eigene Logik.

Die größte (Kürbis-)Beere kommt übrigens aus den Vereinigten Staaten. 2007 brachte der Kürbis des Züchters Joe Jutras aus Rhode Island 766,1 Kilogramm auf die Waage. Er stellte mit diesem Monsterkürbis den alten Weltrekord ein, der bei 681,3 Kilogramm lag.

Kürbis: die wohl **größte Beere der Welt**

Hohle Köpfe für Halloween

Der Kürbis gehört nicht gerade zu den Lieblingsfrüchten der Europäer. Auf dem alten Kontinent wurde er hauptsächlich als Viehfutter eingesetzt. Wir kennen den Kürbis nicht als Delikatesse, sondern von dem amerikanischen Brauch, zu Halloween Kürbisse auszuhöhlen, Gesichter hineinzuschnitzen und von innen zu beleuchten. Diese »Jack O'Lantern« sind Symbole einer uralten Tradition irischer Einwanderer.

Beliebt und bekannt sind in Europa dagegen die Kerne des Kürbisses. Sie sind nicht nur an langen Fernsehabenden eine willkommende Abwechslung. Im Süden Europas werden sie auch geröstet über den Salat gestreut. Außerdem wird der Samen zu wertvollen Pflanzenölen verarbeitet.

Kürbiskernöl hat eine dunkelgrüne, fast kastanienbraune Farbe. Es riecht etwas erdig, angenehm nussig, mit einem Touch von Walnuss oder Karamell. Sein Aroma ist höchst intensiv, es wird von Verkostern mit samtig, tief, warm und dicht beschrieben. Das Öl aus den Kürbiskernen eignet sich vor allem für Salate. Besonders harmoniert es mit Tomaten, Kartoffeln, Bohnen, Käse und Eiern. Ideal auch die schlichte Variante: knusprige Brotstücke getunkt in Kürbiskernöl mit Fleur de Sel.

Kürbiskerne aus der Steiermark – Ölquelle der Gourmets

In der Steiermark, der Heimat des besten Kürbiskernöls, wird die Küche vom Kürbis dominiert. Von der »Kürbiscremesuppe mit Kernöl« über »Kürbiskern-Schafkäse« bis zum »Kernöl-Rapunzelsalat« gibt es jede nur erdenkliche Version. Eine Delikatesse ist das Öl in Kombination mit fein geschnittenem, magerem Rindfleisch, als Pesto mit Zitronenscheiben, als Füllung für die steirisch-slowenische Spezialität *Potitze* und mit diversen Eierspeisen wie Rührei, Spiegelei oder Omelett.

Die Besten

1. Kürbiskernöl aus der Steiermark

In den USA gibt es zwei berühmte Steirer: Arnold Schwarzenegger und das Kürbiskernöl. »The Styrian Oak« hat es zum Filmstar und zum 38. Gouverneur von Kalifornien gebracht und das »Styrian Pumpkin Seed Oil« in die Regale der New Yorker Feinschmecker-Tempel »Zabar's« und »Balducci's«. Damit kehrte dieses wunderbare Öl wieder zurück in seine ursprüngliche Heimat.

Ein Mitbringsel der Konquistadoren

Der Steirische Ölkürbis wurde nämlich im 15. Jahrhundert von den Konquistadoren nach Spanien gebracht. Venezianische Kaufleute führten ihn in Italien und in der Türkei ein. Von dort gelangte er schließlich über Venedig und Kärnten in den Südosten Österreichs. In der Steiermark kümmern sich heute einige Tausend Kürbisbauern um den *Cucurbita pepo styriaca*. Jedes Jahr pressen sie 1,1 Millionen Liter Kernöl.

Gütesiegel und Plakette für die Besten

Die besten von ihnen produzieren unter dem Gütesiegel »Steirisches Kürbiskernöl g.g.A.«. Diese Plakette steht für »geschützte geographische Angabe«. Sie soll garantieren, dass die Kürbiskerne auch wirklich aus der Steiermark stammen und dort getrocknet, gemahlen, geröstet und gepresst wurden. Darüber hinaus werden jedes Jahr die besten der besten Kürbiskernöle vom Steirischen Landwirtschaftsministerium prämiert. Die Sieger haben sich zuvor einer strengen Qualitätskontrolle unterworfen. Ihr Engagement wird durch eine goldene Plakette an der Flasche belohnt.

Wenn Sie sich beim Einkauf an diesen Kriterien orientieren, erhalten Sie reines steirisches Kürbiskernöl. Ansonsten ist Vorsicht geboten! Denn manche schwarzen Schafe mischen die steirischen Kerne mit minderwertigen Kernen aus dem Ausland. Oder sie »strecken« steirisches Kürbiskernöl mit billigem Rapsöl. Diese Verschnitte haben mit dem Original nichts gemein. Sie wirken blass, fließen dünn und riechen flach.

TIPP Lagerung

Offiziell hält steirisches Kürbiskernöl neun Monate. Diese Frist lässt sich durch fachgerechte Lagerung verlängern. Halten Sie die Flasche gut verschlossen, bewahren Sie sie unter zehn Grad auf, und schützen Sie sie vor Sonnenlicht. Durch die Wärme der Sonneneinstrahlung bilden sich nämlich Bitterstoffe, die das Kürbiskernöl ungenießbar machen.

Wenn Sie das Öl im Kühlschrank aufbewahren, bringen Sie es vor Gebrauch wieder auf Zimmertemperatur. Beim Kochen bitte nur erwärmen, nie erhitzen! Hitze vernichtet die kostbaren Inhaltsstoffe und das einzigartige Aroma.

OLIVENÖL

Wer Schnäppchen sucht, will betrogen werden

Unreife Oliven am Baum

1986 konfiszierte die italienische Anti-Fälschungseinheit NAS (Nucleo Anti Sofisticazioni) mehrere Zehntausend Liter italienisches »Olio extra vergine«. Tatsächlich stammte das »hochwertige« Olivenöl aus der Türkei und war mit Haselnussöl gestreckt worden.

1989 wurden in Spanien drei kriminelle Händler zu hohen Gefängnisstrafen verurteilt. Sie hatten giftiges Industrieöl als Olivenöl deklariert. 750 Menschen starben, viele Tausende wurden krank.

1991 verhaftetete die Guardia di Finanza einen Olivenölproduzenten aus dem Süden Italiens. Er hatte etliche Tankerladungen mit türkischem Haselnussöl als griechisches Olivenöl ausgezeichnet und anschließend mit italienischem Olivenöl gepanscht.

2005 kamen die Gesundheitskommandos der Carabinieri (Comando Carabinieri per la Sanita) einer Verbrecherorganisation auf die Spur, die minderwertiges Rapsöl mit industriellem Chlorophyll eingefärbt und mit Betacarotin aromatisiert hatte. Sie beschlagnahmten 100000 Liter gefälschtes Olivenöl.

Hohe Gewinne mit Fälschungen

Diese Liste kann man endlos fortführen. Die Geschichte des Olivenöls ist eine Geschichte der Panscherei, des Etikettenschwindels, des Schmuggels und der Steuerhinterziehung. Von den alten Römern bis in die Neuzeit ist das Olivenöl das am häufigsten gefälschte Lebensmittel der Welt. Damals wie heute lassen sich mit dem göttlichen Öl extreme Gewinnspannen erzielen. Das Magazin der »Süddeutschen Zeitung« zitiert einen Beamten vom Europäischen Amt für Betrugsbekämpfung folgendermaßen: »Die Erträge bei gepanschtem Olivenöl sind ähnlich hoch wie beim Kokainhandel. Nur die Risiken sind viel geringer!«

Neben den extremen Fällen von Betrug, auf die mafiöse Organisationen spezialisiert sind und die nicht selten in den Regalen der Billig-Supermärkte landen, gibt es die »legalen« Fälschungen. Falsifikate also, die sich geschickt im Rahmen der gesetzlichen Bestimmungen bewegen. Voraussetzung für diese Machenschaften sind Gesetze, die bis ins Unkenntliche verwässert wurden. Dafür haben die Lobbyisten der Olivenöl-Multis in den vergangenen Jahren erfolgreich gesorgt! Von Novelle zu Novelle wurden die Kriterien für hochwertiges Olivenöl immer weiter nach unten geschraubt.

Zweifelhaftes Etikett »extra vergine«

Hauptziel der Einflüsterer in Rom und Brüssel war und ist die höchste Qualität »extra vergine«. »Wären die strengen Gesetze, die Anfang der neunziger Jahre formuliert wurden, heute noch in Kraft«, konstatiert die Schweizer Zeitschrift »Merum«, »dann müsste der überwiegende Teil der Markenöle auf das Attribut ›extra vergine‹ verzichten!« Die gesetzliche Bandbreite ist inzwischen so großzügig, dass sich viele minderwertige Öle »extra vergine« nennen dürfen. Höchstens zehn Prozent des im Mittelmeerraum erzeugten Olivenöls erfüllt dagegen, nach Ansicht von Experten, den hohen Anspruch der einst unbefleckten Güteklasse.

Olivenöl: das **flüssige Gold**

»Am schlimmsten ist, dass der Markt sich an einen Extravergine-Geschmack gewöhnt, der keiner ist«, schreibt »Merum« in seinem Olivenöl-Dossier. »Charakterlose Marken prägen den Geschmack der Konsumenten. Das führt so weit, dass der intensive Olivengeschmack eines Spitzenprodukts von vielen Verbrauchern als fehlerhaft verstanden wird.«

Auf das Etikett »extra vergine« ist also nur bedingt Verlass. Es sagt zu häufig nichts über die Qualität des Öls aus. Wie aber erkennt man gutes Olivenöl? An Geschmack, Farbe, Konsistenz, Duft, Aroma und Charakter! Wer sich ein Urteil aus Mangel an Erfahrung nicht zutraut, sollte sich an den Feinkost-Handel wenden. Ein kundiger Händler kann über den Olivenölproduzenten detailliert Auskunft geben. Es sollte eine Olivenmühle sein, die Öl in überschaubaren Mengen herstellt.

Olivenbäume können **mehrere hundert Jahre alt** werden.

Qualität hat ihren Preis

Ein weiteres Kriterium ist der Preis. Qualität muss zwar nicht automatisch teuer sein! Wer aber glaubt, ein erstklassiges Öl für 3,99 Euro kaufen zu können, sollte dieses Buch wieder zuklappen. Keine seriöse Olivenmühle in Europa kann hochwertige Öle zu solchen Preisen anbieten. Wer danach sucht, will betrogen werden. Qualität hat ihren Preis! Der Halbliterpreis für gutes Olivenöl liegt in der Regel deutlich oberhalb der Zehn-Euro-Marke. Wir haben eine kleine Auswahl von großartigen Olivenölen zusammengestellt. Echt »extra vergine« natürlich!

Die Besten aus Italien

1. Titone – DOP Valli Trapanesi (Sizilien)

Das beste Olivenöl des sizilianischen Produzenten »Titone« hat über 30 Auszeichnungen erhalten. Darunter die »Goldene Olive« des »International Olive Congress« in Zürich und die Goldmedaille beim »Concorso Nazionale dell'Olio«. Das Bio-Öl schmeckt nach Kräutern, Artischocken und Tomaten und passt hervorragend zu Salat, Gemüse, gebratenem Fisch und Rindfleisch.

2. Il Palagio – DOP Moraiole (Toskana)

Das Öl wird ausschließlich aus der Sorte Moraiole gewonnen, deren Duft an Zypressenholz und Lorbeer erinnert. Das »Il Palagio« wurde vom »Feinschmecker« prämiert und erhielt die nationale Auszeichnung »Ercole Olivario« für das beste Olivenöl der Toskana. Es konveniert mit Bruschetta, Suppen und Fleisch.

3. Rosso – Villa Zottopera (Sizilien)

In der bergigen Landschaft von Chiaramonte Gulfi wachsen die Oliven für dieses fruchtige Öl. Es erhielt die Goldmedaille der »Los Angeles International Olive Oil Competition« und wird lobend im »Guida Slow Food« erwähnt. Es passt zu rohem Gemüse, zu Fisch und Saucen.

4. Villa Magra – Frantoio Franci (Toskana)

»L'extravergine«, einer der renommierten Gourmet-Führer in Italien, wählte die Frantoio Franci in der Nähe von Siena zur besten Ölmühle des Landes. Das Olivenöl Villa Magra wurde ebenfalls mit vielen Auszeichnungen geehrt. Es zählt zu den sehr fruchtigen Ölen und ist ideal für Suppen, Gemüse, Tomatensalat und rotes Fleisch.

Olivenbaumhain in der Toskana

Die Besten aus Frankreich

1. Castelas – Mas de l'Olivier (Provence)

Jean-Benoît Hugues aus Les Beaux-de-Provence zählt zu den großen Olivenbauern im Mittelmeerraum. Das Gourmet-Portal »Pinard de Picard« bescheinigt ihm ein »extrem hohes handwerkliches Ethos«. Seine Olivenöle haben auf dem »Salon International Agriculture« in Paris zahlreiche Goldmedaillen abgeräumt. Das Mas de l'Olivier zählt der »Feinschmecker« zu den besten Olivenölen in Frankreich.

2. Château Virant – L'AOC (Provence)

Ein Spitzenöl des Pays d'Aix-en-Provence. Das Cuvée besteht aus sechs verschiedenen Sorten. »Pinard de Picard« schreibt: »Den Gaumen verwöhnen komplexe Aromen wie getrocknete Früchte, grüner Apfel, Artischocke, Getreide und eine Spur von Mandeln und Weißdorn mit würzig-pfeffrigem Abgang. Weltklasse pur!«

Die Besten aus Spanien

1. Parqueoliva – Serie Oro (Andalusien)

Das Öl trägt stolz die »Goldene Olive« des »International Olive Congress« in Zürich und unzählige andere Auszeichnungen. Die Serie Oro wird aus einer frühen Ernte gepresst. Grundlage sind die Olivensorten Picuda und Hojiblanca. Es schmeckt fruchtig mit einem Touch Haselnuss. Produziert wird es von der Kooperative »Almazares de la Subbetica« im Herzen Andalusiens, in Priego de Córdoba.

Abschöpfen des kostbaren Öls

2. Fuenroble – Potosi 10 (Andalusien)

Die Sierra de Segura liegt am nördlichsten Zipfel Andalusiens, 250 Kilometer von Malaga entfernt. Hier wächst die Picual-Olive, aus der Fuenroble gepresst wird. Die Picual sorgt für ein körperreiches Öl mit einem leichten Bittermandel-Abgang. Das Öl gewann unter anderem den nationalen »Premio mejores aceites de oliva espanoles«.

Die Besten aus Griechenland

1. Aegean Gold – Rafteli (Lesbos)

In der östlichen Ägäis, auf der Insel Lesbos, wird eines der besten Olivenöle Griechenlands produziert. Das Öl der Firma Rafteli wurde in Madrid mit dem renommierten »Mario Solinas Award« ausgezeichnet. Es setzte sich dabei sogar gegen die Frantoio Franci aus der Toskana durch. Das fruchtig-milde Olivenöl wird nur aus der Sorte Kolovi gewonnen.

2. Olivenöl Nr. 29 – arteFakt (Kreta)

Yannis Fronimakis produziert dieses Öl auf Kreta, und der deutsche Vertrieb »arteFakt« aus Wilstedt verkauft es. Der »Feinschmecker« kürte es zum besten Olivenöl Griechenlands. Es wird aus der Psiloelies-Olive gepresst und schmeckt nach »frühreifem Obst, unreifen Bananen und lieblichem Apfel« (»arteFakt«).

TIPP Tropföle

Das sogenannte Tropföl ist eines der hochwertigsten Olivenöle. Im Vergleich zu Extra-vergine-Ölen wird es ohne jeden mechanischen Druck gewonnen.

Die Oliven werden mit dem Mahlwerk zerkleinert und anschließend auf Matten gestrichen, die übereinandergeschichtet werden. Das Öl, das nun vor der ersten Pressung austritt, nennt man Tropföl. Es entsteht ausschließlich durch das Eigengewicht der Olivenpaste. So eine Qualität wird in sehr geringen Mengen hergestellt. Nur einige kleine Ölmühlen verstehen sich heute noch auf die Produktion von Tropfölen:

Carte Noire – DOP Riviera de Fiori (Ligurien)
Dieses vielfach ausgezeichnete Tropföl wird ausschließlich aus der milden Taggiasca-Olive gewonnen. »Slow Food Italien« und »Stiftung Warentest« sind diesem Öl wohlgesonnen.

Affiorato – Frantoio Galantino (Apulien)
Die Höchstbewertung »Tre Olive« beim »Ercole Olivario« erhielt diese Schöpfung von Michele Galantino aus Bisceglie. Das Öl besteht aus 60 Prozent der Sorte Ogliarola und 40 Prozent der Sorte Coratina. Schmeckt leicht fruchtig mit einem feinen Mandelton und eignet sich für Salate und Gemüse.

Nunez de Prado – Flor de Aceite (Andalusien)
»Die Blume des Öls« ist ein biologisches Olivenöl von hoher Qualität. Nunez de Prado aus Baena gehört zu den wenigen Olivenbauern in Spanien, die noch Tropföl herstellen. Sein Olivenöl hat eine Vielzahl von Verkostungen für sich entscheiden können, darunter das »Nationalfest des Ölbaums« in Montoro.

Flor de Aceite: die grüne Blume des Öls

PASTA

Der unsterbliche »erste Gang«

Die **Pasta** wurde früher an der Luft getrocknet.

Wo steht die Wiege der Nudel? Generationen von Historikern sind an dieser Frage verzweifelt. Das Ergebnis ihrer Recherchen, Dispute und Korrespondenzen ist überaus ernüchternd: Die zarten Anfänge des populärsten Nahrungsmittels der Welt haben sich im Nebel der Jahrtausende verloren. Niemand hatte es für nötig erachtet, das epochale Ereignis der Nudelgeburt für die Nachwelt aufzuzeichnen. Das schafft natürlich viel Raum für Spekulationen. Getreu dem Bonmot des italienischen Philosophen Giordano Bruno: »Se non é vero, é ben trovato.« (»Wenn es nicht wahr ist, so ist es doch gut erfunden.«)

Umstrittene Urheberschaft

Eine gewichtige und zahlenmäßig große Gruppe der Nudelforscher sehen in den Chinesen die ersten Pastakocher der Weltgeschichte. Sie rufen Marco Polo als Zeugen auf. Der legendäre Venezianer erzählt in seinen Reiseberichten, dass die Chinesen in Wasser gekochten Teig verspeisen. Eine andere Fraktion hält die Bewohner des Vorderen Orients für die Urheber der Nudelkochkunst. Im Talmud wird die Teigware ausführlich erwähnt, und auch aus Ägypten gibt es schriftliche Zeugnisse eines Hartweizens, der sich für die Nudelherstellung eignet. Eine dritte Partei – italophil bis ins Mark – betrachtet dagegen die Italiener als die genialen Erfinder einer genialen Speise.

Waren die Chinesen die ersten Nudelkocher?

Das zumindest ist nachweisbar falsch. Die Bewohner des Stiefels haben noch auf den Bäumen gesessen, als man woanders bereits feinste Nudeln speiste. Der erste schriftliche Beleg für die Existenz italienischer Pasta stammt erst aus dem 12. Jahrhundert. In der Geschichte »Reise des Sehnsüchtigen um die Horizonte zu durchqueren«, auch bekannt als das »Buch Rogers«, schildert der Botaniker al-Idrisi die Produktion von Nudeln in der Gegend von Trabia, eine Ansiedlung nördlich von Palermo. Viele Schiffsladungen *ytria* (orientalischer Begriff für Pasta) würden von Termini aus übers Meer nach Kalabrien geschickt.

Neue Heimat in Italien

Zu Füßen des Ätnas wurden italienische Nudeln also erstmals geknetet, gepresst und getrocknet. So viel steht fest! Während die Sizilianer die Elternschaft für sich beanspruchen, pochen die Neapolitaner auf das Copyright. Mit Recht! Denn zu Füßen des Vesuvs wurde das Arme-Leute-Essen erst richtig populär. Die Städte Gragnano und Torre Annunziata südlich von Neapel waren im 19. Jahrhundert die Epizentren der italienischen Pasta-Produktion. Überall trockneten in den engen Gassen die Spaghettifäden, Seit' an Seit' mit der Wäsche und den Fischernetzen. In den Manufakturen walkten die Nudelmacher stundenlang den Teig mit den Füßen. Und vor den Tavernen köchelten große Kessel mit *sugo*. Die Pasta hatte ihre Heimat gefunden.

Die **Neapolitaner** haben die Nudel berühmt gemacht.

Neapel hat die Nudel berühmt gemacht. Sie hat sie zum Inbegriff italienischer Lebensart erhoben, zum ewigen »ersten Gang«, zum *primo piatto*. Wie tief verwurzelt die Liebe der Neapolitaner zu ihrer Pasta ist, zeigt eine Zeile des Journalisten Giuseppe Marotta. In seinem Buch »L'Oro di Napoli« schreibt er: »Wer das Paradies durch eine Tür betritt, ist nicht in Neapel geboren. Wir halten unseren Eintritt in den Palast der Paläste, indem wir einen dünnen Vorhang aus Spaghetti behutsam beiseiteschieben.«

Nudelvielfalt ohne Ende

Es gibt in Italien eine endlose Vielfalt von Nudeltypen. Vorsichtige Schätzungen sprechen von 300 verschiedenen Formen. Sie werden grob eingeteilt in *pasta corta* (kurz) wie Penne, Fusilli oder Orecchiette und in *pasta lunga* (lang) wie Spaghetti, Bavette oder Vermicelli.

Fusilli: In Handarbeit wird der Nudelteig um eine dünne Stange gewickelt.

Darüber hinaus unterscheiden die Italiener zwei Arten der Herstellung. Die *pasta fresca* (frisch) findet man häufig im Norden des Landes. Zu dieser Gruppe zählen Gnocchi, Tortellini oder Ravioli. Die frische Pasta hält sich im Kühlschrank höchstens einige Tage. Zu ihr passen gehaltvolle Saucen aus Sahne, Butter oder Käse. Die *pasta secca* (getrocknet) hat ihren Ursprung dagegen im Süden Italiens. Zu dieser Abteilung gehören Spaghetti, Makkaroni oder Rigatoni. Sie halten sich, luftdicht verpackt, bis zu sechs Monate. Getrocknete Pasta sollte man möglichst mit Saucen aus Tomaten, Fleisch oder Meeresfrüchten kombinieren.

Die Deutschen, die pro Kopf und Jahr 7,1 Kilogramm Nudeln essen, bevorzugen übrigens die getrocknete Variante. 62 Prozent unserer Mitbürger essen am liebsten Spaghetti, gefolgt von Fusilli und Pappardelle.

Auf dem Pasta-Weltmarkt spielen die großen italienischen Konzerne eine gewichtige Rolle. Barilla oder De Cecco produzieren jedes Jahr mehr als 3,2 Millionen Tonnen Nudeln, über 50 Prozent davon gehen in den Export. Sie stellen solide Pasta her, da gibt es nichts zu meckern! Wer aber Pasta auf hohem kulinarischen Niveau genießen will, muss die Nudeln kaufen, die in der Haute Cuisine verwendet werden. Und die stellen nur knapp 50 kleine Handwerksbetriebe in Italien her. Hier sind die Besten.

Die Besten

1. Latini

Bei Carlo und Carla Latini besteht Pasta nicht nur aus Mehl und Wasser. Bei ihnen kommen noch Genie und Leidenschaft dazu. Die Nudelhersteller aus Osimo in den Marken bieten im Wesentlichen drei Nudelsorten an: »Senatore Capelli«, »Taganrog« und »Farro«. Grundlage der einzelnen Qualitäten sind Hartweizensorten, die einen hohen Proteingehalt aufweisen. Der Proteinwert beeinflusst die Klebefähigkeit des gemahlenen Korns. Je höher dieser Wert, desto besser die Qualität der Pasta. Die Geschwister Latini bauen ihren Weizen selbst an und können so ständig seine Qualität überprüfen. Fünf uralte Hartweizen-Sorten werden auf ihren Feldern kultiviert.

Die **Latini-Pasta** besticht durch eine große Produktvielfalt.

2. Fabbri

In Strada, im Herzen des Chianti, stellt Giovanni Fabbri seine berühmte Pasta her. Die Familie Fabbri ist seit dem 19. Jahrhundert in diesem Geschäft. Wie viele kleine Pastafirmen benutzt der toskanische Nudelspezialist bei der Herstellung Pastamaschinen, deren Düsen aus Bronze oder Kupfer gefertigt sind. Dadurch erhält die Pasta eine poröse Oberfläche, die den Geschmack betont und den *sugo* besser aufsaugt. Die »Pastificio Artigiano Fabbri« bietet zurzeit zwei Produktlinien an: »Cartapaglia« und »Segnaprezzo«.

3. Cipriani

»Harry's Bar« in der Calle Vallaresso in Venedig ist eine Legende unter den Kneipen dieser Welt. Orson Welles und Truman Capote tranken hier ihren Whiskey. Und Hemingway machte die Bar in »Über den Fluss und in die Wälder« unsterblich. Hier wurde der Bellini geboren, das Carpaccio ersonnen und die Cipriani-Nudel erfunden. Die Pasta von Arrigo Cipriani hat Anhänger rund um den Globus. Sie wird mit Ei und apulischem Hartweizen hergestellt.

Die Nudeln der **Martelli-Familie** helfen Pasta alla Mamma zu zaubern.

4. Martelli

Mario, Laura, Luca, Lucia, Valeria, Lorenzo und Dino. So heißen die Angestellten der Nudelfabrik »Martelli« in Lari in der Nähe von Pisa. Sie gehören alle zur Martelli-Familie. Der kleine Betrieb in der Toskana stellt jährlich etwa 330 Tonnen Pasta her. So viel schaffen industrielle Produzenten in wenigen Stunden. Dafür schmecken die Nudeln der Martellis um ein Vielfaches besser. Manche Pasta-Liebhaber behaupten sogar, es seien die besten Italiens. Getrocknet werden die Spaghetti, Spaghettini, Maccheroni und Penne Lisce auf dem Dachboden. Der warme Wind der Maremma streichelt sie trocken.

5. Rustichella

Der Unterschied liegt im Wasser. Das mineralreiche Quellwasser der Maiella in den Abruzzen macht die Pasta der kleinen Firma »Rustichella d'Abruzzo« zu etwas Besonderem. Neben den klassischen Nudeln, die aus Hartweizen und Wasser bestehen, ist »Rustichella« berühmt für seine *pasta all'uovo*. In ein Kilogramm Nudeln verarbeitet Firmenbesitzer Gianluigi Peduzzi sechs Eier statt der üblichen vier. Das köstliche Endprodukt nennt sich »Chestnut Tagliatelle«, »Saffron Fettuccine« oder »Lasagne all'uovo«.

6. Zaccagni

In der industriellen Pasta-Produktion kostet jede Minute Geld. Deshalb werden die Nudeln im Schnellverfahren getrocknet: in weniger als drei Stunden bei Temperaturen von 100 Grad. Das macht die Pasta zu hart und vernichtet jegliches Aroma. Gianfranco Zaccagni aus Gissi in den Abruzzen dagegen lässt sich Zeit. Seine Nudeln trocknen bis zu 60 Stunden in der warmen Luft eines Holzfeuers. Seine *pastificio* hat er vor Jahren an die örtliche Konkurrenz »Nonna Luisa« verkauft. Heute firmieren die beiden Nudelhersteller unter dem Label »Due Pastori«.

Norbert Niederkofler,
Küchenchef im »St. Hubertus« (Hotel »Rosa Alpina«)
in St. Kassian – zwei Michelin-Sterne:

»Als Italiener Südtiroler Provenienz machen wir die Pasta natürlich selbst. Und zwar nur aus Hartweizen, Wasser und Olivenöl. Den Weizen beziehen wir von einem Hersteller aus dem Piemont, eine kleine Mühle, die noch alte Getreidesorten liefert. Wir haben viel durchprobiert, bis wir uns für die ›Mulino Sobrino‹ entschieden haben.

Persönlich bevorzuge ich *Taglialini pomodoro*, schmale Bandnudeln mit köstlichen Tomaten aus Neapel. Ich koche die Nudeln und gebe sie dann mit ein bisschen Nudelwasser in eine Pfanne. Dazu kommen die Tomaten. Es sind geschälte Marzano-Tomaten aus der Dose. Bevor ich sie in die Pfanne gebe, werden sie vorher nur etwas zerdrückt, aber nicht gekocht. Das Ganze wird mit Basilikumblättern mehrmals durchgeschwenkt und mit Salz, Pfeffer und Olivenöl angemacht.«

KAPITEL 8

SALZ, PFEFFER & WÜRZMITTEL

KAPER
PFEFFER
SAFRAN
SALZ
SENF

KAPER

Die Beste wächst auf einem winzigen Eiland

Kapernblüten sind schöne Pflanzen, die nur wenige Stunden blühen.

»Denk an deinen Schöpfer in deiner Jugend, ehe die bösen Tage kommen. Wenn man vor Höhen sich fürchtet und sich ängstigt auf dem Wege, wenn der Mandelbaum blüht und die Kaper aufbricht.« So steht es in der Bibel, im Buch Kohelet. Der Prediger Salomo beschreibt hier das Altern des Menschen. Die Kaper verwendet er als ein Bild für die Vergänglichkeit der Welt.

Kurzlebige Blüten – köstliche Früchte

Die Blüten des Kapernstrauches haben nämlich ein schönes, aber sehr kurzes Leben. Die rosafarbenen Blumen mit ihren langen purpurnen Staubfäden öffnen sich nur ein einziges Mal. Für wenige Stunden. Von morgens bis mittags. Dann sterben sie, sie verwelken. »Denn der Staub muss wieder zur Erde kommen, wie er gewesen ist.« (Kohelet, Prediger 12,5)

Langschläfer werden die Blüte des Kapernstrauches also kaum zu Gesicht bekommen. Dafür aber die deliziösen Knospen des *Capparis spinosa*. Sie sind in der Welt der Feinschmecker äußerst begehrt. Aus ihnen wird eine kleine Köstlichkeit hergestellt: Kapern.

Früh am Morgen werden auf den Kapernfeldern die noch verschlossenen Blütenknospen von den dornigen Sträuchern gepflückt. Über Nacht werden sie getrocknet – »anwelken« nennt man diesen Vorgang – und mindestens 20 Tage in Salzlake oder grobes Meersalz eingelegt, um ihre Bitterkeit zu mildern. Die kleinsten Knospen, die auf der Insel Pantelleria »Lilliput« genannt werden, sind übrigens die besten, da sie das feinste Aroma enthalten.

Die Würze der Mittelmeerküche

Kapern sind ein steter Begleiter der mediterranen Küche. Sie werden wie Salz oder Pfeffer zum Würzen verwendet. Das berühmteste italienische Kaperngericht ist der *Vitello Tonnato*: dünn aufgeschnittenes, mariniertes Kalbfleisch, bedeckt mit einer Paste aus Thunfisch, Sardellen und Kapern. Der Clou an diesem göttlichen Antipasto ist die Thunfischsauce! Mario Gamba, Chef der Münchner Sterne-Küche »Acquarello«, zaubert zuerst eine Mayonnaise aus Eigelb und Öl, püriert dann Thunfisch, Sardellen und Kapern in einem Mixer und streicht es durch ein Sieb. Diese Paste hebt er dann unter die Mayonnaise und schmeckt das Ganze mit Salz, Pfeffer und Rotweinessig ab. Dekoriert wird das Antipasto mit Rucola- bzw. Friséesalatblättern und ganzen Kapern.

Vitello tonnato ist der Klassiker unter den Kaperngerichten.

Kapern in deutschen Küchen

Die Deutschen kennen die Kaper von den Königsberger Klopsen, jenem ostpreußischen Klassiker, der schlicht aus Fleischbällchen in weißer Kapernsauce besteht. Außerdem werden die Knospen des Kapernstrauches im Hackbraten, im Heringssalat, auf der Pizza, in der Remouladensauce, im Thunfischsalat, in *Spaghetti alla puta-*

Gesalzene Kapern
im Glas

nesca und im Hühnerfrikassee eingesetzt, um nur einige Beispiele zu nennen.

Erworben werden sie bei uns in der Regel im Supermarkt. Dort werden Kapern im Glas angeboten, eingelegt in Branntwein- oder Sherryweinessig. Eine Todsünde! Der Essig ertränkt die Kapern und vernichtet nahezu jedes Aroma. Kaufen Sie Kapern entweder eingelegt in Olivenöl, das mit Gewürzen verfeinert wurde. Oder als Kapern-creme, bestehend aus Kapern, Auberginen, Olivenöl und Salz. Oder *al sale*, gesalzene Kapern. Sie müssen allerdings vor Gebrauch gründlich gewässert werden.

Die Besten

1. Capperi di Pantelleria

Pantelleria. Allein der Name weckt Sehnsucht. So könnte eine Geliebte heißen, mit der man vor vielen Jahren einen leidenschaftlichen Sommer verlebt hat. Pantelleria ist eine winzige Insel zwischen Italien und Tunesien. Fünfeinhalb Stunden braucht die Fähre, um sie von Sizilien aus zu erreichen. *Pantelleria* stammt aus dem Arabischen und bedeutet »Tochter der Winde«. Der Name ist tägliches Schicksal. Fortwährend weht auf der Insel ein Wind. Entweder der Mistral aus Nordwest oder die heiße Luft des Scirocco.

Pantellerias berühmte Salzkapern

In den 90er-Jahren entdeckten viele berühmte Zeitgenossen das karge Eiland: Giorgio Armani, Madonna, Sting oder Gerard Depardieu schätzten dabei vor allem die Abgeschiedenheit, das kristallklare Wasser, die weiß getünchten maurischen Würfelhäuser und, so ist zu vermuten, die berühmten Salzkapern: »I Capperi di Pantelleria«. Das wichtigste Exportprodukt der Insel gilt unter Kennern als die besten Kapern, die für Geld zu bekommen sind. Vor allem die Sorte Nocellara mit ihrer dichten und aromatischen Knospe wird auf den vulkanischen Terrassenfeldern angebaut.

Unverfälschter Geschmack

Kapern aus Pantelleria kommen ausschließlich mit Meersalz oder Olivenöl in Berührung. Kein Essig, keine Salzlake, keine künstlichen Konservierungsstoffe verändern ihren Geschmack. Ihr unverfälschtes würziges Aroma, ihre feste Konsistenz und ihre leichte Schärfe zeichnen sie aus. Von der Europäischen Union wurden die »Capperi di Pantelleria« mit der geschützten Herkunftsbezeichnung P.G.I. ausgezeichnet.

Über 500 Landwirte bauen auf der Insel neben Oliven, Tomaten und Trauben die berühmten Kapern an. Von Mai bis September werden die jungen Knospen gepflückt. Die Sprösslinge müssen fest verschlossen sein, nur dann sind sie verwendbar. Eingelegt werden sie mit dem groben Salz aus der Meerwassersaline von Trapani (Sizilien). »Capperi al sale« behalten ihr Aroma etwa drei Jahre lang. Spätestens dann sollten man sie aufgebraucht haben.

Maurische Würfelhäuser auf **Pantelleria.**

Den Flair von Pantelleria, das Aroma der *capperi* und die Sehnsucht im Herzen findet man im Restaurant »La Favarotta« in der Khamma Fuori. Wenn Sie sich von der traumhaften Aussicht losreißen können, dann bestellen Sie einen einfachen *Insalata Pantesca* mit Kartoffelscheiben, Tomaten, Zwiebeln, Oliven und Capperi di Pantelleria.

TIPP Capperi di Salina

Die Kapern aus Pantelleria haben einen harten inländischen Konkurrenten: die »Capperi di Salina«. Etwa die Hälfte aller italienischen Salzkapern werden auf der kleinen liparischen Insel Salina angebaut. Auch sie sind von bemerkenswerter Qualität.

2. Nonpareilles

Capperi di Pantelleria oder Nonpareilles? Für nicht wenige Gourmets eine klare Sache! Die Minis aus Südfrankreich, genauer aus der Gegend um Marseille, Toulon, Montpellier oder Nizza, schmecken besser. *Nonpareilles*, zu Deutsch »die Unvergleichlichen«, sind kleiner als sieben Millimeter.

Tapenade aus Kapern, Oliven, Kräutern und Olivenöl

Je kleiner, desto feiner

In Frankreich werden Kapern grundsätzlich nach der Größe eingeteilt. Eine Art Qualitätsmerkmal: je kleiner, desto feiner. Auf die Nonpareilles folgen die Surfines, die Fines, die Mifines, die Capucines, die Capottes und schließlich die Communes. Letztere sind mindestens sechsmal so schwer wie die Nonpareilles.

Aus den französischen Kapern, provenzalisch *Tapenas*, wird auch eine bekannte Spezialität aus der Provence gemacht, die schwarze *tapenade*. Eine Paste aus zerkleinerten Oliven, Kapern, Kräutern und Olivenöl. Sie wird zum Verfeinern von Saucen und Salaten benutzt oder als Aufstrich auf geröstetem Baguette.

INFO KÜCHE

Kapern verändern durch längeres Erhitzen ihren Geschmack. Man sollte sie also erst kurz vor dem Ende der Garzeit hinzufügen. Denn nur dann bleiben sie würzig und behalten ihre Konsistenz. Kapern lassen sich hervorragend mit anderen mediterranen Gewürzen wie Basilikum, Oregano oder Knoblauch kombinieren. Sie enthalten reichlich Calcium, Magnesium und Senföl. Bereits die Griechen erkannten ihre appetitanregende und verdauungsfördernde Wirkung.

Kapern nicht mit Kapernfrüchten verwechseln! Es handelt sich dabei nicht um die Knospen des Kapernstrauches, sondern um seine Früchte, die unreifen Beeren. Sie werden nicht als Gewürz verwendet, sondern meist als pikante Gemüsebeilage.

Eckart Witzigmann,
»Koch des Jahrhunderts« (»Gault Millau«):

»Ich liebe Kapern! Neben den italienischen und französischen gibt es auch hervorragende Qualitäten in Griechenland und in meiner zweiten Heimat, auf Mallorca. Eingelegt in Salz oder Olivenöl. Ich kombiniere Kapern sehr gerne mit Fisch. ›Seezunge in Sardellensud‹ heißt eines dieser Gerichte. Die Sauce setzt sich aus klein gehackten Kapern, Sardellen und ein wenig Petersilie zusammen. Dazu kommen ein Fischsud, ein Schuss Weißwein und ein paar Tropfen Olivenöl.

Köstlich auch der ›Rochenflügel‹! Der Fisch wird mit doppelgriffigem Mehl oder Tempura-Mehl bestreut und leicht mit Dijon-Senf bestrichen, anschließend in Olivenöl und Butter gebraten. Dann werden die Kapern zusammen mit unbehandelten, blanchierten Zitronenzesten in die Pfanne gegeben. Dazu gibt es kross gebratene Kartoffelwürfel und Rote Bete.

Oder was halten Sie von ›Kabeljau im Strudelteig‹ mit Kapern? Die Fischfilets werden dabei mit einer Farce aus Kabeljau, Tomaten-Concassée, Basilikumblättern, Sahne und Creme double bestrichen, in Strudelteig eingeschlagen und goldbraun ausgebacken. Für die Sauce wird die Schalotte mit Weißwein reduziert, mit Fischfond abgelöscht und wieder eingekocht. Abgerundet wird das Ganze mit Salz, Cayenne, Zitrone und Kapern aus Mallorca.«

PFEFFER

Der Blonde aus dem Pfefferland

Pfeffer gibt es **in vielen Farben, Formen und Größen.**

»Geh doch dahin, wo der Pfeffer wächst!« heißt eine berühmte deutsche Redensart. Wir benutzen sie immer dann, wenn wir einen unangenehmen Zeitgenossen loswerden wollen. Wir wünschen ihn also möglichst weit weg, zum Beispiel nach Indien, dorthin, wo der Pfeffer ursprünglich herkommt.

Seltsam, dass man gerade die unsympathischen Menschen in eine ausgesprochen paradiesische Gegend schicken will: Die Luft ist feuchtwarm, der Wind weht milde, der Himmel trägt meist Blau. Ein Klima, das dem *Piper nigrum*, wie der Pfeffer auf Lateinisch heißt, sehr bekömmlich ist. In den Pfeffergärten Westindiens findet sich eine Pflanze, die an unzähligen Stangen und Spalieren »gezogen« wird und unter deren dunkelgrünen Blättern mächtige Rispen hängen, die bis zu 30 fast runde Früchte tragen. Der Pfefferstrauch kann gut zehn Meter hoch werden, wird aber wegen der leichteren Ernte auf drei bis vier Meter kurz gehalten.

Pfeffer als Zahlungsmittel

Pfeffer ist eines der ältesten Gewürze überhaupt. Bereits in der indischen Sanskritliteratur, den heiligen Schriften der Hindus, wird er als *pippari* erwähnt. Durch den Vorstoß Alexander des Großen nach Indien lernte ihn das Abendland kennen. Dort avancierte das seltene Gewürz zu einer wahren Kostbarkeit! Ähnlich wie die dünnen Safranfäden wurden die kleinen Körner mit Gold aufgewogen. Zeitweise dienten sie sogar als Zahlungsmittel, vor allem für Tribute, Zölle und Steuern.

Wohlstand durch Gewürzhandel

Mit dem Gewürzhandel konnte man in jenen Zeiten unermessliche Reichtümer anhäufen. Viele erfahrene Seefahrer kannten deshalb nur ein einziges Ziel: die legendären Gewürzinseln. Als der Portugiese Vasco da Gama den Seeweg um das Kap der Guten Hoffnung herum nach Indien entdeckte, erreichte der Handel mit exotischen Gewürzen seinen Höhepunkt. Die Portugiesen besetzten binnen kurzer Zeit die wichtigsten Anbaugebiete und kontrollierten den weltweiten Gewürzmarkt. Lissabon blühte auf und kam zu bisher nicht gekanntem Wohlstand. Hundert Jahre währte dieses Paradies. Dann kamen die Holländer und schließlich die Engländer. Das Monopol zerfiel.

Vasco da Gama, portugiesischer Seefahrer und Entdecker des Seewegs nach Indien.

Pfeffer diente damals vor allem dazu, den fauligen Geruch vieler Speisen, besonders von Fleisch, zu überdecken. Martin Luther schreibt von einer seiner Reisen, dass er sich bereits nach Käthchens häuslichem Herd sehne, stinke doch in den Gasthäusern das Gekochte himmelwärts. Doch nur die Wohlhabenden konnten sich Pfeffer leisten. Die Ärmeren mussten sich mit den Beeren des Myrtenstrauchs oder Wacholders begnügen.

Nummer 1 in deutschen Küchen

Heute ist *Piper nigrum* längst kein Luxusartikel mehr, und auch die exquisiten Sorten kosten kein Vermögen. Pfeffer ist neben dem Salz das wichtigste Gewürz hierzulande. 250 Gramm – ob schwarzer, weißer, roter oder grüner – konsumiert jeder Deutsche pro Jahr. Das sind fast 20 000 Tonnen, die die Speicher in London oder Rotterdam Richtung Deutschland verlassen. Auf den Plätzen der deutschen Gewürz-Hitliste folgen übrigens, nach Angaben des Fachverbandes der Gewürzindustrie, Paprika, Koriander, Kümmel und Muskatnuss.

Die Besten – Schwarzer Pfeffer

1. Tellicherry spezial extra blond

Tellicherry ist eine beschauliche Hafenstadt im Südwesten von Indien. Die Stadt gehörte einst zu den ersten befestigten Handelsniederlassungen der »British East Indian Company« und entwickelte sich im 18. Jahrhundert zu einem der größten Umschlagplätze für Gewürze wie Kardamom, Nelken, Muskat, Zimt, Vanille und Pfeffer. Vor allem der schwarze Tellicherry-Pfeffer aus dem gebirgigen Hinterland ist unter Kennern eine Legende. Er ist großfruchtig, gleichmäßig geformt, von einem braunschwarzen Farbton und hat mindestens vier Millimeter Kornumfang. Gourmets veredeln damit vor allem Salate, Saucen, Fleisch- und Fischgerichte sowie Desserts.

Der **Tellicherry-Pfeffer** wird vor der Reife geerntet.

Die Pfeffer-Spätlese

Um schwarzen Pfeffer zu erhalten, erntet man die Beeren vor der Reife. Auf großen Matten ausgebreitet, werden sie anschließend an der Sonne getrocknet und dabei mehrmals gewendet. Die grünen, unreifen Beeren schrumpeln und nehmen langsam die typisch schwarz-dunkelbraune Farbe an.

Im Vergleich zum gewöhnlichen schwarzen Pfeffer wird der Tellicherry einige Wochen später geerntet. Erst wenn sich die Beeren gelb-orange verfärben, pflückt man sie. Diese Ernte wird ähnlich wie beim Wein als »Spätlese« bezeichnet. Durch die längere Reifezeit erhält der Tellycherry sein würziges Aroma. Die Pfefferkörner müssen nach der Trocknung sauber sein, dunkelbraun bis schwarz, hart, schwer, netzrunzlig und gleichmäßig groß. Erst dann dürfen sie den Namen Tellycherry tragen. Nur zehn Prozent der gesamten Ernte an der Malabar-Küste erhalten dieses Privileg.

INFO Grüner Pfeffer

Diese Beeren werden unreif und grün gepflückt. Unmittelbar nach der Ernte legt man die Körner in Salzlake ein. Auf diese Weise wird die Fermentierung, die zur dunkelbraunen Färbung führen würde, verhindert.

Grüner Pfeffer wird entweder salzig oder sauer konserviert, um sein fruchtiges Aroma möglichst lange zu erhalten. Der grüne Pfeffer bleibt weich und ist im Vergleich zum schwarzen Pfeffer relativ mild. Man würzt damit Kurzgebratenes oder gegrilltes Fleisch.

2. Wilder Periyar

Periyar wächst ebenfalls im indischen »Pfefferland«, in der Provinz Kerala, einem 780 Quadratkilometer großen Naturschutzgebiet, dem Lake Periyar National Park. Die Gewürzplantagen liegen auf über eintausend Meter Höhe, umgeben von Bergen und von dichtem Urwald. Heimat wilder Elefanten und der letzten Tiger Indiens.

Periyar-Pfeffer hat einen hohen Gehalt an ätherischen Ölen.

Der Weg zum Periyar-See, der 1895 von den Briten künstlich angelegt wurde, führt durch eine geografisch überaus abwechslungsreiche Landschaft. Die Fahrt geht vorbei an filmreifen Stränden, smaragdgrünen Süßwasserkanälen, kleinen Dörfern, traumhaft schönen Wasserfällen und endlosen Kokosnuss-Plantagen.

Weiter oben, in den grünen, nebligen Wäldern der Westghats, tropft der Reichtum aus den Bäumen: Kautschuk, eine der wichtigsten Einnahmequellen Keralas. Je höher man kommt – die Westghats erreichen über 2600 Meter –, umso mehr Tee- und Kaffeepflanzungen säumen die Straße. Schließlich öffnet sich ein kleines Tal: der Lake Periyar National Park. Hier wächst einer der besten Pfeffer der Welt.

Die **Westghats** im indischen Pfefferland

In dieser von Menschenhand weitgehend verschonten Landschaft gedeihen autochthone, also gebietstypische Pfeffersorten wie Karimunda, Pannigur, Vellamunda und Thevanmunda. Im Vergleich zu anderen Pfefferfrüchten enthalten sie einen doppelt so hohen Anteil an ätherischen Ölen. Wenn man Periyar-Pfeffer im Mörser zerstößt, wird diese Besonderheit sofort gegenwärtig: Der Duft, der einem in die Nase steigt, scheint nicht von dieser Welt.

INFO Roter Pondicherry

Diese Sorte darf nicht mit dem rosa Pfeffer, der nicht zu den Pfeffergewächsen gehört, verwechselt werden. Der rote Pondicherry, benannt nach der gleichnamigen Stadt an der Ostküste Südindiens, wird aus den vollreifen roten Pfefferfrüchten gewonnen.

Die Beeren müssen nach der Ernte umgehend eingelegt werden, damit keine Fermentation eintritt. Dieser biologische Prozess würde das leuchtende Rot zu einem blassen Rosa reduzieren. Der Pfeffer schmeckt süßlich, ein wenig fruchtig und hat eine milde Schärfe. Er passt hervorragend zu Wild und dunklen Bratensaucen.

Getrocknete rote Pfefferkörner sind in Europa nur sehr schwer zu bekommen. Wer das Glück hat, muss tief in die Tasche greifen. Ein halbes Pfund Pondicherry kostet fast 70 Euro.

Die Besten – Weißer Pfeffer

1. Muntok special / Sarawak special creamy

Platz 1 teilen sich zwei weiße Pfeffersorten: der Sarawak-Pfeffer aus Borneo (Malaysia) und der Muntok-Pfeffer von der Insel Banka (Indonesien).

Weißer Pfeffer wird aus den ausgereiften, roten Früchten gewonnen. Im Gegensatz zum schwarzen Pfeffer, der viel Wärme benötigt, braucht der weiße vor allem Wasser, viel Wasser. Bis zu zehn Tage lang wird der Muntok, verpackt in flache Jutesäcke, in fließendem Wasser eingeweicht. Die äußere Schale der Pfefferfrucht soll sich so langsam ablösen. Zurück bleibt der weiße, harte Stein der Frucht, der anschließend an der Sonne getrocknet wird.

Weißer Pfeffer beim Trocknen an der Sonne

Der Scharfmacher des Pfeffers

Das, was den Pfeffer »scharf macht«, ist das sogenannte Piperin. Dieser Stoff wirkt entzündungshemmend, senkt das Fieber und wirkt schweißtreibend. Weißer Pfeffer enthält davon mehr als schwarzer und hat folglich einen schärferen Geschmack. Dafür mangelt es ihm an ätherischen Ölen, was sich auf das Aroma auswirkt.

Der handgepflückte »Muntok special« aus Indonesien besitzt die höchste Qualitätsstufe unter den weißen Pfeffersorten. Das Korn ist gleichmäßig groß, elfenbeinfarben bis weiß und hat eine angenehme Schärfe.

Milder Geschmack und helle Farbe

Im Südchinesischen Meer auf der Insel Borneo finden wir einen weiteren erstklassigen weißen Pfeffer, den Sarawak. Der »Sarawak special creamy« wird fast ausschließlich exportiert. Er ist berühmt für seinen frischen, milden Geschmack und seine helle Farbe. Ein überzeugter Anhänger des weißen Sarawak ist Alain Ducasse. Das französische Koch-Genie verwendet ihn unter anderem für seinen Wolfsbarsch mit Spargel. Die Fischfilets werden nur leicht mit grob gehacktem Sarawak-Pfeffer paniert und anschließend gegart.

2. Kamerun-Pfeffer

Die République du Cameroun liegt am Golf von Guinea, genau an der Schnittstelle von West- und Zentralafrika. Berühmt ist das Land für seine Fußball-Nationalmannschaft. Die »unbezähmbaren Löwen« erreichten 1990 in Italien als erste afrikanische Mannschaft das Viertelfinale einer Weltmeisterschaft. Weniger bekannt ist, dass Kamerun zu den ärmsten Ländern der Welt zählt. Die Lebenserwartung liegt bei 50 Jahren.

Die Perle von Kamerun

Zu den wenigen Einnahmequellen des Landes zählt neben Holz, Kakao und Kaffee der weiße Pfeffer aus dem Penja-Valley. Penja liegt in Zentralkamerun, knapp 100 Kilometer von der Küste entfernt. Hier wächst auf vulkanischer Erde eine edle Pfeffersorte, »the pearl of cameroon«. Die mineralreiche Erde verleiht diesem Pfeffer seinen spezifischen Charakter: ein samtiges, feines Aroma mit einer leichten Holznote. Besonders geübte Gaumen meinen auch Ambra, ein Stoffwechselprodukt des Pottwals, herauszuschmecken.

INFO Pfeffer, der kein Pfeffer ist

Cayennepfeffer ♦

Cayennepfeffer, auch Spanischer Pfeffer genannt, ist ein Paprikagewächs. Es besteht aus Chilis, die zu Pulver vermahlen wurden.

Tasmanischer Pfeffer ♦

Diese Pflanzenart stammt aus Australien und gehört zur Familie der *Winteraceae*. Die getrockneten Beeren sehen dem Pfeffer sehr ähnlich, haben aber botanisch nichts mit ihm zu tun. Tasmanischer Pfeffer ist leicht süßlich und sehr scharf.

Mönchspfeffer ♦

Ein Strauch aus der Familie der Eisenkrautgewächse. Im Mittelalter wurde der Mönchspfeffer zur Dämpfung des Sexualtriebs eingenommen – daher auch sein Name. Er schmeckt leicht bitter.

Die **Früchte des Mönchspfeffers** riechen und schmecken nach Pfeffer.

Piment ♦

Piment wird auch Nelkenpfeffer genannt. Er kommt aus Mexiko und den Westindischen Inseln, wächst auf Bäumen und schmeckt nach Nelken und Zimt.

Rosa Pfeffer ♦

Wird aus den Beeren eines südamerikanischen Baumes gewonnen und sieht aus wie roter Pfeffer. Schmeckt etwas süßlich, kaum scharf, leicht bitter. Rosa Pfeffer verleiht Fisch und Gemüse eine exotische Note.

Szechuan-Pfeffer ♦

Szechuan-Pfeffer wird aus den Fruchtkapseln eines kleinen bedornten Strauchs gewonnen. Er schmeckt prickelnd, leicht säuerlich, betäubt die Zunge. Dieses Gewürz wird in der chinesischen, japanischen und indonesischen Küche eingesetzt und in der ayurvedischen Heilkunde genutzt.

SAFRAN

Das Viagra der Antike

Safran war früher ein **wichtiges Färbemittel.**

Safran ist ein göttlicher Stoff. Die Menschen im alten Rom glaubten, dass überall dort, wo der Samen Jupiters während des Beischlafs mit Juno auf die Erde fiel, ein Safrankrokus entstand. In der griechischen Mythologie wiederum trugen die Götter goldgelbe, mit Safran gefärbte Kleider. Und Hera – so heißt es in der »Ilias« von Homer – verstreute Safran auf ihrem Lager, bevor sie Zeus, den geliebten Gatten, empfing.

Für die Potenz und gegen Herzensleid

Safran war das Viagra der Antike. Dem Gewürz, dessen leuchtende Farbe an die aufgehende Sonne erinnert, wurden potenzfördernde Kräfte zugeschrieben. Die Phönizier opferten ihrer Liebesgöttin Safrankuchen, bevor sie im Ehebett in die Schlacht zogen. Und der römische Kaiser Mark Aurel pflegte in Safranwasser zu baden, bevor er sich seinen Mätressen widmete. Noch heute wird Safran in der ayurvedischen Lehre als Liebesgewürz gehandelt.

Safran war aber auch als Arzneimittel hoch geschätzt und fehlte in keiner mittelalterlichen Apotheke. Es beruhigte die Nerven, linderte Asthma, heilte Krämpfe, wirkte verdauungsfördernd und diente als Antidepressivum. Bereits der römische Naturwissenschaftler Plinius der Ältere empfiehlt in seinem Werk »Naturalis historia« Safranfäden als Heilmittel, wenn das Herz niedergeschlagen ist.

Und nicht zuletzt machte Safran als Färbemittel Karriere. Wenige Fäden reichen, um Textilien, Speisen, Metalle oder Schrift in ein leuchtendes Gelb zu tauchen. Das wasserlösliche Crocin, das in den Blütennarben konzentriert ist, liefert den kostbaren Farbstoff. Noch heute gilt: Je dunkler die Fäden, desto besser die Qualität.

In Handarbeit zum weltweit teuersten Gewürz

Safran ist mit Abstand das teuerste Gewürz der Welt. Ein Pfund des »roten Goldes« kostete im 15. Jahrhundert 180 Kreuzer. Das entsprach in etwa dem Wert eines Pferdes. Heute kostet ein Gramm zehn Euro und mehr. Der hohe Preis erklärt sich durch die mühevolle, zeitaufwendige Produktion. Alles ist Handarbeit – der Anbau, die Ernte, die Verarbeitung. Aus bis zu 200 000 Blüten müssen die Safranfäden gezupft werden, um nach dem Trocknen ein Kilogramm Safran zu erhalten.

In Handarbeit werden aus den Safranblüten **die kostbaren Fäden** gezupft.

Die Quelle des kostbaren Stoffs ist die lilafarbene Blüte des *Crocus sativus*, der zu den Schwertliliengewächsen zählt. Die Art ist eng verwandt mit den Krokussen, die in unseren Gefilden den Frühling ankündigen. Aus der Blüte des *Crocus sativus* ragen drei winzige dunkelrote Fäden heraus. Diese sogenannten Narbenschenkel sind der pure Safran.

Nur diese drei Fäden enthalten den aromatischen Duft, den erdigen Geschmack und die leuchtende Farbe, die für den Safran so charakteristisch sind. Safran höchster Reinheit besteht ausschließlich aus diesen Fäden. Nur sie dürfen die Bezeichnung *coupe* (Spanien), *sargol* (Iran) oder *mogra cream* (Indien) führen. Bei dieser Qualität dürfen keine Pflanzenreste wie Blüten oder Griffel beigemischt werden.

INFO Achtung, Fälscher!

Wer im Urlaub »spottbilligen« Safran erstanden hat, kann ziemlich sicher davon ausgehen, dass er betrogen wurde. Statt Safran erhält er gefärbte Grasspelzen, Granatapfelblüten, Maisbartfäden, Ringelblumen, Teestängel oder – besonders beliebt – Saflor, die Blüte der Färberdistel. Manchmal wird Safran auch künstlich schwerer gemacht, indem er mit Öl oder Glycerin bedampft wird.

Vorsicht auch vor gemahlenem Safran! Nichts lässt sich so leicht fälschen wie Safranpulver. In der Regel erhalten Sie Kurkuma, den zerriebenen Wurzelstock der Gelbwurz, oder Ziegelpulver oder auch gemahlene Senfkörner. Hauptsache bunt und billig!

Safranpulver – nichts lässt sich leichter fälschen!

Die Besten

1. Kaschmir »Mogra Cream«

Der beste Safran der Welt wächst im Kaschmir-Tal, einer berauschend schönen Landschaft. »Smaragd unter den weißen Perlen des Himalajas« wird das Tal von seinen Bewohnern genannt. Sanfte Hügel, gefrorene Seen, hohe Nadelwälder, wilde Obstgärten, violette Safranfelder, reißende Flüsse und eisblaue Gletscher zeichnen ein fast schon kitschiges Bild. Zu allem Überfluss thront am Horizont auch noch das schneeweiße Dach der Welt, die majestätischen Achttausender des Himalajas.

So schön die Landschaft, so hässlich die politische Gegenwart. Im Kaschmir-Tal prallen seit Ende der 40er-Jahre die Interessen der Atommächte Indien und Pakistan am blutigsten aufeinander. Sechs große Kriege und unzählige Scharmützel haben über 100 000 Menschen das Leben gekostet. Über eine Million Soldaten stehen sich heute noch an der Waffenstillstandslinie von 1949 gegenüber.

Existenzgrundlage und Kulturgut

Losgelöst von den kriegerischen Auseinandersetzungen läuft der Safran-Anbau. Fast alle Einwohner der Region um die Stadt Pampur leben vom Handel mit der Krokuspflanze. Sie verdanken ihr tägliches Auskommen zwei Wanderpredigern, die vor 800 Jahren Krokusknollen in den Nordwesten Indiens brachten. Die Gebeine der frommen Männer liegen heute in einem heiligen Schrein in Pampur begraben.

Kesar, so wird Safran auf Hindi genannt, ist in Indien ein wichtiger Bestandteil in der Medizin, in der Kosmetik und in der Religion. Wie tief das Gewürz in der Kultur des Subkontinents verwurzelt ist, zeigt ein Blick auf die indische Flagge. Neben dem blauen »Rad der Lehre« sind drei waagrechte Streifen in Grün, Weiß und Safran verewigt. Safran steht für die Hindus, Grün für die Moslems und das Weiß für den versöhnlichen Geist zwischen ihnen.

Im Safrankrokus schlummert das **teuerste Gewürz der Welt.**

Der beste Safran der Welt

Die Safran-Qualität »Mogra Cream« aus dem Kaschmir gilt in der Fachwelt als reinster und damit bester Safran der Welt. Auch wenn das die Produzenten in Spanien und vor allem im Iran naturgemäß ganz anders sehen. Chemische Untersuchungen errechnen regelmäßig eine Farbsättigung (Crocin) von 230 und mehr. »Mogra Cream« ist dunkelrot. So dunkelrot wie kein anderer Safran auf der Welt – Ausdruck seiner ungewöhnlichen Qualität.

INFO Küche

Viele Deutsche verbinden Safran mit dem uralten Kinderlied »Backe, backe Kuchen«. Dort heißt es in der letzten Zeile: »... Safran macht den Kuchen gel!«. Doch Safran dient nicht nur als Färbemittel für Süßspeisen. Für gute Köche ist Safran eine Art Joker. Kein Gewürz ist so anpassungsfähig. Es konveniert mit salzig, süß, bitter oder sauer.

In den Mittelmeerländern wird Safran zum Würzen oder Färben von Reis, Schalentieren, Suppen, Kuchen, Fischgerichten oder hellen Saucen verwendet. Klassiker wie *Risotto alla Milanese*, *Paella Valenciana*, *Fabada Asturiana* (Bohneneintopf), *Zarzuela Catalana* (Fischpfanne), die *Bouillabaisse á Marseille* oder die kleinen *Malloredus alla Campidanese* (Gnocchi mit Wurst) aus Sardinien sind ohne den aromatischen Safran nur schwer vorstellbar.

In der indischen, arabischen und asiatischen Küche setzt man Safran hauptsächlich bei Hammel-, Lamm- und Reisgerichten ein. Die beliebten nordindischen *Biriyanis* (Reis mit Schaf, Gemüse, Nüssen und Rosinen) werden intensiv mit Safran gewürzt. Ebenso der orientalische *Pilaw*, ein Eintopf aus Reis, Gemüse, Zwiebeln und Fleisch.

Darüber hinaus macht Safran nicht nur den Kuchen gel, sondern auch viele andere Süßspeisen. Er veredelt Milchreis, Grieß oder Gebäck. Man findet ihn in dunkler Schokolade, Speiseeis, indischem Joghurt, italienischen *Biscotti*, schwedischen Lucia-Krapfen

(*Lussekatter*) und natürlich im Vanillepudding. Sogar Kräuterliköre, wie der »Chartreuse« von den Kartäuser-Mönchen aus Grenoble, enthalten Safran.

2. Azafrán de La Mancha Coupe

Die La Mancha ist eine von der Welt vergessene Gegend. Meilenweit nichts als trockene Felder, heißer Staub, zerfallene Burgen, verlassene Windmühlen und störrische Esel. Dass die La Mancha überhaupt noch Erwähnung findet, verdankt sie einem einzigen Mann, dem Dichter Miguel Cervantes. Mit seinem »Don Quijote de la Mancha« hat er die kastilische Hochebene unsterblich gemacht.

Safranpflücker auf einem Feld in der La Mancha

Die La Mancha ist die ideale Bühne für den Ritter von der traurigen Gestalt! Denn was soll man hier auch anderes tun, als gegen Windmühlen zu kämpfen? Man könnte zum Beispiel die traumhaft schöne Altstadt von Toledo besuchen, den Schafskäse Manchego (*Queso Manchego*) probieren, einen fruchtigen Roten aus Valdepeñas genießen, Öl aus den Cornicabra-Oliven erstehen, von den köstlichen Marzipanröllchen (*Huesos de Santo*) naschen oder die berühmteste Delikatesse der Region kaufen, den Azafrán de La Mancha.

Europas wichtigstes Safran-Anbaugebiet

Einmal im Jahr gönnt sich die herbe Schönheit La Mancha ein besonderes Make-up. Im Oktober blüht wenige Wochen lang der *Crocus sativus*, und dann wird der karge Lehmboden in ein kräftiges Lila getaucht. Der Safran liebt die La Mancha. Er liebt trockenen, kalkhaltigen Boden, wenig Bäume, kalte Winter und heiße Sommer.

Der Anbau von **Safran** liegt in Spanien seit Jahrhunderten in den Händen kleiner Familienbetriebe.

Der Süden der kastilischen Hochebene ist Europas bedeutendstes Anbaugebiet für Safran. Seit vielen Jahrhunderten ist das Geschäft mit dem roten Gold in den Händen von kleinen Familienbetrieben. Früher konnten die Bauern gut davon leben. Heute dagegen verlassen viele ihre Felder für immer. Die Arbeit ist zu hart, die Rendite zu klein. Billiglohnländer wie der Iran drängen auf den Weltmarkt. Die Preise fallen von Jahr zu Jahr. Von den einst 5000 Safranbauern in der La Mancha macht nur noch ein Fünftel den Rücken krumm.

Safran pur – zum Färben und Genießen

Zum Leidwesen vieler Gourmets! Denn der spanische Safran ist zum Teil von erlesener Qualität. Azafrán de la Mancha Coupé ist fast Safran pur. Nur ein winziger Anteil von Blüten, maximal fünf Prozent, darf den Fäden zugesetzt werden. Die Färbekraft, also der Crocin-Gehalt, liegt bei über 190. Im Vergleich zur besten Kaschmir-Qualität immer noch ein gutes Ergebnis!

INFO Weitere Safranproduzenten

- **Iran**

Die Perser haben ihre Safranproduktion in den vergangenen Jahren erheblich gesteigert. Inzwischen beherrschen sie weite Teile des Weltmarktes. Sie produzieren große Mengen, so groß, dass die Qualität bisweilen darunter leidet. Der persische Safran wird hauptsächlich in der Gegend um den Pilgerort Mashhad angebaut. Mashhad ist die zweitgrößte Stadt des Iran und liegt im Nordosten des Landes. Ihren besten Safran nennen die persischen Produzenten »Sargol« oder »Cut Saffron«. Diese Qualitätsstufe entspricht in etwa dem spanischen »Coupé«.

Italien ♦

Das größte italienische Anbaugebiet liegt auf Sardinien. In San Gavino, Turri und Villanovafranca wird auf 35 Hektar Safran geerntet. Der »Zafferano di Sardegna« gilt als der beste Italiens. Die lokalen Produzenten dürfen seit Kurzem sogar das DOP-Qualitätssiegel führen. Der Großteil der Produktion bleibt auf der Insel, da viele sardische Gerichte ausgiebig mit Safran gewürzt werden.

Aquila, die Hauptstadt der Abruzzen, war dagegen bis ins 16. Jahrhundert das Zentrum der italienischen Safranproduktion. Heute werden nur noch etwa 50 Kilogramm jährlich geerntet. Feinschmecker schätzen den »Zafferano dell'Aquila« wegen seines hohen Safranal- und Crocin-Gehalts, der Duft und Farbe bestimmt, und wegen seines ungewöhnlich scharfen Aromas.

Schweiz ♦

Mund im Kanton Wallis ist die letzte Safran-Hochburg nördlich der Alpen. In dem kalt-heißen und sehr trockenen Mikroklima gedeiht der Safran prächtig. Ab Oktober verwandeln sich die steilen Hänge in ein lilafarbenes Blütenmeer. Seit dem 14. Jahrhundert wird hier auf 1200 Meter Höhe Safran angebaut. Die Ernte liegt bei drei bis vier Kilogramm pro Jahr. Ein Teil davon wird zu »Munder Gold« verarbeitet – ein Aperitif mit 27 Prozent Alkoholgehalt.

SALZ

Die salzigen Blumen aus der Bretagne

Das »weiße Gold«: **Fleur de Sel**

Salz ist der Stoff, der die Welt bewegt. Vor vielen Hundert Jahren war Salz Zeichen von Macht und Reichtum. Es war kostbarer als Gold! Salz zettelte Kriege an, machte Könige, Fürsten und Kaufleute reich, erschuf ganze Städte, besiegelte heilige Verträge, diente als Aphrodisiakum, machte Fisch und Fleisch haltbar und wurde als Gewürz genutzt.

In der griechischen Mythologie wurde Salz als Gabe der Götter verehrt. Nereus, der Herrscher über die Meere, hatte es einst Peleus, dem Vater von Achill, als Hochzeitsgeschenk überreicht. Noch heute schenkt man Freunden zur Vermählung oder zur Einweihung der eigenen vier Wände Brot und Salz – als Symbol für Glück und Wohlstand.

Im antiken Rom wiederum diente Salz zeitweise als Sold. Die Legionäre erhielten auf ihren Feldzügen ein *salarium*, eine Ration Salz. Mit ihr ließ sich besser Handel treiben, besser als mit Goldmünzen. Daraus ist übrigens das Wort »Salär« entstanden.

Vom Ursalz zur modernen Speisewürze

Das Salz der Antike hat mit unserem heutigen Speisesalz nur wenig gemein. Wir vergewaltigen auch hier gründlich die Vielfältigkeit der Natur. Mit hohem technischem Aufwand reduziert die Lebensmittelindustrie das Ursalz auf nur noch zwei Elemente, Natrium und Chlor. Anschließend fügen die Hersteller künstliche Stoffe wieder hinzu. Zum Beispiel Kalzium- und Magnesiumcarbonat zur Verbesserung der Rieselfähigkeit, Fluorid zur Härtung des Zahnschmelzes, Jod für die Schilddrüsenfunktion oder Folsäure zur Vorbeugung von Herz-Kreislauf-Erkrankungen.

Unbehandeltes Ursalz enthält wichtige Mineralien und Spurenelemente.

Das Ursprüngliche des Salzes, sein Reichtum an Spurenelementen und Mineralien, wird eliminiert. Der Grund: Über 80 Prozent des gewonnenen Salzes werden in der Industrie eingesetzt. Salz dient als Basis für Farbstoffe, Reinigungsmittel, Backpulver und Textilien oder kommt bei der Papierherstellung, bei der Wasserenthärtung oder bei der Geschirrreinigung zum Einsatz. Dazu aber benötigt man nur reinstes Natriumchlorid. Speisesalz ist dabei lediglich ein nützliches Abfallprodukt. Gerade mal drei Prozent der Produktion wandern in die deutschen Küchen.

Gesundes Salz – unbehandeltes Salz

Für den menschlichen Organismus kann dieses Natriumchlorid – in zu hohen Dosen konsumiert – zu einem aggressiven Gift werden. Pferde, die wegen ihres großen Kopfes besonders klug sind, verweigern beharrlich Lecksteine aus Industriesalz. Wir sollten es ihnen nachmachen!

Wer sich gesund ernähren will, sollte nur Ursalz, also unbehandeltes Steinsalz, zu sich nehmen. Salz, das 250

Millionen Jahre unter der Erdoberfläche schlummerte und frei ist von den Umwelteinflüssen der modernen Zeit. Salz, das all die Elemente enthält, die das Leben auf unserem Planeten erst möglich gemacht haben. Neben dieser Grundausstattung, die vor allem der Gesundheit dient, empfehlen wir dem Feinschmecker »Fleur de Sel«.

Die Besten

Fleur de Sel de Guérande **schmeckt weniger salzig.**

Fleur de Sel de Guérande

Guérande, umarmt von einer dicken mittelalterlichen Mauer, ist die Kapitale einer kleinen Halbinsel im Süden der Bretagne. Diese Landzunge mit ihren weiten Sümpfen, ihren quirligen Häfen und ihren kleinen Dörfern aus reetgedeckten Häusern ist der Geburtsort der Salzblume, der Fleur de Sel.

In den Salzgärten der Halbinsel, den *marais salants*, wird seit mehr als tausend Jahren Salz gewonnen. Bereits zu Zeiten des legendären Franken Karl dem Großen haben die Salzbauern von Guérande mit ihren Rechen, den *rateaux*, das »weiße Gold« geerntet. Aus dieser Zeit stammt auch der Name Guérande. Er setzt sich aus den alten bretonischen Wörtern *Gwen* und *Rann* zusammen, was »weißes Land« bedeutet.

Die Entstehung der Salzblumen

Fleur de Sel darf man nicht mit gemeinem Meersalz verwechseln. Fleur de Sel verhält sich zum Meersalz wie die Sahne zur Butter. Es handelt sich dabei um winzige Salzkristalle, die sich in den Salinen auf der Wasseroberfläche bilden. Diese Salzblumen wachsen nur bei einer bestimmten Wetterkonstellation: viel Sonne, niedrige Luftfeuchtigkeit und leichter bis mittelstarker Wind.

Unter diesen höchst seltenen Bedingungen entstehen in den großen Becken die Fleur de Sel, die vom Wind zusammengetrieben und von den *sauniers* abgeschöpft werden. Nach der Ernte werden die Salzblumen an der bretonischen Sonne getrocknet, gesiebt und schließlich verpackt.

Selbst in den besten Sommermonaten machen die hauchdünnen Salzkristalle nur wenige Prozent der gesamten Ernte in der Guérande aus. Aufgewogen wird die mühevolle Arbeit der *sauniers* allerdings durch üppige Einnahmen. Für 125 Gramm Fleur de Sel aus der Guérande werden in Feinkost-Läden, je nach Verpackung, bis zu zehn Euro verlangt.

Fleur de Sel wird mit einem **Rechen** mühsam abgeschöpft.

Das Salz der Spitzenköche

Der hohe Preis ist gerechtfertigt. Fleur de Sel ist von einer einzigartigen Qualität, die vor allem in der Haute Cuisine geschätzt wird. Der Unterschied zu handelsüblichem Küchensalz ist frappierend und sogar für Fast-Food-Junkies schmeckbar. Fleur de Sel ist reich an Magnesium und Jod und verhältnismäßig arm an Natriumchlorid. Deshalb sind die Kristalle aus der Guérande milder als gewöhnliches Salz.

Spitzenköche lieben diesen weichen Geschmack. Fleur de Sel ist weniger salzig und bietet so anderen Aromen genug Raum, sich zu entfalten. Es konveniert bestens mit Fisch, Gemüse oder Nudeln. Ein pochiertes Lachsfilet zum Beispiel mit Fleur de Sel zu bestreuen kann der Beginn einer außergewöhnlichen Leidenschaft sein.

First Flush: die frühen Salzblumen

Lässt sich Fleur de Sel noch steigern? In einer Welt der PR und des Marketings problemlos! Man muss nur den Salzkristallen eine Krone aufsetzen, also eine Premium-Selektion kreieren. »First Flush« wird sie genannt. Ein Begriff, der in der Welt des Tees, insbesondere beim Darjeeling und Asam, die erste Ernte nach dem Winter bezeichnet. Beim Fleur de Sel werden damit die frühen Salzblumen des Jahres geadelt. Sie sollen angeblich besonders zart und besonders aromatisch sein.

Salzberge am Rand der Salinen

Wer das herausschmeckt, wird einst neben Lukull – das ist gewiss – an der himmlischen Tafel sitzen. Zu Lebzeiten allerdings wird er tüchtig – auch das ist gewiss – zur Tasche gebeten.

Sind nun die Salzblumen aus anderen Regionen Europas von geringerer Qualität? Wohl kaum! Wichtig ist nur, dass es handgeschöpfte Salzkristalle sind und kein schnödes Meersalz. Die Fleur de Sel aus anderen Teilen Frankreichs wie der Camargue, der Ile de Ré oder der Ile de Noirmoutier können sich mit denen der Guérande ohne Weiteres messen. Und auch die Flor de Sal aus Spanien und Portugal sind nicht zu verachten.

INFO Weitere Gourmet-Salze

- **Halen Mon (Großbritannien)**
  Geräuchertes Meersalz aus Wales. Das Salz wird in den Salinen der Isle of Anglesey gewonnen. Durch das Räuchern über 800 Jahre altem walisischem Eichenholz erhält es seine braune Farbe und das süßliche Barbecue-Aroma. Halen Mon erinnert an die Salzgewinnung der Normannen. Die Eroberer der britischen Insel schütteten Sole über das offene Feuer. Beim Verdampfen legte sich eine feine Salzschicht auf die verkohlten Holzstücke. Diese wurde von den Frauen abgeschabt und zum Würzen verwendet.

- **Hawaiian Red Alaea (USA)**
  Rotbraunes, unbehandeltes Tafelsalz aus Hawaii. Gelöst aus dem Wasser des Pazifiks. Gemischt mit der vulkanischen Tonerde Alaea. Das Salz diente den Ureinwohnern als heilige Opfergabe.

Maldon (Großbritannien) ♦

Hauchdünne, pyramidenförmige Salzkristalle aus Maldon an der südenglischen Nordseeküste. Gewonnen an der Mündung des Blackwater. Milder Geschmack. Liegt bei Verkostungen immer auf den ersten Plätzen. Hergestellt wird das Salz seit über hundert Jahren von der »Maldon Sea Salt Company«, dem einzigen Salzproduzenten Englands.

Silver Crystal Kalahari (Südafrika) ♦

Grobkörniges, kristallweißes Biosalz aus dem südlichen Afrika. Gewonnen aus einem ausgetrockneten Salzsee am Rande der Wüste Kalahari. Wird in Baumwollsäckchen oder Glasbehältern angeboten.

Luisenhall (Deutschland) ♦

Bio-Salz aus Göttingen. Luisenhall ist die einzige Saline Europas, die noch im traditionellen Pfannensiedeverfahren arbeitet. Dabei wird Natursole aus 450 Metern Tiefe gepumpt, in riesige Pfannen geleitet und bei 70 Grad gesiedet. Die Sole wird gespeist aus Millionen Jahre alten Salzablagerungen und ist damit frei von heutigen Umwelteinflüssen.

Luisenhall-Salz wird mit Hilfe des **Pfannensiedeverfahrens** gewonnen.

Australian Murray River (Australien) ♦

Pfirsichfarbene Salzkristalle aus dem Süden Australiens. Das Salz wird aus dem Murray River gewonnen. Der größte Fluss des Kontinents entspringt in den schneebedeckten Bergen und durchfließt auf seinem Weg zum Meer Landschaften mit natürlichen Salzvorkommen. Im Murray-Darling Basin, dem größten und wichtigsten Agrargebiet Australiens, wird das Salz dann in großen Verdunstungsbecken gewonnen.

SENF

Die scharfe Revolution aus Dijon

Dijon – die **Wiege des weltbekannten Senfs**

»Muss der denn immer seinen Senf dazugeben!?« Dieser Stoßseufzer geht auf die Wirtsleute im 17. Jahrhundert zurück. Zu Zeiten des brandenburgischen Kurfürsten Friedrich Wilhelm hatten sie die Angewohnheit, zu jedem Gericht ungefragt Senf zu servieren oder unterzumischen. Sie wollten die häufig sehr einfachen Speisen mit dem scharfen Senf »aufpeppen«, den eigentlichen Geschmack überspielen. Andere Quellen behaupten, die Wirte wollten nur die Rechnung in die Höhe treiben. Senf war damals ein teures Würzmittel.

Welche Version auch zutreffen mag, eine Redewendung war geboren, die die Jahrhunderte überdauerte. »Seinen Senf dazugeben« bedeutet heute, sich zu etwas äußern, ohne gefragt zu werden, etwas Unerwünschtes, Überflüssiges zu einem Gespräch beizutragen.

Bitte mit Senf!

Senf oder Mostrich, wie er in Norddeutschland genannt wird, ist neben Salz und Pfeffer das Lieblingsgewürz der Deutschen. Senf steht in jeder Imbissbude. Er gehört zur Wurst wie Ketchup zu Pommes frites. Keine Bock-, Curry-, Brat- oder Weißwurst ohne das gelbfarbene oder bräunliche Würzmittel. Gleiches gilt für Berliner Eisbein, Grünkohl mit Pinkel, Kassler mit Kraut oder Rheinischen Sauerbraten.

Senf wird aus dem Samen einer kärglichen, krautartigen Pflanze hergestellt, die gelbe Blüten trägt. Botanisch betrachtet, ist sie mit Raps, Rettich und Kresse verwandt. Sie zählt zur Gattung der Kreuzblütler. Die Senfkörner bestehen aus Öl, Eiweiß und Glykosiden, einer chemischen Verbindung, die für die Schärfe verantwortlich ist. Wobei die weißen Körner eher mild sind, die braunen und schwarzen dagegen scharf.

Die **Senfpflanze** ist eine eher unbekannte Schönheit mit gelben Blüten.

Bei der Herstellung entscheidet die Mischung der verschiedenen Körner über die Schärfe des Senfs. Das Verhältnis von hellen zu dunklen Senfkörnern ergibt süßen, milden, scharfen oder extrascharfen Senf. Die Schärfe bzw. das Aroma der Samen entwickelt sich allerdings erst durch das Mahlen des Korns und durch den Kontakt mit einer Flüssigkeit.

Die Wiege des feinen Senfs

Diente Senf in Deutschland dazu, Gerichte zu würzen, so wurde er in Frankreich eingesetzt, um Gerichte zu verfeinern. Zentrum der französischen Senfherstellung war damals wie heute die Bourgogne. Dijon, die Hauptstadt des Herzogtums Burgund, erhielt 1634 das Senf-Monopol. Ein Bürger der Stadt, Jean Naigeon, revolutionierte schließlich die Senfherstellung. Er ersetzte den Essig durch *verjus*, den Most unreifer Trauben. Aus dem Wort »Most« (lateinisch: *mustum*) haben sich im Laufe der Zeit die Bezeichnungen Mostrich, Mustard und Moutarde herausgebildet.

Der Gedankenblitz des Jean Naigeon ergab einen sehr aromatischen Senf. Der »Moutarde de Dijon« wurde zum kulinarischen Hit! Am Hof von Versailles rührten ihn die Köche literweise unter die Speisen. Sie verfeinerten Fisch- und Fleischsaucen, Vinaigrettes, Marinaden, Panaden und Krusten. Der kleine Senfmacher Jean Naigeon begründete die übermächtige Dominanz der französischen Senfhersteller. Sie kontrollieren heute über 50 Prozent des Weltmarktes. Neben industriellen Massenprodukten stellen sie auch die besten Senfsorten der Welt her.

Die Besten

1. Moutarde de Dijon Fallot

Der **Moutarde de Dijon Fallot** wird traditionell hergestellt.

Ein klassischer Dijon-Senf! Er besteht aus Senfkörnern, Wasser, Wein, Gewürzen und Salz. Laut Rezeptur darf der Senf nicht mehr als zwei Prozent Samenschalen enthalten. Deshalb wird Moutarde de Dijon am Ende des Herstellungsprozesses noch einmal durch ein feines Sieb gepresst, um alle groben Teile zu entfernen. Das verleiht ihm die berühmte cremige Konsistenz.

Dijon-Senf nach alter Tradition

Edmont Fallot arbeitet noch traditionell. Er nutzt die Technik der alten Senfhersteller. Dazu gehören steinerne Mühlen aus dem 19. Jahrhundert, mit denen die Körner zerkleinert werden. Dieses Mahlwerk garantiert, dass Aroma und Schärfe der Senfsamen während der Verarbeitung nicht verloren gehen. In der industriellen Produktion verflüchtigen sich dagegen die hitzeempfindlichen Öle, und die Schärfe wird häufig durch Meerrettich ersetzt.

Fallot stellt in der Altstadt von Beaune jedes Jahr 1400 Tonnen Senf her: aus zwei Dritteln *verjus* und einem Drittel schwarzen oder braunen Senfkörnern. Den goldgelben, cremigen Senf gibt es als *blanche, forte* oder *extra forte.*

2. Moutarde de Meaux Pommery

Moutarde de Meaux fehlt in keiner Küche der gehobenen Gastronomie. Der recht körnige Senf wird aus geschroteten Samen hergestellt. Die Firma »Les Assaisonnements Briards« in Nanteuil-les-Meaux, 60 Kilometer westlich von Paris, exportiert den nach Meinung vieler Feinschmecker »besten Senf der Welt« in über 30 Länder. Sein Markenzeichen ist ein hellgrauer Steinguttopf, der verkorkt und mit rotem Wachs versiegelt wird. Auf dem »Napa Valley Mustard Festival« in Kalifornien wurde er mit einer Silbermedaille prämiert. Eine Spezialität aus der Gegend von Nanteuil ist ein Weichkäse, der Brie de Meaux, gefüllt mit einer Mischung aus Sahne und Moutarde de Meaux.

3. Moutarde Violette de Brive

Ein päpstlicher Senf. Er wurde auf Wunsch seiner Heiligkeit, Clemens VI., nach einem alten Rezept zubereitet. Der Senfmeister Messire Jaubertie durfte sich als Dank »Grand Moutardier du Pape« nennen. Die purpurne Farbe des Moutarde Violette de Brive stammt vom Most der roten Cahors-Trauben. Der Senf wird heute von der Familie Denoix aus Brive-la-Gaillard im Limousin produziert. Er ist mild, schmeckt süß-säuerlich und besitzt ein ausgeprägt fruchtiges Traubenaroma. Er passt gut zu geschmorten Kaninchen, zu Käse, Wurst, Fisch oder einfach als Beilage zu einem Steak.

Der **Senf wird durch ein Sieb** gepresst, um grobe Partikel zu entfernen.

4. Moutarde Champ's

»Champ's Artisan Moutardier« aus Ribécourt stellt 35 verschiedene Senfsorten her. Grundlage der Maische ist meist Wein und Champagner-Essig, der mit Gewürzen, Orangen, Walnüssen, Paprika, Zwiebeln, Knoblauch oder Zitronen angereichert wird. Der »Moutarde Antique« mit Honig und Honigwein basiert auf einem alten Rezept aus dem 10. Jahrhundert.

5. Moutarde Delouis Fils

»Delouis Fils«, ein kleiner Familienbetrieb aus Limoges, der die Senfsaat noch in einer Steinmühle mahlt, ist bekannt für seinen Moutarde de Champagne mit einem Champagner-Anteil von fünf Prozent und seine fruchtigen Sorten aus Feigen oder Zitronen.

INFO Gute deutsche Senfsorten

- **Georgsenf**

Die Senfmühle steht mitten in der Altstadt von Halle. Ihr Besitzer Jörg Hündorf stellt im Kaltmahlverfahren sechs verschiedene Senfsorten her. Sein würziger »Georgsenf Classic« wurde bei einer Verkostung im »Hotel Brandenburger Hof« in Berlin als Senf mit »Tiefe und jugendlichem Elan« beschrieben. Er wird mit Halloren-Siedesalz und Rübensaft hergestellt. Die Senfsaat bezieht Hündorf nicht wie viele andere Hersteller aus Kanada, sondern von heimischen Landwirten.

- **Schwerter Senf**

In Schwerte, am Rande des Ruhrgebiets, mahlen seit 70 Jahren Mühlen aus Stein die Senfkörner. Schwerter Senf gilt als besonders cremig. Im Ruhrgebiet wird der milde »Adrian« zur Bratwurst, Blutwurst, dem »Wurstbrot« oder zur westfälischen Leberwurst gegessen.

- **Moutarde de Montjoie**

Guido Breuer aus Monschau, südlich von Aachen, exportiert seinen Senf nach England, Holland und in die Schweiz. In vierter Generation rührt er seinen Monschauer Senf in großen Maischbottichen mit Essig, Kochsalz und einer geheimen Gewürzmischung an. Die Maische wird zwischen zentnerschweren Basalt-Lava-Steinen vermahlen. 18 verschiedene Sorten hat er im Angebot. Am bekanntesten ist der »Moutarde de Montjoie Ur-Rezept« im klassischen Steinzeugtopf.

Sven Elverfeld,
Chef de Cuisine im »Aqua« (Hotel »The Ritz-Carlton«)
in Wolfsburg – zwei Michelin-Sterne:

»Mein Lieblingssenf ist ›Savora‹ von dem französischen Hersteller ›Amora‹. Der Senf ist nicht scharf, sondern hat eine säuerliche, würzige Note. Ich verwende ihn hauptsächlich bei der Zubereitung meines Hirschkalbrückens.

Der ›Savora‹ besteht aus elf Kräutern und Gewürzen, unter anderem Muskat aus Indonesien, Kurkuma aus Madras und Senfkörnern aus Kanada. Hinzu kommen Zimt, Cayenne-Pfeffer, Gewürznelken, Sellerie, Knoblauch, Estragon, Malzessig und Blütenhonig.

Der Hirschkalbrücken wird, nachdem er gegart wurde, mit dem Senf eingepinselt und anschließend in einer Mischung aus Hirschsalami, Petersilie, Croûtons und frittierten Schalotten gewälzt. Der Senf würzt und dient gleichzeitig als Klebemittel. Zuletzt wird das Hirschkalb noch einmal unter dem Grill warm gemacht.«

La Costeña
SALSA VERDE
Valentina
Nativo
P.A.N.
Ranchero
La Costeña
MOLE
PATE D'ARACHIDE
FACUNDO
GUAYABA
EN ALMIBAR
AMARILLO
P.A.N.
El Sabor Casa
Pasta de
amarillo
Rocoto
SALSA DE AJI
ORIENTAL
Soya
KIKKOMAN
Salsa de Soja
TABASCO
Picante suave
Nativo
PASTA DE
MANI
Huacatay
La Costeña
ASTECA
GENGIBRE
4'90
PAPA CRIOLLA
6'90 €
K
TOMAQUET
SEC
22'00

KAPITEL 9

SAUCEN & KONSERVEN

ANCHOVIS

BBQ-SAUCE

SOJASAUCE

THUNFISCH IN OLIVENÖL

ANCHOVIS

Die Sardelle auf dem Weg zur Anchovis

Die **europäische Sardelle** unternimmt lange Wanderungen.

Was ist eine Anchovis? Per definitionem ein »weites Feld«. So viel steht fest!

Anchovis, abgeleitet aus dem spanischen *anchoa* bzw. portugiesischen *anchova*, ist ein anderer Name für die Europäische Sardelle, die vorwiegend im Atlantik, im Mittelmeer und im Schwarzen Meer zu finden ist. Sie wird nicht länger als 20 Zentimeter, ernährt sich vorwiegend von Plankton und unternimmt lange Wanderungen an den europäischen Küsten.

Mit Anchovis werden aber auch leicht gesalzene Sprotten umschrieben, die, im Geschmack deutlich milder, vor allem in der skandinavischen Küche eingesetzt werden. Diese Sprotten nennt man auch »unechte« Anchovis. In Schweden werden sie unter anderem zu *Janssons frestelse* (»Janssons Versuchung«) verarbeitet. Ein Auflauf, der häufig zu Weihnachten serviert wird und aus Kartoffeln, Zwiebeln, Sahne und Anchovisfilets besteht.

Anchovis ist letztlich auch – im Terminus technicus der Küchenmeister – eine Bezeichnung für Sardellen, die in

Salz, Olivenöl oder Weinessig eingelegt wurden. Sie werden filetiert in Konserven oder püriert als Sardellenpaste bzw. Anchoviscreme angeboten.

Kleiner Fisch für große Saucen

Vor allem in der mittel- und südeuropäischen Küche ist die Anchovis unersetzlich. Ihr sehr spezielles Aroma macht sie als würzende Zutat einzigartig. Viele Saucen scheinen nur erdacht worden zu sein, um dem kleinen Fisch eine große Bühne zu bieten. Dazu gehören so berühmte Kreationen wie die Thunfischsauce zu *Vitello tonnato*, dem Klassiker unter den italienischen Antipasti; die unaussprechliche *Worcestershiresauc*e aus Großbritannien, die Fleisch würzt und eine »Bloody Mary« erträglich macht; die *Bagna caod*a aus dem Piemont, ein heißes Sardellen-Knoblauch-Fondue für starke Mägen und einsame Nächte oder die südfranzösische *Tapenade* aus schwarzen Oliven, ein Dip, der zum Aperitif gereicht wird.

Kongeniale Zutat berühmter Salate

Auch als wichtiger Bestandteil eines Salat-Dressings hat es die Anchovis zu beachtlicher Prominenz gebracht. Die kleinen salzigen Fische machen den *Caesar Salad*, komponiert im mexikanischen Tijuana von einem Koch namens Cesare Cardini, unnachahmlich. Gleiches gilt für den *Green Goddess*, benannt nach dem gleichnamigen Broadway-Stück von William Archer. Eine wahrhaft theatralische Mixtur aus Estragonessig, Petersilie, Frühlingszwiebeln, Knoblauch und Anchovis. Und natürlich ist der weltbekannte *Salade Niçoise* von der französischen Mittelmeerküste ohne Anchovis weder ess- noch vorstellbar.

Anchovis mit Knoblauch – auch pur ein Genuss

Damit nicht genug! In Spanien ist die Anchovis Gast in jeder Tapas-Bar. Entweder frittiert als *Boquerones fritos*, in Olivenöl und Essig eingelegt als *Boquerones en vinagre* oder in Oliven gefüllt als *Aceitunas rellenas*. In Italien sind *alici marinate* mit Tomaten, Basilikum und Petersilie zum Niederknien und *braciolette di alici*, frittierte Anchovis-

Rouladen, einen Seitensprung wert. Und in Deutschland liegen Anchovis entweder auf der *Pizza Napolitana* oder machen Königsberger Klopse zu Königsberger Klopsen.

Die Besten

1. Anchoa del Cantábrico

Im Golf von Biskaya werden die besten Anchovis der Welt gefangen. Die gewaltige Bucht, berüchtigt für starke Stürme und extreme Wellen, erstreckt sich von der Südwestküste Frankreichs bis zur Nordküste Spaniens. Der französische Teil mit den Hafenstädten Bordeaux, La Rochelle und Saint-Nazaire wird auch Golfe de Gascogne genannt. Die Spanier nennen ihren Teil Mar Cantábrico. Gesäumt wird das Kantabrische Meer von den Häfen Gijón, Santander und Bilbao.

Das Salzen der Sardelle wird von Hand gemacht.

Alles noch per Hand

Tummeln sich hier wirklich die besten Anchovis? Möglich! Aber sicher ist das nicht. Lassen Sie es uns so formulieren: Die Anchovis, die im Golf von Biskaya ins Netz gehen, werden in den spanischen Küstenstädten am besten verarbeitet. Sie werden in zeitraubender Handarbeit zu einer Delikatesse! Unternehmen wie »Conservas Ortiz« aus Ondarroa und »Conservas Hoya« aus Santona sind unter Feinschmeckern weltbekannt für ihre in Olivenöl oder in Salz eingelegten Anchovis. Die kleinen Fische gelten als sehr zart, fleischig und nur dezent salzig.

Im Frühsommer machen die Fischtrawler Jagd auf die Europäische Sardelle. Nach dem Fang werden die Fische sortiert, ausgenommen und gesalzen und verschwinden schließlich sorgfältig geschichtet für mindestens sechs Monate in großen Fässern. Das Salz konserviert und lässt die Anchovis »reifen«. Nach der Reife werden sie gewaschen, getrocknet, gesäubert, filetiert und in Konserven eingelegt. Alles per Hand! Anchovis für Anchovis!

BBQ-SAUCE

Die Saucen der Champions

Eine köstliche Sauce ist das i-Tüpfelchen auf dem Steak.

Die USA sind das Mutterland des BBQ. Keine Nation steht so gerne am Grill wie die Amerikaner. Barbecue gehört wie Baseball zum American Way of Life. Über 421 Millionen Grillgeräte soll es zwischen Boston und Seattle geben. Jeder Amerikaner brutzelt also auf 1,5 Grills. Der Trend geht klar, wie beim Auto, zum Zweitgrill.

Hobby-Griller und Grill-Weltmeister

Gegrillt wird immer und überall: am Wochenende, an Feiertagen, in der Küche, im Garten, in den Nationalparks oder auf den unzähligen BBQ-Festivals im Lande. Memphis in Tennessee ist eine Hochburg für BBQ-Fans. Jedes Jahr im Mai treten hier die besten Griller aus der ganzen Welt gegeneinander an. Süßliche Rauchschwaden wabern dann drei Tage lang durch den Tom-Lee-Park. Prämiert werden die besten Spareribs, Schweineschultern, Hähnchenflügel und Saucen. Es gibt sogar einen Preis für ein »Whole Hog«, für ein ganzes Schwein. 95 000 Besucher verfolgen diesen »World Championship Barbecue Cooking Contest«.

Barbe à la Queue, vom Bart bis zum Schwanz, so wurden in Nordamerika im 18. Jahrhundert ganze Bisons von französischen Trappern gegrillt. Sie hoben dafür Erdlöcher aus, entfachten ein Holzfeuer, und über der Glut garten sie die riesigen Tiere. Aus *Barbe à la Queue* entstand *Barbecue*, abgekürzt *BBQ*, *Bar-B-Q* oder *Bar-B-Que*. Andere Quellen orten den Ursprung des Wortes bei den Tainos, einem indianischen Volksstamm der karibischen Inseln. Sie nannten ihre offenen Feldöfen *Barbacoa*.

Die Ausrüstung der Profis

Echtes amerikanisches BBQ ist übrigens nicht mit dem europäischen Grillen zu vergleichen. BBQ benötigt einen sogenannten Smoker, einen länglichen, tonnenförmigen Ofen mit einem kleinen Schornstein. Seitlich befindet sich eine Kammer, die mit Holz befeuert wird. Bei 80 bis maximal 130 Grad werden riesige Fleischportionen über mehrere Stunden bei geschlossenem Deckel im heißen Rauch langsam gegart. Das Grillgut kommt mit der Glut nie direkt in Berührung.

Der Smoker gehört zur **BBQ-Standardausrüstung** in den USA.

Wer einmal Hähnchen, Schweinerippen oder Rinderbrust aus so einem Smoker probiert hat, möchte es nie wieder missen. Das Fleisch hat ein rauchiges, sehr würziges Aroma. Es ist saftig und unglaublich zart. Je nach Wahl des Holzes können dabei die unterschiedlichsten Geschmacksnoten erzielt werden. In Alabama, Georgia und Mississippi wird über Hickory- oder Eichenholz »gesmoked«. Der Texaner dagegen bevorzugt Mesquite- oder Pecan-Wood.

Nichts geht ohne BBQ-Sauce

Smoker, Holz, Fleisch. Was noch fehlt, ist die richtige BBQ-Sauce! Sie kommt bereits im Smoker zum Einsatz. Die Steaks und Rippchen werden fingerdick bestrichen, damit das Fleisch das Aroma noch während des Garens annimmt. Die Vielfalt an käuflichen BBQ-Saucen ist immens. Die meisten von ihnen haben einen schweren und rauchigen Touch. Die Basis bilden in der Regel Tomaten, Senf, Essig oder Früchte. Je nach Gusto können sie mild bis extrem scharf sein.

Die Besten

Ohne Sauce – kein Barbeque!

1. Ole Rays Sauce

Ole Rays scharfe und milde BBQ-Senfsaucen, wie die »Kentucky Gold Bourbon« oder die »Classic Gold Barbeque & Cooking Sauce« gewannen viele Preise. Berühmt bei Kennern ist auch seine »Blackberry Wine Barbeque & Cooking Sauce«, seine »Apple Cinnamon« oder »Apple Bourbon Sauce«. Brombeere, Apfel und Zimt sind hier die Geschmacksträger.

2. Smoky Jon's

Sollten Sie zufällig mal nach Wisconsin kommen, dann vergessen Sie nicht, in Madison bei Smoky Jon in der Parkers Avenue vorbeizuschauen. Seine über Hickory-Holz gegarten Schweineschultern, Hähnchen oder Rinderbrüste sind ein Gedicht. Dazu gehören natürlich seine prämierten Saucen und Würzmischungen. Über 60 Preise hat er mit ihnen landesweit schon gewonnen. 33 Jahre Erfahrung und viel Herzblut stecken in seinen Rezepten.

Weltspitze ist die relativ milde BBQ Sauce »The Mild Vinegar BBQ Sauce«, die auf Essig basiert. Aber auch seine scharfen Saucen, wie die »Spicy Tomato Sauce« oder die »Gourmet Hot Sauce« stehen ganz oben auf den Einkaufslisten vieler BBQ-Gourmets.

3. Rocky Mountain

Die Produkte der »Rocky Mountain Company« gibt es seit über 15 Jahren. Allein 2007 gewannen die Saucen aus Redmond acht Preise auf der BBQ-Challenge der »National Barbecue Association« in Raleigh, North Carolina. Drei erste Preise gab es für die »Texas Spicy Sauce«, die »Mandarin Sweet 'n' Spicy Sauce« und die »Korean Calbi Sauce«.

SOJASAUCE

Schildkrötenpanzer für den Kaiser

Sojabohnen und Weizen in alten Bottichen aus Zedernholz

»Zehntausend Schildkrötenpanzer« – so heißt das Maß in der Welt der Sojasauce. Der japanische Lebensmittel-Tycoon »Kikkoman« hat sich diesen Namen gegeben. *Kikko* bedeutet »Schildkrötenpanzer«, *man* heißt »zehntausend«. Die Schildkröte, so glauben die Japaner, wird mehrere Tausend Jahre alt und ist somit ein Sinnbild für Glück und Erfolg. Nomen ist in diesem Fall tatsächlich Omen! Der Hoflieferant des Kaiserhauses beherrscht den Weltmarkt souverän. Jedes Jahr werden in Japan, den USA, in Singapur, Taiwan, China und den Niederlanden 400 Millionen Liter Sojasauce gebraut und 2,4 Milliarden Euro umgesetzt.

Natur versus Chemie

Sehr häufig ist allerdings nicht »Kikkoman« drin, wo »Kikkoman« draufsteht. Hart kalkulierende Sushi-Restaurants ersetzen gerne die teuren Saucen durch Billigprodukte aus China, Indonesien oder Thailand. Echt ist dann nur noch die leicht bauchige Flasche von »Kikkoman«. Nur wenige Gäste merken den Unterschied. Durchschnittlichen europäischen Gaumen fehlt die Sensibilität, natürlich gebraute Sojasauce zu schmecken.

»Naturally brewed« Sojasauce besteht ausschließlich aus Sojabohnen, Weizen, Wasser und Salz. Der Fertigungsprozess dauert bei sehr hochwertigen Saucen, die allerdings nur in Asien verkauft werden, bis zu vier Jahre. Die Billigprodukte sind dagegen meist chemischer Natur. Ihre Produzenten setzen Maissirup, Karamellfarbstoffe, Geschmacksverstärker und Konservierungsmittel ein. Überdies wird der Gärungsprozess mithilfe von Sojamehl und Salzsäure beschleunigt.

Der Unterschied ist sichtbar. Natürliche Saucen sind lichtdurchlässig, hellbraun und dünnflüssig. Chemische Produkte dagegen sind dunkel wie die Nacht und tropfen wie zähflüssiger Sirup von den Sushi-Häppchen. Entscheidend sind aber vor allem der Geruch und der Geschmack. Eine gute Sojasauce entfaltet ein unvergleichliches Aroma und schmeckt *umami*, vollmundig. Das chemische Pendant riecht indes stumpf und erinnert die Geschmacksknospen bestenfalls an angelsächsische Würzhilfen.

Sojabohnen und Weizen in **modernen Mischanlagen aus Stahl**

Die Sauce Asiens

Die Sojasauce hat in Asien eine lange Tradition. Erfunden wurde sie vor mehreren Tausend Jahren in China von einer buddhistischen Sekte, die dem Fleischgenuss entsagte. In Japan wurde sie viele Hundert Jahre später durch die Zugabe von Weizen und durch die Verlängerung der Fermentierung deutlich verbessert. Heute ist sie aus der japanischen Küche nicht mehr wegzudenken, die *shoyu* steht bei jeder Mahlzeit auf dem Tisch. Sie wird eingesetzt zum Würzen und Verfeinern, als Basis für Saucen, Dips und Dressings sowie zum Marinieren und Beizen.

INFO Soja-Geschmacksrichtungen

Die japanische Küche unterscheidet im Wesentlichen fünf Geschmacksrichtungen.

- **Koikuchi**
Stark und intensiv. Über zwei Drittel aller Sojasaucen in Japan zählen zu dieser Sorte. Sojabohnen und Weizen werden im gleichen Verhältnis fermentiert. Koikuchi passt gut zu Fleisch und intensiv riechendem Fisch.

- **Usukuchi**
Leicht und transparent. Diese Sojasauce enthält mehr Salz. Außerdem wird süßer Reiswein hinzugefügt. Man verfeinert damit Gemüse, milden Fisch und Suppen.

- **Tamari**
Teuer, selten und außergewöhnlich gut. Die Mutter aller Sojasaucen. Enthält viel Soja und sehr wenig bis keinen Weizen. Meeresfrüchte werden damit eingekocht.

- **Saishikomi**
Sehr intensiv in Geschmack und Farbe. Die Sauce wird zweimal fermentiert. Sie dient in Nippon als Dip für Sushi und Sashimi und wird nur in kleinen Mengen produziert.

- **Shiro**
Sehr helle, fast weiße Sojasauce. Das Gegenstück zur Tamari enthält viel Weizen und wenig Soja. Shiro schmeckt süßlich und wird bei Gerichten eingesetzt, die ihre natürliche Farbe behalten sollen.

Die Besten

1. Ohsawa Nama

Die Nama von der Firma »Ohsawa« ist der »Champagner unter den Soja-Saucen«. Sie wird in einem kleinen Bergdorf namens Kamiizumi-Mura gebraut. Die Kanto-Berge, nordwestlich von Tokio, sind ihre Heimat. Eine Region, die berühmt ist für ihr klares Quellwasser. Neben Sojabohnen und Weizen ein wichtiger Bestandteil der Nama!

Die **»Nama«** wird in den Kanto-Bergen gebraut.

Vier Jahre Reifezeit

Benötigen die chemischen Massenprodukte wenige Wochen, um die Regale der Supermärkte zu erreichen, so reift die Nama vier lange Jahre in 150 Jahre alten Bottichen aus Zedernholz. In dieser Zeit wird sie, durch erneute Zugabe von Soja und Weizen, zweimal fermentiert. Dieses Prozedere lässt die ganze Bandbreite der Aromen entfalten. Bouquet und Farbe werden dicht und intensiv. Der Salzgehalt wird reduziert. Der Geschmack bekommt Charakter. Er ist mild und edel.

Diese Eigenschaften machen die Nama, die übrigens nicht pasteurisiert wird, zur besten Sojasauce der Welt. In einer Blindverkostung des amerikanischen Food-Magazins »Cooks Illustrated« hat sie das eindrucksvoll unter Beweis gestellt. Die Sojasaucen wurden dreimal getestet: pur, mit warmem Reis und verarbeitet in einer Teriyaki-Sauce. Die Nama verwies ein Dutzend namhafter Konkurrenten aus Japan, China und den USA auf die Plätze.

2. Kikkoman Goyogura

Die **»Goyogura«** – die Beste von Kikkoman

Goyogura heißt die feinste Sojasauce, die »Kikkoman« produziert. Goyogura ist eine Spezialmischung, die einst nur für das Kaiserhaus gebraut wurde. Noch heute wird sie ohne Einsatz von modernen Maschinen hergestellt. Die Produktionsstätte liegt 30 Kilometer nördlich von Tokio, in Noda, dem Stammsitz von »Kikkoman«. Dort entsteht in einem kleinen, rot lackierten Brauhaus am Edo-Fluss eine der besten Sojasaucen der Welt.

Die kaiserliche Sojoasauce besteht ausschließlich aus einheimischen Produkten, weder Sojabohnen noch Weizen dürfen importiert werden. Im Gegensatz zur konventionellen Sojasauce, die sechs Monate in stählernen Tanks fermentiert, reift die Goyogura ein ganzes Jahr in riesigen hölzernen Bottichen. Dieser Prozess verleiht der Sauce ein ungemein starkes und volles Aroma.

Sushi ohne Sojasauce?
Undenkbar!

Man muss aber nicht unbedingt ein Spross der kaiserlichen Familie sein, um in den Genuss dieser außergewöhnlichen Sojasauce zu kommen. Goyogura führen auch einige wenige Feinkost-Geschäfte in Tokio. Europäischen Gourmets ist ein Besuch im Internet zu empfehlen. Japanische Feinkost-Portale liefern Goyogura in geringer Stückzahl bis an die Haustür.

3. Eden Traditionally Brewed Tamari

Diese Bio-Sojasauce hat in den USA diverse Blindverkostungen erfolgreich bestanden. »This tamari is dark and thick, almost syrupy ... with a nice complexity of flavor that balanced salt and caramel«, heißt es zum Beispiel im »San Francisco Chronicle«.»Very savory, rounded and smooth«, lobt das »Cooks Illustrated Magazine«.

Eden Foods sitzt in Clinton, Michigan, und ist der älteste Produzent von biologisch angebauten Nahrungsmitteln in Nordamerika. Die Traditionally Brewed Tamari lässt Eden in Japan brauen. Sie darf nicht mit der Naturally Brewed Tamari verwechselt werden, die von Eden in Virginia aus amerikanischen Produkten hergestellt wird.

Kikkoman Sojasauce:
rehbraun und mild-salzig

4. Kikkoman Sojasauce

»Stiftung Warentest« hat 18 Sojasaucen unter die Lupe genommen. Das natürlich gebraute Produkt von Marktführer »Kikkoman« hat mit der Gesamtnote »Gut« abgeschnitten. Im Bereich »sensorische Fehlerfreiheit«, der 40 Prozent des Tests ausmachte, erreichte die Sojasauce von »Kikkoman« die Note »Sehr gut«. Die Experten lobten die rehbraune Farbe, den mild-salzigen Geruch und den würzigen Geschmack.

THUNFISCH IN OLIVENÖL

Erstklassige Spanier aus Blech

Die Väter der Konservendose sind ein französischer Zuckerbäcker und ein englischer Kaufmann. Francois Appert erhitzte in seiner kleinen Pariser Konditorei Nahrungsmittel in einem luftdicht verschlossenen Behälter. Er erfand so – neben dem üblichen Räuchern, Trocknen oder Einsalzen – eine völlig neue Art, Lebensmittel zu konservieren. Er verwendete dazu Flaschen aus Glas.

Manuelles Eindosen in einer Konservenfabrik

Konservendosen und Konservennahrung

Peter Durand wiederum setzte die Appert-Methode mit Kanistern aus Blech um und schuf so die moderne Konservendose. Seine Erfindung wurde 1810 patentiert. Drei Jahre später begann die erste Konservenfabrik mit der Produktion. Ihr wichtigster Kunde: die britische Armee.

Lebensmittelkonserven haben unter Feinschmeckern einen verheerenden Ruf. Meist zu Recht! Obst, Gemüse, Suppen, Wurst oder Fertiggerichte in Dosen aus Blech sind für geschulte Gaumen nahezu ungenießbar. Die Konserve ist in unseren Breitengraden eine Notlösung, eine eiserne Reserve. Sie kommt hauptsächlich bei Studenten, Junggesellen oder Soldaten zum Einsatz.

Im Süden Europas dagegen gelten Gemüse, Fleisch oder Meerestiere in Dosen als Delikatesse. Vor allem Spanien hat in der Konservenproduktion Weltrang erreicht. Anchovis aus dem Kantabrischen Meer, Artischocken aus dem einstigen Königreich Navarra, Pulpo aus Galicien oder Miesmuscheln aus dem Atlantik, gebraten und in Olivenöl mariniert, sind ein absoluter Hochgenuss. Ein Vergleich mit frischen Produkten verbietet sich! Konserven aus Spanien sind eine Welt für sich. Sie vereinen erstklassige Rohstoffe, aufwendige Handarbeit und feinstes Olivenöl.

Die populärste Konserve in Europa ist Thunfisch, eingelegt in Öl, im eigenen Saft oder in Marinade. Topqualität wird allerdings *immer* mit Olivenöl aufgefüllt. Olivenöl verlängert die Haltbarkeit, macht den Fisch mürbe und verbessert im Laufe der Zeit den Geschmack. Das gilt insbesondere für fette Fischarten wie den Thunfisch. Deshalb sollte man Fischkonserven erst am Ende des Haltbarkeitsdatums öffnen und konsumieren.

Die Besten

1. Ventresca de Bonito del Norte

Der beste Thunfisch der Welt, den es als Konserve zu kaufen gibt, ist der Weiße Thunfisch. In deutschen Feinkost-Läden wird er unter dem Namen »Bonito del Norte« oder »Weißer Thun« angeboten, in Frankreich als »Germon« oder »Thon blanc«, und in den angelsächsischen Ländern läuft er unter »Albacore«.

Das **beste Stück vom weißen Thun**: Ventresca

Der Weiße Thunfisch gehört zu den kleineren Arten: Er wird maximal bis zu 130 Zentimeter lang. Die Rückenpartie seines robusten, ovalen Körpers schimmert in einem dunklen, metallischen Blau, der Bauch ist silber-weiß. Die Wintermonate verbringt der »Bonito del Norte« in den tiefen Gewässern des Nordatlantiks. Im Frühjahr nähert er sich in riesigen Schwärmen der nordspanischen Küste. Zu dieser Zeit ist er besonders gut genährt, sein weißes Fleisch fett und schmackhaft.

Im Golf von Biskaya warten die baskischen Fischer auf ihn. Sie fangen den *Hegaluze*, wie sie ihn nennen, auf alte traditionelle Art, mit Langleinen und

Köder oder mit *Almadrabas*, trichterförmigen Stellnetzen. Diese umweltverträgliche Fangmethode reduziert den Beifang auf ein Minimum. Nur Fische unter 30 Kilogramm, deren Fleisch noch zart ist, werden von den lokalen Konservenfabriken verarbeitet. Der Bonito del Norte hat viele Anhänger in der Welt der Feinschmecker. Sie bevorzugen das Bauchfleisch des Weißen Thun, *Ventresca* oder auch *Tarantello* genannt. Es ist das beste Stück vom Thunfisch – besonders saftig und zart.

INFO Beste spanische Konserven

Ortiz ♦

Seit fünf Generationen verarbeitet die Familie Ortiz Thunfisch und Anchovis aus dem Kantabrischen Meer. Der Bonito del Norte wird in Ondarroa veredelt. Die Produkte wurden mehrfach ausgezeichnet.

Hoya ♦

In Santona, an der Ostküste des Kantabrischen Meeres, schlägt das Herz der spanischen Fischkonserve. Hier konzentrieren sich die besten Konservenhersteller, unter anderem die Firma »Conservas Hoya«, gegründet 1940.

Emilia ♦

Dona Emilia verkörpert die typische spanische Dame: würdevoll, streng und katholisch. Sie regiert das »Conservas Emilia« in Santona. Neben Thunfisch, Anchovis und Sardinen ist die Firma berühmt für ihre cremigen Fischpasteten.

Serrats ♦

Seit 1890 dost »Conserva Serrats« den Weißen Thunfisch, den Gelbflossen-Thunfisch und die Anchovis ein. Die Fabrik steht in dem Küstenort Bermeo, 30 Kilometer westlich von Bilbao.

Artisan
Histoire de
OUVERT
TOUS LES JOURS
de 8h30 à 19h

KAPITEL 10

SÜSSES

SCHOKOLADE

SCHOKOLADE – Ein Fall für die Drogenfahndung

Die **Kakaopflanze** auf einem alten Stich

Wie beginnt man eine Geschichte über Schokolade? Mit Johnny Depp und Juliette Binoche? Warum nicht! Ihr gemeinsamer Film »Chocolat« aus dem Jahr 2000 hat die Wiedergeburt der Schokolade gehörig befördert. Diese Komödie voller Witz und Weisheit zeigt, was der Genuss von Schokolade bewirken kann. Eine ganze Kleinstadt verfällt laut Drehbuch den verführerischen Pralinés der Vianne Rocher. Die kleinen Köstlichkeiten wecken die verschütteten Sehnsüchte der Menschen. Sie verleihen ihnen Sinnlichkeit und geben ihnen Selbstbewusstsein. Die kleine Chocolaterie wird zum Mittelpunkt von Hoffnungen, Träumen und Wünschen.

Der braune Stoff, der Laune macht

Die Mischung aus Schokolade und Lebensfreude, die in »Chocolat« so zauberhaft dargestellt wird, ist keine Erfindung von Hollywood. Schokolade macht tatsächlich glücklich! Kakao enthält viele Substanzen, die für Körper, Geist und Seele sehr wertvoll sind. »Kein zweites Mal hat die Natur eine solche Fülle wertvollster Nährstoffe auf einem so kleinen Raum zusammengedrängt«, wusste bereits der deutsche Naturforscher Alexander von Humboldt.

Kakao enthält zum Beispiel Endorphine und PEA. Chemische Verbindungen, die das zentrale Nervensystem stimulieren und die natürlichen Opiate in unserem Körper anregen. Die Folge sind gute Laune, Gelassenheit und Euphorie. Würde man mehrere Kilogramm Schokolade essen, könnte man sogar die Wirkung eines Joints erreichen.

Die **»Glückshormone« im Kakao** sind der Grund, warum Schokolade die Stimmung hebt.

Darüber hinaus weist Kakao Theobromin auf. Dieser Stoff findet sich auch in den Früchten des Kolabaums und des Matestrauchs. Er kann in hoher Dosis Rauschzustände auslösen. Wie Koffein hält er wach und macht munter. Früher kauten die Indios Unmengen von Kolablättern, um die harte Arbeit auf den Feldern und in den Bergwerken zu ertragen. Die Kakaobohne hätte es auch getan.

Überspitzt formuliert, ist Schokolade eigentlich ein Fall für die Drogenfahndung. Zumindest gilt das für die dunkle Bitterschokolade, in der der Kakaoanteil noch angemessen hoch ist. In der industriell gefertigten Vollmilchschokolade findet sich dagegen nur noch ein kleiner Rest der natürlichen Substanzen. Die Bitterstoffe werden hier durch große Mengen Zucker ersetzt. Diese Produkte verursachen Übergewicht und damit auf lange Sicht Depressionen statt Glücksgefühle.

Nicht einfach Schokolade, sondern Kult

Chocolatiers müssen dagegen glückliche Menschen sein. Dank einer täglichen Dosis dunkler Schokolade befinden sie sich im permanenten Rauschzustand. Selten trifft man Handwerker, die mit einer derartigen Begeisterung über das eigene Produkt sprechen. »Spiegelt euch in ihr. Hört den reinen Klang. Atmet ihre Aromen. Kaut sie mit allen

Die **Chocolatiers** von heute verstehen ihr Handwerk als Kunst.

Papillen«, formuliert ein Schokoladenmacher aus Italien. Und sein Kollege aus Belgien dichtet: »Eine Ur-Energie betört die Sinne. Weiß und Schwarz, Würze und Sünde, Linien und Kurven verschmelzen ineinander.« Die ständige Suche nach Hochgenuss scheint poetische Flügel zu verleihen.

So reden allerdings nur die jungen Wilden in der Schokoladenszene. Sie erheben ihr Produkt zum Kult. Indem sie es radikal herabbrechen auf die Urstoffe der Natur. Auf *die* Substanzen, mit denen die Azteken-Könige einst den »Trank der Götter« anrührten. Wie die Schöpfer großer Weine jonglieren sie mit Lagen, Sorten und Ernten. Mit diesem Anspruch haben die kleinen Manufakturen in Europa die Branche aufgerüttelt und eine spannende Suche nach dem wahren Schokoladengenuss begonnen.

Kakaobohnen werden auf einer Plantage an der Sonne getrocknet.

Beste Bohnen für edle Kreationen

Im Mittelpunkt steht dabei die Kakaobohne. Mit ihr steht und fällt die Qualität einer Tafel Schokolade. In ihr sollen, so heißt es, über eintausend verschiedene Aromen schlummern. Nur wenige Hundert wurden bis heute von Wissenschaftlern erforscht. In der Schokoladenherstellung werden drei Bohnensorten eingesetzt: die Criollo für die Edelprodukte und die Trinitario und Forastero für den Massenkonsum.

Die Edelsorte Criollo ist sehr selten. Sie wächst hauptsächlich in Mittelamerika und ist begehrt wegen ihres reichen Aromas, das an Karamell, Waldbeeren oder Tabak erinnert. Zudem hat sie wenig Säure und einen milden Geschmack. Zu den bekanntesten Criollos zählt die Chuao, eine Kreuzung aus Criollo und Trinitario. Sie wird unter anderem von »Amedei«, »Bonnat« und »Valrhona« verarbeitet. Die beste und teuerste aller Kakaobohnen ist allerdings die Porcelana, die Anfang der 60er-Jahre an den Ufern des Maracaibo-Sees entdeckt wurde. Aus ihr machen »Domori«, »Marcolini«, »Valrhona« und »Amedei« ihre Kreationen.

Der Run auf edle Schokolade ist in Europa ungebrochen. Deutschland liegt mit einem jährlichen Pro-Kopf-Verbrauch von 9,3 Kilogramm an der Spitze dieser Bewegung. Eckart Witzigmann vergleicht diesen Boom mit der kulinarischen Aufbruchstimmung in den 70er-Jahren. Mit den Gourmet-Tempeln »Tantris« und »Aubergine« hat er diese Zeit wie kein anderer geprägt. Sein damaliges Lieblingsrezept: »Schokoladenomelette mit geeister Vanillesauce und einem Mark von frischen Himbeeren«.

Aus der **Kakaofrucht** werden die Bohnen gewonnen.

Die Besten

Charlemagne Chocolatiers (Belgien)

Die Produkte von »Charlemagne« findet man auf der ganzen Welt. Schoko-Boutiquen in New York, London, Wien oder Paris führen die Marke aus dem belgischen Herstal. Spezialität der Firmenchefin Denise Courant Bellefroid sind die »Topsy Turvey«, kleine quadratische Täfelchen, die es in elf verschiedenen Geschmacksrichtungen gibt, von Ginger über Jasmin bis zu Café Croquant.

Die Kreationen aus dem Hause »Manon« werden **mit Diamanten verglichen.**

Le Chocolatier Manon (Belgien)

»Jedes einzelne Stück wird gearbeitet wie ein seltener Diamant!« So wirbt Maître Manon für seine Schokoladenkreationen. Der Chocolatier aus Brüssel darf sich seit 1995 »Meilleur Chocolatier de la Belgique« nennen. Seine Pralinen und Tafeln sind preisgekrönt: Auf den »Fancy Food Shows« in New York, Chicago, Atlanta und Brüssel verwiesen sie die Konkurrenz auf die Plätze.

Pierre Marcolini Chocolatier (Belgien)

Auch »Marcolini« setzt Schokolade mit kostbaren Steinen gleich. »Wer unsere Schokolade kauft, soll das Gefühl bekommen, reich beschenkt worden zu sein!« Das Firmenlogo, eine Kakaobohne, gestaltet wie ein wertvoller Edelstein, unterstreicht diesen Anspruch. Die Produkte, verpackt in puristisches Schwarz-Weiß, werden ausschließlich aus der Criollo gefertigt. Wer etwas über Schokolade lernen will, sollte die Kollektion »World Flavours« erstehen. Die Stücke bestehen aus dem Kakao der sieben wichtigsten Plantagen der Welt.

Die Schokolade von **Coppeneur hat Weltniveau.**

Confiserie Coppeneur et Compagnon (Deutschland)

Am Fuße des Siebengebirges entsteht die beste Schokolade Deutschlands. Oliver Coppeneur und Georg Bernardini können sich mit den Großen ihres Metiers jederzeit messen. Ihre Schokolade hat Weltniveau! Das umfangreiche Sortiment reicht von feinen Truffes-Pralinés über Trinkschokolade bis zu Tchocolatl am Stiel.

Zu dem kreativen Angebot zählt auch eine Schokolade à la Witzigmann. Der »Koch des Jahrhunderts« (»Gault Millau«) hat sie zusammen mit den Spezialisten aus Bad Honnef kreiert. Sie besteht aus über 70 Prozent Madagaskar-Kakao und aus mallorquinischen Orangen.

Vivani (Deutschland)

Bio-Schokolade – kann das schmecken? Und wie! Die Edelbitter von »Vivani« hat sich bei einer Verkostung des

Magazins »Savoir Vivre« gegen 33 Konkurrenten durchgesetzt. Die Chocolatiers aus Herford verarbeiten nur Zutaten aus biologischem Anbau, aromatisieren ihre Schokolade ausschließlich mit Bourbon-Vanille und verzichten auf Emulgatoren wie Lecithin. Sie bieten Tafeln, Riegel, Getränke, Kuvertüre und Brotaufstriche an.

William Curley (Großbritannien)

Die Britischen Inseln ähneln, auch was Schokolade betrifft, einer kulinarischen Wüste. Das Einzige, was in dieser Ödnis wächst, heißt »Mars« oder »After Eight«. Und das ist schlimm genug! Zum Glück gibt es in Greater London, im Stadtteil Richmond upon Thames, eine kleine Oase mit Namen »William Curley«. Diese einsam sprudelnde Schokoladenquelle wurde 2007 zum »Best British Chocolatier« gekürt. Ein Jahr später gewannen William und Suzue Curley vier Goldmedaillen auf der »Academy of Chocolate Awards«.

Bonnat Chocolatier (Frankreich)

In Voiron, wenige Kilometer von Grenoble entfernt, arbeitet mit Stéphane Bonnat einer der besten Chocolatiers Frankreichs. Seit 1884 stellt seine Familie Schokolade her. Neben einer köstlichen Vielfalt an Pralinen und verschiedenen Sorten Trinkschokolade finden sich »Les Grands Crus du Cacao«. Diese linguistische Anleihe aus der Welt der Spitzenweine beschreibt acht erlesene Tafeln, in denen jeweils nur eine Kakao-Bohne verarbeitet wurde.

Valrhona (Frankreich)

»Valrhona« ist für viele ein Synonym für Schokolade. Die Chocolatiers produzieren im Tal der Rhône, nördlich von Avignon. Dort entstehen legendäre Tafeln wie die »Guanaja« mit 70 Prozent Kakao oder die »Manjari« mit kleinen Orangenstücken. Bekannt ist »Valrhona« auch für seine großartige Kuvertüre, die sie an Hotels wie das »George V.« in Paris liefert. Angegliedert an die Fabrik in Tain l'Hermitage ist eine hochmoderne Schokoladen-Schule.

Valrhona steht für **feinste Schokolade und hochwertige Konfitüre.**

Unter der Leitung von Frédéric Bau lehrt sie Profis wie Amateuren die hohe Kunst der Confiserie und Patisserie.

Chocolat Weiss (Frankreich)

»Napolitains« haben »Weiss« bekannt gemacht. Es sind kleine Schokoladentafeln, die die Firma aus Saint-Etienne bereits seit den 20er-Jahren verkauft. Philippe Bel, der Chef-Chocolatier von »Weiss«, wurde vor wenigen Jahren zum »Meilleur Ouvrier« gekürt. Eine hoch angesehene Auszeichnung in Frankreich! Gewürdigt wurden damit auch seine Kreationen wie die »Nougamandine«, eine Nougat-Muschel, gefüllt mit einer flüssigen Mandel-Haselnuss-Praline, oder die Schokoladen-Blätter aus dem Kakao der Criollo und der Forastero.

Kakaofrüchte am Baum

Amedei (Italien)

Von der Bohne bis zum Riegel gehören die Geschwister Cecilia und Alessio Tessieri zu den Besten der Welt. Das hat die »Academy of Chocolate« in London 2008 einmal mehr festgestellt. Ihre Firma »Amedei« in der Nähe von Pisa gewann zum dritten Mal die »Golden Bean«. Bekannt sind die Toskaner für ihre Zartbitterschokolade, die bis zu 72 Stunden conchiert, also gerührt, erwärmt und entfeuchtet wird. Das Resultat nennt sich »Toscano Black-I Cru«, Schokolade mit einer »ungezähmten Persönlichkeit und einem entschiedenen Geschmack«.

Claudio Corallo Chocolate (Italien)

Die Mission von Claudio Corallo ist klar umrissen: Der gebürtige Florentiner, der heute in den USA produziert, will die beste Schokolade der Welt erschaffen. Der 56-Jährige verfolgt dieses Ziel wie ein Besessener. Wer von seiner Schokolade gekostet hat, schreibt der »Spiegel«, spürt sofort, dass er vorher noch nie Schokolade gegessen hat. Der Kakaogehalt seiner Produkte beginnt dort, wo andere Hersteller aufhören: bei über 70 Prozent. Die Krönung ist die »Puro Cacau«, ein Schokoladenriegel mit 100 Prozent reinstem Kakao. Für Chloe Doutre-Roussel, Einkäuferin bei »Fortnum & Mason« in London, die beste Schokolade der Welt. Hier hat Corallo sein Ziel schon mal erreicht.

Domori stellt **Schokolade mit Kultstatus** her.

Domori (Italien)

»Domori Cacao Cult«. Der Gründer Gianluca Franzoni hat mit diesem Namen das Ziel vorgegeben: die Schokolade zu einem Kult zu erheben. 90 Angestellte in der Fabrik in None bei Turin und auf der eigenen Plantage in Venezuela arbeiten daran hart. Das Firmenziel schimmert auch bei den einzelnen Produktbeschreibungen durch. Über die »Apurimac« zum Beispiel, eine Cru aus 100 Prozent peruanischem Kakao, heißt es: »... mit Noten von Blüten, Karamell und Buttermilch. Sehr delikat mit diskreter Säure.« Und über die »Carenero Superior« aus Venezuela erfährt man: »Trinitario-Kakao mit Noten von getrockneten Feigen, passierten Trauben und Cashew. Große Persönlichkeit, rund und lang anhaltend.«

Zotter Schokoladen Manufaktur (Österreich)

42 Angestellte produzieren jährlich 500 Tonnen Schokolade, die weltweit in 2800 Fachgeschäften angeboten werden. Die Zahlen der »Zotter Schokoladen Manufaktur«

in der Steiermark können sich für einen kleinen Betrieb sehen lassen. Die Produkte auch! Über 40 Geschmacksrichtungen bietet Josef Zotter seinen Kunden, von Banane, Curry über Bio-Bier bis zu Bergkäse mit Walnüssen und Trauben. Wer will, kann diese eigenwilligen Kreationen auch in individuell gestaltetes Papier einwickeln lassen.

Felchlin (Schweiz)

Bei Schokolade darf die Schweiz nicht fehlen. Schließlich hat die Welt zwei Eidgenossen viel zu verdanken: Praline und Conche. Diese Erfindungen verhalfen der Schweiz Ende des 19. Jahrhunderts zu einem passablen Vorsprung in der Schokoladenherstellung. Ein Vorsprung, der längst verspielt ist. Heute dominieren die Franzosen, die Italiener, die Belgier und die Deutschen den Markt. Mithalten kann allerdings »Felchlin« aus dem Kanton Schwyz. Bei einer Verkostung der Fachzeitschrift »Der Feinschmecker« eroberten die Schweizer Chocolatiers den dritten Platz. Im Rennen war eine Rarität: Schokolade aus wild wachsenden Kakaobohnen, die im bolivianischen Dschungel »geerntet« werden.

Die **Schweiz** hat ihren einstigen Vorsprung in der Schokoladenherstellung inzwischen eingebüßt.

Eckart Witzigmann,
»Koch des Jahrhunderts« (»Gault Millau«):

»Schokolade ist die bekannteste Delikatesse der Welt! Um diese Popularität beneide ich die Chocolatiers. Sie müssen ihr Produkt nicht weiter erklären! Jeder kennt es! Jeder mag es! Das ist bei anderen Speisen nicht so selbstverständlich. Wenn ich heute bei einem Festessen für 400 Gäste Jakobsmuscheln serviere, kann ich blind davon ausgehen, dass 20 Teller unangetastet zurückkommen.

Schokolade dagegen weckt in jedem Menschen magische Momente: Erinnerungen an die Kindheit. Ich liebte als Bub den Schokoladenkuchen meiner Mutter: ein ›Rehrücken‹ mit Schokoladenglasur und Mandelblättchen. Und wenn ich vom Schlittschuhfahren heimkam, gab es einen Becher mit heißer Schokolade. Wenn ich daran denke, wird mir noch heute warm ums Herz.

Später lernte ich, dass Schokolade ein schier unerschöpfliches Thema ist. Mit den vielfältigen Aromen sind unglaubliche Kombinationen möglich: von Chili und Safran über Meersalz und Lavendel bis zu Rosmarin und Minze. Schokolade ist ein fester Bestandteil meiner Desserts. Für die Dinnershow ›Bajazzo‹ kreierte ich zum Beispiel ›Délice von der Coppeneur-Schokolade mit Kokosschaum und Passionsfruchtsorbet‹. Und im ›Hangar-7‹ am Salzburger Flughafen gab es ›Schokoladentörtchen mit Osietra-Kaviar und Wodka-Zitronensorbet‹, eine Kreation von Executive-Chef Roland Trettl. Das Törtchen wurde aus feinster 70-prozentiger Guanaya-Schokolade gefertigt.

Ein Tipp zum Schluss: Schokoladenstücke sollte man nicht beißen. Man muss sie auf der Zunge langsam zergehen lassen. Nur so entfalten sich die Aromen in ihrer ganzen Fülle!«

ENGLISH LAMB
Harrods
THE NEW
FOOD HALLS
COLLECTION
PLEASE TAKE A
TICKET
HARRODS TRADITIONAL WILTSHIRE CURE BACON

KAPITEL 11

SHOPPING

FEINKOST-TEMPEL

GOURMET-PORTALE

FEINKOST-TEMPEL
Die heiligen Hallen des Genusses

Dallmayer – bekannt als erlesene Kaffeemarke und feine Adresse für Delikatessen aus aller Welt

»Il n'y a de bon que le meilleur!« (»Es gibt nichts Besseres als das Beste!«). So lautet das Motto der berühmten Delikatessen-Abteilung im Pariser Kaufhaus »Le Bon Marché«. Dieser Leitsatz gilt für alle Feinkost-Tempel, die wir in diesem Kapitel nennen. Ob kleines Spezialitätengeschäft oder große Food Hall, ob köstliches Hochamt oder appetitliches Spektakel – sie alle treiben die Fantasie der Gourmets und Gourmands auf ungeahnte lukullische Höhen. Hier sind die besten und schönsten Feinkost-Tempel der Welt.

Barcelona
Mercat de la Boqueria

Im Herzen Barcelonas, an der Südseite der berühmten Las Ramblas, liegt »La Boqueria«. Komplett aus Stahl gebaut und mit bunten Glasmosaiken verziert, ist sie neben der »Sagrada Familia« von Antoni Gaudí die berühmteste Attraktion der katalanischen Hauptstadt. Früh am Morgen trifft man hier die Chefköche der großen Restaurants, am Vormittag Hausfrauen und Gourmets, und gegen Mittag strömen Tausende von Touristen durch den Bauch von Barcelona.

Berlin
KaDeWe

Auch beim Tee hat das **KaDeWe** einiges zu bieten.

Die Feinkost-Abteilung im »KaDeWe« ist Deutschlands Antwort auf die Food Hall von »Harrods«. Wer mag, kann hier am Kurfürstendamm dreieinhalb Jahre lang jeden Tag eine andere Käsesorte probieren. Auf 7000 Quadratmetern werden 34 000 verschiedene Delikatessen angeboten. Und an 33 Feinschmeckerbars kann man Austern schlürfen, Kaviar löffeln, Hummer knacken und Champagner trinken. Konkurrenzlos auf dem europäischen Festland!

Greve
Falorni

An der Piazza Giacomo Matteotti 71 hängt der Himmel voller Würste und Schinken. Die »Antica Macelleria Falorni« verarbeitet das beste Fleisch der Toskana: Chianina, Cinghiale und Cinta Senese. Daraus wird mitunter die beste *salumi* Italiens gemacht, häufig verfeinert mit einem kleinen Schuss Chianti Classico. Spezialität: *Finocchiona di Cinta Senese Brada* und *Bistecca Fiorentina di Chianina.*

London
Harrods Food Hall

In Londons Innenstadt, an der Brompton Road in Knightsbridge, residiert hinter traditionell grünen Markisen »Harrods«. Mit seinen über 330 Abteilungen auf sieben

Stockwerken ist es das größte und sicherlich auch bekannteste Kaufhaus der Welt. »All Things for All People – Everywhere« ist der Leitgedanke von »Harrods«. Und das gilt natürlich auch für die weltberühmte Food Hall im Erdgeschoss. Dort finden Sie (fast) alle Produkte, die in diesem Buch genannt werden.

Fortnum & Mason

Seit 300 Jahren ist unter der Adresse 181 Piccadilly das Kaufhaus »Fortnum & Mason« zu finden. Im Gegensatz zur polyglotten Food Hall von »Harrods« wird bei »Fortnum's« hauptsächlich »The Best of the British Tradition« angeboten: Hunt Marmelade, Yellow Mustard Seeds, Toffee Tin, Scottish Shortbread, County Biscuits, Smokey Earl Grey, Plymouth Navy Strength Gin und so weiter.

Der Borough Market ist der **beliebteste Food-Markt in London.**

Borough Market

Dieser riesige Lebensmittelmarkt wird vielen, die ihn nicht kennen, bekannt vorkommen. »Borough Market« dient häufig als pittoreske Filmkulisse. Südlich der London Bridge tummelten sich schon Harry Potter und Bridget Jones. »Borough Market« besteht aus vier Teilbereichen: Green Market, Jubilee Market, Crown Square und aus den vielen kleinen Geschäften und Restaurants in den Seitenstraßen. Kommen Sie früh, und bringen Sie viel Zeit und Appetit mit.

München

Käfer

»Käfer« ist das Synonym für Feinkost in Deutschland. Das Stammhaus in der Prinzregentenstraße bietet ein besonderes, sehr münchnerisches Flair. Hier wird einem das Geldausgeben leicht gemacht! Das ideale Terrain für die Schönen, Reichen und Prominenten der bayerischen Landeshauptstadt. Neben Köstlichkeiten aus aller Welt beherbergt »Käfer« ein urgemütliches Restaurant und den größten Partyservice Europas.

Dallmayr

Bei »Dallmayr« denkt man zuerst an »Prodomo«. Das Münchner Delikatessen-Haus, einst königlich bayerischer Hoflieferant, ist berühmt für seinen Kaffee. Jeden Tag werden 200 Tonnen Kaffeebohnen geröstet und in ganz Deutschland verkauft. »Dallmayr« liegt mitten im Herzen von München, gleich hinter dem mächtigen Rathaus. Die Lage und das regional ausgerichtete Angebot machen »Dallmayr« zu einer Touristenattraktion: Über 1,5 Millionen Besucher ziehen jedes Jahr durch die engen Gänge.

Viktualienmarkt

Lebensmittel heißt auf Lateinisch *victualisia*. So hat einer der schönsten Märkte Europas seinen Namen erhalten. Was vor über 200 Jahren als einfacher Bauernmarkt begann, ist heute ein Paradies für Feinschmecker. 140 Händler verkaufen zwischen Altem Peter und Schrannenhalle exotische Früchte, Wild, Geflügel, Gewürze, Käse, Gemüse, Fisch, Säfte und vieles mehr.

Mailand

Peck

Mailand – das ist die Scala, der AC Milan und »Peck«. »Passione, competenza ed amore« lautet das Motto dieses weltberühmten Feinkost-Ladens. Gegründet wurde er von einem Wursthändler namens Frantisek Peck, der vor über 120 Jahren aus Prag nach Mailand kam. Heute besteht »Peck« aus mehreren Filialen rund um die Via Cesare Cantù, Via Spadari und Via Speronari. In diesem magischen Gourmet-Dreieck schlägt das Herz der italienischen Haute Cuisine.

Das Peck in Mailand **bietet jede lukullische Köstlichkeit.**

Moskau

Jelissejew

Auf der Twerskaja, Moskaus Luxusmeile, stehen Nobelboutiquen dicht an dicht. Mittendrin ein imposantes Jugendstilgebäude, vor fünf Jahren für viele

Millionen Rubel aufwendig renoviert. Zwischen großen Spiegeln, mächtigen Kristalllüstern, poliertem Granit und dunklem Holzdekor veranstaltete im 19. Jahrhundert die Fürstin Wolkonskaja ihre berühmten Abendgesellschaften. Heute ordert hier Russlands Geldadel erlesene Köstlichkeiten. In erster Linie russische Spezialitäten wie Lachs vom Baikalsee, Stör von der Wolgamündung, Kaviar aus dem Kaspischen Meer, Sekt von der Krim, sibirische Ravioli und jede denkbare Sorte Wodka.

Die Delikatessen im Jelissejew werden **in einem prachtvollen Jugendstilgebäude** verkauft.

New York

Citarella

Mehr als 17 000 Restaurants decken in New York jeden Tag ihre Tische. Die Stadt, die bekanntlich niemals schläft, zieht Gourmets magnetisch an. Zwischen Hudson und East River gibt es eine Vielzahl erstklassiger DelikatessenLäden. An vorderster Front: das »Citarella«. Einst ein bescheidener Fischladen in Harlem, heute ein Weltklasse-Feinkost-Tempel in der Upper Westside. »Citarella« bietet die gesamte Palette kulinarischer Highlights und unterhält Filialen in der Upper Eastside, in Greenwich Village, in Harlem und in den Hamptons.

Zabar‘s

Verlässt man das »Citarella« und schlendert fünf Straßenblöcke weiter nördlich, trifft man auf »Zabar's«. Hier einzukaufen ist wie U-Bahn-Fahren während der Rushhour. 40.000 hektische New Yorker drängen Woche um Woche in den Feinkost-Laden 80th/Broadway. Berühmt ist »Zabar's« für seinen geräucherten Fisch und für seine Käseauswahl.

Im Zabar‘s findet jeder Gourmet Käse nach seinem Geschmack.

Fairway Market

Wer in der Upper Westside lebt, muss wohlgenährt sein. Auch das »Fairway« öffnet hier – 365-mal im Jahr – seine Tore. »Fairway Market« nennt sich selbst »Feinkost-Laden des Volkes« mit einer enormen Auswahl zu vernünftigen Preisen. Unübertrefflich soll die Käse-Abteilung sein. Ein amerikanischer Journalist schrieb: »Vor Fairway wusste New York nicht, was Käse ist!«

Murray's Cheese Shop

Vermutlich kannte er »Murray's Käseladen« in der Bleecker Street in Greenwich Village nicht. Ein Kollege kontert wie folgt: »Fairway mag die größere Auswahl haben, Murray aber liebt Käse!« Tatsächlich sind die Menschen hinter der Theke »Murray's« USP (Unique Selling Proposition). Ihr Wissen über die unzähligen Käsesorten soll legendär sein.

Balducci's

»In der Eighth Avenue bei Balducci's finden Sterne-Köche und Amateur-Smutjes göttliche Inspiration«, schreibt das »New York Magazine«. Zumindest können sie trefflich über sieben verschiedene Arten von japanischen Melonen fachsimpeln. Die Auswahl und die Qualität sind atemberaubend. »Balducci's« ist in einem ehemaligen Bankgebäude aus dem Jahre 1897 untergekommen und wirkt entsprechend staatstragend. Die Feinkost-Kette unterhält an der Ostküste der USA zehn Läden und vier Restaurants.

Paris

Hédiard

»Hédiard« ist in Paris mit acht eigenen Geschäften vertreten. Außerhalb von Frankreich konzentriert sich die Gruppe auf Asien, den Mittleren Osten und Nordamerika. Die Feinkost-Kette wurde 1854 von Ferdinand Hédiard am Place de La Madeleine gegründet und gilt heute als Symbol für den exklusiven französischen Geschmack. »Hédiard« rühmt sich, 6000 Feinkost-Produkte im Angebot zu haben. Unter anderem ist »Hédiard« der größte Kaviarimporteur der Welt.

BE

BE steht für »Boulang Épicerie«. Das Feinkost-Geschäft am Boulevard de Courcelles im 8. Arrondissement gehört zum Gourmet-Imperium von Sterne-Koch Alain Ducasse. BE bietet neben den kulinarischen Grundnahrungsmitteln feinstes französisches Brot, gebacken nach traditionellen Rezepten von Mitbesitzer Eric Kayser, dem bekanntesten *boulanger* Frankreichs.

La Grande Épicerie de Paris

»Le Bon Marché« in der Rue de Sèvres, gegründet 1870, war das erste Kaufhaus in Paris und wurde vom Dichter Émile Zola in einer Novelle als »Kathedrale des Kommerzes« beschrieben. Unter diesem geschichtsträchtigen Dach bietet »La Grande Épicerie de Paris« etwa 5000 verschiedene Delikatessen und 2000 Weinsorten an. Getreu dem Motto des Hauses: »Il n'y a de bon que le meilleur!« (»Es gibt nichts Besseres als das Beste«)

Im **Fauchon** werden Tomaten stilecht präsentiert.

Fauchon

32 Jahre nach Ferdinand Hédiard gründete Auguste Fauchon seine *épicerie fine*, ebenfalls am Place de La Madeleine. Der Platz scheint ein gutes Pflaster für Delikatessen zu sein: 650 Geschäfte in 25 Ländern tragen heute den Namen »Fauchon«. Der neuste Coup ist ein 2100 Quadratmeter großer Shop in Peking. »Fauchon«

ist die Haute Couture der Pariser Feinkost-Geschäfte. Das Stammhaus am Place de La Madeleine ist der Inbegriff für Luxus, Stil und Niveau.

Rom

Franchi

In Roms historischem Stadtkern ist die Zahl der Supermärkte und Kaufhäuser, der *grandi magazzini*, per Gesetz begrenzt. Diese überaus kluge Verfügung der Stadtverwaltung schützt die vielen kleinen Fachgeschäfte, die das Shopping in der Ewigen Stadt so einzigartig machen. Auch »Franchi Gastronomia« hat dieser Anordnung vermutlich sein Überleben zu verdanken. Das Feinkost-Geschäft in der Via Cola di Rienzo 200, unweit der Engelsburg, ist auf italienische Delikatessen spezialisiert. Von Salame di Felino über Bottarga di Muggine bis zu Formaggio di Fossa bleiben keine Wünsche offen.

Wer zum Shopping in die Ewige Stadt reist, sollte einen **Stopp bei »Franchi Gastronomia« einlegen.**

Castroni

Wenn Sie allerdings *la cena*, dem Abendessen, noch eine internationale Note geben wollen, dann gehen Sie ein paar Schritte weiter. In der Via Cola di Rienzo 196 wartet »Castroni« mit einem polyglotten Sortiment auf Sie. »Castroni« ist einer der großen Feinkost-Pioniere Roms. Vor 75 Jahren gegründet, erstreckt sich das Reich der Castroni-Group über acht Geschäfte in der Innenstadt und einer eigenen Produktionsstätte in Pomezia.

Volpetti

Gorgonzola, Tartufo, Pecorino, Parmesan – im klimatisierten Keller der Gebrüder Volpetti lagert die hohe Kunst der italienischen Käsemacher. Der Feinkost-Laden »Volpetti« in der Via Marmorata, nahe der unübersehbaren Cestius-Pyramide, ist darüber hinaus für seine Würste und Schinken berühmt. Nicht umsonst stammen die Volpettis aus Norcia. Aus der kleinen Stadt in Umbrien kommen bekanntlich die besten Metzgermeister Italiens.

»Julius Meinl« in Wien zählt seit Generationen **zu den ersten Adressen in Sachen Delikatessen.**

Wien

Julius Meinl

Das Wiener Feinkost-Geschäft »Julius Meinl« nennt sich selbst »kulinarisches Gesamtkunstwerk« und behauptet, dass es weltweit keine erlesene Delikatesse gebe, die man nicht im Sortiment habe. Bei 16 000 verschiedenen Artikeln, verteilt auf drei Etagen, ist das auch nur schwer zu widerlegen. »Julius Meinl« wurde 1862 vom gleichnamigen Stammvater gegründet und von den folgenden Generationen zu einem großen europäischen Konzern ausgebaut. Um die Jahrhundertwende besann man sich seiner Wurzeln: Alle Filialen wurden verkauft. Nur das Stammhaus am Graben 19 blieb im Familienbesitz.

Michael Tempel,
Chefredakteur »Gault Millau Magazin«:

»Wenn einer der berühmten Feinkost-Läden besonders hervorzuheben ist, dann das Moskauer ›Jelissejew‹. Nach erneuter Renovierung für drei Millionen US-Dollar werden seit Ende 2007 im Stil der Belle Époque nicht nur russische, sondern zunehmend auch internationale Delikatessen in einem Ambiente offeriert, das seinesgleichen sucht.

Hier ist etwas Großartiges gelungen! Eine vergangene Epoche wurde wieder zum Leben erweckt. Sie strahlt nicht nur in ihrem äußeren Glanz, sondern verführt die Kunden auch zu einem ungeahnten kulinarischen Einkaufsrausch.«

GOURMET-PORTALE

Delikatessen per Mausklick

Feinkost-Einkauf im **World Wide Web**

Wenn der Postmann zweimal klingelt, dann ist es vielleicht die Lieferung Ihres Delikatessen-Geschäfts. Pardon! Ihres Online-Feinkost-Versands! Immer mehr kleine und große Delikatessen-Händler aus Deutschland bevölkern das World Wide Web. Sie liefern köstliche Foie gras, seltene Champagner, teuren Kaviar, edlen Thunfisch oder exotische Früchte in die entlegensten deutschen Winkel.

Ein schwieriges Geschäft, an dem sich schon einige verhoben haben. Es funktioniert nur, wenn Lebensmittel angeboten werden, die es nicht an jeder Straßenecke gibt. Die geringe Dichte an gut sortierten Feinkost-Läden in Deutschland erleichtert den Delikatessen-Händlern im Internet ihre Aufgabe. Sie versorgen per DHL, FedEx oder UPS die kleinsten Dörfer, die verstecktesten Weiler, die winzigsten Siedlungen.

Die Kunden danken es ihnen mit Umsatzsteigerungen, von denen die großen etablierten Geschäfte in Berlin oder München nur träumen können. Einige wenige Anbieter handeln inzwischen sogar mit Kühlprodukten, die ein aufwendiges Handling verlangen. Hier sind die bekanntesten Feinkost-Händler im Internet:

www.bosfood.de

Der führende Anbieter feinster Delikatessen in Deutschland. 6500 Artikel lagern in Büderich bei Meerbusch. Als Food-Hunter ist Ralf Bos ständig unterwegs, um neue Produkte zu entdecken. Die gehobene Gastronomie, Sterne-Köche, aber auch private Feinschmecker sind seine Kunden. Ab 50 Euro wird die Ware frei Haus geliefert.

www.dallmayr-versand.de

Neben Wein, Spirituosen und Geschenkkörben bietet das Traditionshaus in der Dienerstraße in München vor allem Produkte unter dem eigenen Label an. Dazu zählen Kaffee, Tee, Pralinen, Konfitüren, Essig, Öl, Terrinen oder Gewürze.

www.dinsesculinarium.de

Anias Dinse und Roman Hundt gründeten im Jahr 2003 ihren Online-Shop. Hier finden Sie unter anderem Raritäten wie Auerochsensalami aus dem Weserbergland, Waldschokolade aus dem Urwald von Ecuador oder einen Wildkaffee aus Äthiopien. Aus der traditionellen Messerstadt Sakai in Japan kommen die handgeschmiedeten Kochmesser.

www.der-feinschmecker-club.de

Das Fachmagazin »Der Feinschmecker« mausert sich immer mehr zu einem Versandhaus mit Feinkost-Ecke. Was

Sie lesen, können Sie in der Regel auch bestellen: Neben Zigarren, Reisen, Möbeln, Espressomaschinen und Kochtöpfen gibt es auch Delikatessen.

www.feinkostversand.de

Wo Goethe für Teltower Rübchen schwelgte, ist »Feinkost Hauffe« zu Hause: in Weimar. Das Internet-Angebot deckt alle wichtigen Delikatessen ab. Als Zugabe gibt es einen Geschenk-Service mit vielen netten Ideen. Warum allerdings unter dem Stichwort »Muttertag« Erotik-Drinks zu finden sind, bleibt ein Geheimnis.

shop.feinkost-kaefer.de

Aus über 30 Geschenkkörben wie »Gourmet Mediterranee«, »Schön Bayerisch« oder »Käfer klassisch« kann der Kunde wählen. Ansonsten bieten die Münchner online fast nur Erzeugnisse aus eigener Produktion an: Käfer-Weine, Käfer-Geschirr, Käfer-Liköre, Käfer-Cognac und so weiter.

www.gaumenfreuden24.de

Seit Januar 2007 gibt es das Gourmet-Portal. Der Betreiber Klaus Frankl ist ständig auf der Suche nach neuen Trends. Aus der molekularen Küche des spanischen Gastronomen Ferran Adrià stammen 17 Hightech-Produkte. Das Online-Portal ist übersichtlich und klar gegliedert.

www.genusshandwerker.de

Andreas Hegmann und Hans-Georg Pestka aus Düsseldorf haben sich auf kleine Manufakturen in Italien, Spanien, Frankreich und Deutschland spezialisiert. Die Genusshandwerker vertreiben Lammfleisch aus den Pyrenäen, Entenkeulen aus Challan oder Käse aus der Bourgogne. Damit frisch geliefert werden kann, werden die Produkte erst kurz nach der Bestellung beim Hersteller geordert.

www.gourmantis.de

»Gourmantis« aus Bad Camberg bietet ein umfangreiches Feinkost-Sortiment und ein gut sortiertes Weinangebot. Neben Delikatessen gibt es auch Kochbücher, Küchenutensilien, Accessoires und eine Sparte, die das Thema »Molekulare Küche« abdeckt. Nur wenige Wünsche bleiben offen.

www.gourmondo.de

Brauchen Sie Pasta? Surfen Sie zu »Gourmondo«! Über 200 verschiedene Teigwaren, von Tagliatelle über Lasagne bis zu japanischen Nudeln, sind im Sortiment. Sonderangebote, Specials, Foren und Rezepte ergänzen das Angebot. Die Artikel sind nach Ländern oder auch nach Themen geordnet.

www.manufactum.de

Dem Firmenmotto »Es gibt sie noch, die guten Dinge« wird »Manufactum« auch im Internet gerecht. Die Einkäufer des Versandhändlers aus Waltrop haben ein gutes Auge für außergewöhnliche Lebensmittel. Seit 2007 gehört »Manufactum« zur Otto-Gruppe.

www.meinlamgraben.at

Internetangebot des berühmten Wiener Feinkost-Geschäfts »Julius Meinl«. Sehr umfangreiches Sortiment, von Antipasti im Glas bis zur Trinkschokolade ist alles im Angebot. Das »kulinarische Gesamtkunstwerk« kann sich auch im World Wide Web sehen lassen.

www.mittelmeershop.de

Über 1200 Delikatessen aus dem Mittelmeerraum. Peter und Petra Mai aus Northeim haben einen großartigen Feinkost-Versand auf die Beine gestellt. Das Angebot reicht von Antipasti über Meeresfrüchte bis zu einer gut sortierten Weinabteilung.

www.otto-gourmet.eu

Seit über vier Jahren betreiben Wolfgang, Stephan und Michael Otto den Feinkost-Versand in Heinsberg bei Aachen. Spezialität der Otto-Brüder: Fleisch. Vom Müritz-Lamm über Mieral-Geflügel bis zum Joselito-Schinken. Zu den Kunden zählen viele Küchenstars.

www.pinard-de-picard.de

Grafisch ansprechende Internet-Seite. Gute Auswahl an Top-Weinen. Großartige Olivenöle. Lesenswerter Newsletter. Schneller Service. Der Anbieter aus Saarwellingen macht einen guten Job!

www.promangi.de

Spezialisiert auf deutsche Delikatessen: fränkische Wurstwaren, Räucheraal vom Weserfischer oder Käse und Honig aus der Eifel. Die bestellte Ware wird nicht zwischengelagert. Sie kommt direkt vom Hersteller. »Promangi« tritt nur als Vermittler auf.

www.vincent-becker.de

»Vincent Becker« gehört, laut »Feinschmecker«, zu den besten Einkaufsquellen seiner Art in Deutschland. Der gut sortierte Spezialitäten-Versand für Küche und Keller bietet auch Accessoires an wie Gewürzmühlen, Entsafter, Teller, Küchenmesser oder Gläser.

WIR DANKEN

Eckart Witzigmann. Wenn er über die besten Produkte der Welt spricht, verliert er jedes Gefühl für Zeit. Das haben wir schamlos ausgenutzt. Wir küren ihn zum »Gesprächspartner des Jahrhunderts« – leidenschaftlich und perfektionistisch.

Arno Steguweit für seine wertvollen Weinempfehlungen. Zwischen Kreißsaal und »Fischers Fritz« hat er sie pflichtbewusst in seinen Computer getippt. Wir gratulieren zur Geburt seiner Tochter Henriette.

Dieter Müller, einem der freundlichsten Sterne-Köche, mit denen wir je gesprochen haben. Trotz beharrlicher Hochkonjunktur im »Schlosshotel Lerbach« immer ansprechbar, immer ausgeglichen, immer herzlich.

Sven Elverfeld. Die Telefondrähte zwischen München und dem »Aqua« in Wolfsburg glühten! Niemanden haben wir häufiger aus seiner Sterne-Küche geklingelt als ihn. Danke für die Geduld und für die Unterstützung.

Diethard Urbansky. Sein bayerischer Edelkrebs musste aus Platzgründen weichen. Wir bringen ihn in Band 2. Versprochen! Seine Führung durch die neue, moderne Induktionsküche des »Dallmayr« war ein Highlight für uns Hobbyköche.

Hans Haas für die gemütliche Stunde in seinem prächtigen »Tantris«. Für die Zeit, die er eigentlich gar nicht hat. Und für seine geniale Rinder-Roulade aus ... Halt! Das Rezept sollen wir ja für uns behalten. Machen wir auch!

Michael Tempel für seine beachtlichen Kontakte, seine freundschaftlichen Ratschläge und für das »Gault Millau Magazin«, die beste Feinschmecker-Zeitschrift in deutscher Sprache.

Michael Käfer. Zwischen Urlaub, Geburtstag und dem täglichen Terminwahnsinn noch ein paar Zeilen zu Papier bringen, das schaffte er mit einem Lächeln. Schließlich ging es ja um Köstlichkeiten wie Kaviar und italienische Salami.

Norbert Niederkofler. Der Mann ist eins mit sich und seinen Produkten. Kein Wunder! Lebt er doch in der großartigsten Landschaft der Welt. Im Herzen der Dolomiten, im Alta Badia. Heimat seines »St. Hubertus«.

Dieter Schiffer, Marcus Porzucek und Klaus Bernharft von der Feinkost-Abteilung des »KaDeWe« in Berlin. Für ihre wertvollen Tipps. Und für die Führung durch die paradiesische 6. Etage.

Besonderer Dank gilt den Mitarbeitern von Mosaik bei Goldmann. Insbesondere unserer Cheflektorin Monika König und ihrer Assistentin Lea Hoy. Sie haben sehr früh Begeisterung und Leidenschaft für unser Thema entwickelt und aus dem Manuskript ein kleines Schmuckstück geformt.

Und – last but not least – danken wir unserem Vater, Dr. Siegfried Fischer-Fabian, der uns mit der geballten »Bestseller«-Erfahrung von über 50 eigenen Büchern selbstlos zur Seite stand.

BIBLIOGRAPHIE

Barber, Kimiko: *Die japanische Küche*. Hädecke Verlag, 2006.
Bernhardt, Karin: *Kochen mit Norbert Niederkofler*. Athesia Verlag, 2004.
Bocuse, Paul: *Das Paul Bocuse Standardkochbuch*. Heyne Verlag, 2007.
Brillat-Savarin, Jean A.: *Physiologie des Geschmacks*. Insel-Verlag, 1979.
Bültjer, Ulrike: *Lexikon der Kräuter & Gewürze*. Bassermann Verlag, 2002.
Cervantes, Miguel de : *Don Quijote*. Dtv, 1997.
Claus, Stefan: *Essig*. Heyne Verlag, 2002.
Der Feinschmecker (Hrsg.): *Alles über Schokolade*. Jahreszeiten Verlag, 2007.
Der Feinschmecker (Hrsg.): *Das Beste aus Italien*. Jahreszeiten Verlag, 2006.
Der Feinschmecker (Hrsg.): *Harald Wohlfahrt*. Jahreszeiten Verlag, 2007.
Der Feinschmecker (Hrsg.): *Olivenöl Spezial*. Jahreszeiten Verlag, 2006.
Ditter, Michael: *Das Handbuch der Lebensmittel*. Manuscriptum Verlag, 2007.
Dominé, André: *Culinaria Europäische Spezialitäten Band 2*. Könemann Verlag, 2002.
Dominé, André: *Französische Spezialitäten*. Könemann Verlag, 2002.
Ducasse, Alain: *Grand Livre de Cuisine*. Matthaes Verlag, 2007.
Elverfeld, Sven: *Küche der Gefühle*. Landbuch Verlag, 2004.
Fisch-Informationszentrum. Fischwirtschaft-Daten und Fakten
Graf Kujawski, Oligierd: *Das große Buch vom Wild*. Gräfe und Unzer Verlag, 1999.
Heider, Thomas: *Das große Pasta Kochbuch*. Tandem Verlag, 2007.
Heinzelmann, Ursula: *Erlebnis Essen*. Scherz Verlag, 2006.
Hix, Mark: *British Regional Food*. Quadrille Publishing Limited, 2006.
Johnson, Hugh: *Hugh Johnsons Weinwelt*. Hallwag Verlag, 2006.
Kilias, Rudolf: *Austern*. Westarp Wissenschaften, 2000.
Kreis, Bernd: *Essen und Wein*. Hallwag Verlag, 2004.
Kunzke, Margit: *Andalusien*. Gräfe und Unzer Verlag, 2006.
Lambert Ortiz, Elisabeth: *Kräuter, Gewürze & Essenzen*. Kaleidoskop Verlag, 2005.
Medici, Lorenza de': *Italien – Eine kulinarische Reise*. Christian Verlag, 1999.
Meiners, Antonia: *100 Jahre KaDeWe*. Nicolai Verlag, 2007.
Merum. *Dossier Olivenöl*. Basel 2003
Metzger, Christine: *Deutsche Spezialitäten*. Könemann Verlag, 2005.
Mowe, Rosalind: *Culinaria Südostasien*. Tandem Verlag, 2007.
Müller, Dieter: *Das Dieter Müller Kochbuch*. Bassermann Verlag, 2007.
Nantet, Bernhard: *Alles Käse*. Dumont Verlag, 1994.
Parker, Robert M.: *Parker's Wein Guide*. Collection Rolf Heyne, 2003.
Pauli, Philip: *Lehrbuch der Küche*. Pauli Fachbuchverlag, 2005.
Peter, Peter: *Cucina & Cultura*. Beck Verlag, 2006.
Pini, Udo: *Das Gourmet Handbuch*. Könemann Verlag, 2007.
Piras, Claudia: *Culinaria Italia*. Könemann Verlag, 2000.
Römer, Joachim: *Culinaria Europäische Spezialitäten Band 1*. Könemann Verlag, 2004.
Ruhl, Thomas: *Port Culinaire One*. Kornmayer Verlag, 2007.
Schinharl, Cornelia: *Süditalien*. Gräfe und Unzer Verlag, 2002.
Schulz, Philipp: *Amerika*. Christian Verlag, 2002.
Silverton, Nancy: *Sandwich Book*. Knopf Verlag, 2002.
Stevenson, Tom: *Sotheby's Welt der Weine*. Gondrom Verlag, 2004.

Teubner, Christian: *Das große Buch der Meeresfrüchte*. Gräfe und Unzer Verlag, 2002.
Teubner, Christian: *Das große Buch vom Geflügel*. Gräfe und Unzer Verlag, 2004.
Teubner, Christian: *Food*. Gräfe und Unzer Verlag, 2001.
Teubner, Christian: *Shrimps*. Gräfe und Unzer Verlag, 1999.
Teubner, Odette: *Das große Buch vom Obst*. Gräfe und Unzer Verlag, 2002.
Trutter, Marion: *Culinaria Espania*. Könemann Verlag, 2004.
Trutter, Marion: *Culinaria Russia*. Könemann Verlag, 2007.
Werle, Loukie: *Ingredienzen*. Tandem Verlag, 2005.
Willan, Anne: *Auf den Punkt Kochen, Backen, Braten*. Mosaik Verlag, 2000.
Witzigmann, Eckart: *Schinken*. Gräfe und Unzer Verlag, 2001.
Witzigmann, Eckart: *Sechs Jahrzehnte*. Food Promotion Verlag, 2001.
WWF-Deutschland. *Der Fischführer*, 2006.

REGISTER

BILDNACHWEIS

A1PIX 61 (DUC); 222 (FGI); 40 (SGM)
agenda 208, 272 (Boethling); 71 (Huppertz)
AKG Images 225, 271, 278
alimdi.net 253 (decode)
AP 103 (Stolpe)
Arco Images 137 (Diez); 172 (Straesser)
argus 124 (Schroeder);
Artefakt 250, 251, 252
Bildagentur-online 54, 64, 159, 177, 254, 298/299
Bildarchiv Huber 47, 143, 166, 182, 196, 198
Bildarchiv Monheim 16
Bilderberg 153 (Boettcher); 23 (Steinhilber)
Bildmaschine 17 (Peter Engelke)
Blume Bild 122
Biosphoto 268 (Boussahba); 286, 289 (Delfino); 63 (Labat); 232 (Muriel); 156 (NouN)
Carnaroli, Robbio 149
CARO 323 (Bruns)
Caviar House & Prunier GmbH
www.caviarhouse-prunier.de 116
Corbis 214 (Amos); 238 (Atlantide Phototravel); 111 (Bartruff); 337 (beateworks); 215, 316 (Bettmann); 36 Dowling); 318 (Enock); 180, 319, 322 (Franken); 205 (Fuste Raga); 112 (Hicks); 101, 275 (Houser); 55 (Kelly); 109 (Latron); 142 (Pearson); 293 (Rose); 292, 294 (Rougemont); 20 (Woolfitt)
Dallmayr, München 121, 163, 328
Das Fotoarchiv 226 (Xinhua)
F1 online 234 (Crocodile Images); 144, 160 (CuboImages); 173 (Johnér); 167 (Prisma); 76 (Rufenach); 86, 147 (SoFood); 123 (Tiophoto)
Feinkost Käfer, München 100, 179
Food Centrale 157 (Schwarzwald)
Gerard Pleynet, München 79
Getty Images 273 (Chao); 49 (Clary); 89 (Dominis); 10/11, 236/237 (Harding); 91 (National Geographic); 309 o. (Tamura)
Guido Schiefer 283
images-de 230 (Majority World Fotograf); 114 (Schmidt)
Jahreszeiten Verlag 259 (Bernardi); 146 (Boyny); 51, 310, 312 (Brettschneider); 279 (Celentano); 94 (Ginsburg); 321 (Gollneck); 58 (Gonzales); 207 (Hoersch); 260, 266 (Kumicak + Namslau)
Juniors 59
Jupiter 305 (foodpix);
KaDeWe, Berlin 66/67, 329
Kikkoman 306, 307, 309 u., 310 u.
laif 258 (Celentano); 193 (Hemis)
Look 223 (Greune); 43 (Merz)
Mauritius 150, 241 (CuboImages)
Mosaik Verlag, München 38 (Westermann)
Okapia 44, 113, 218
Peter von Burg 56
PhotoDisc 303
Picture Alliance 105 (akg-images); 274 (bifab); 174, 184, 185, 203, 242, 264, 267 (Bildagentur Huber); 18, 84, 88, 107, 115, 155, 199, 204, 270, 291, 295, 324, 269, 331(dpa); 302, 333 (HB Verlag); 12 (Imagno); 192, 288, 290 (Juettner); 118, 138, 280, 334 (maxppp); 300 (NHPA); 281 (Okapia); 164/165, 195, 326/327, 330, 332 (ZB)
Premium 96 (Photocuisine)
Reinhard Eisele 176
RUMO 304
Schapowalow 221 (Bramsiepe); 130, 314/315 (Huber); 168 (SIME)
Relais & Château Hotel & Spa Rosa Alpina 171, 187, 261
Schlosshotel Lerbach 126, 242
Seatops 125
Shutterstock 212/213 (Aliaga); 262/263 (Citko); 8 M. (Jasna); 8 r. (van den Berg); 128/129 (Verrecchia); 116, 149, 157, 260, 266, 294, 304, 309, 310, 312 (Hintergrund)
Still Pictures 233 (Kolloffel)
StockFood 80, 152 (Bender); 81 (Bischof); 140 (Bonisolli); 141 (Brauner); 151 (Deimling-Ostrinsky); 15, 154 (Lehmann); 227 (Lippert); 68 (Mähl); 82 (Maximilian Stock LTD); 135 (Schliack); 74 (Sprang); 32 (Vaillant); 19 (Winkelmann)
Südwest Verlag, München 131 (Bonisolli); 26 (Feiler); 277 (Heller); 35, 133, 235 (Hoffmann); 210, 217, 301 (Holz); 29 (Kargl); 48, 265 (Newedel); 8 l. (Olonetzky); 108, 229 (Seiffe)
Tantris, München 45, 87, 139
Thomas Koller Foto Design 244, 245, 246
travelstock 44 162 (Held)
The Bridgeman Art Library 194, 256
The Regent, Berlin 24, 30 , 210
The Ritz Carlton, Wolfsburg 62, 158, 197, 297
Ullstein Bild 92, 247, 311
Visum 255 (Beer); 188/189 (Oehlschlaeger); 98 (Panos Pictures)
Waldhäusl 248 (Imagebroker/Siepmann)
Wildlife 169 (Guentherschulze); 46 (Müller)

IMPRESSUM

Die Ratschläge in diesem Buch wurden von den Autoren und vom Verlag sorgfältig erwogen und geprüft, dennoch kann eine Garantie nicht übernommen werden. Jegliche Haftung der Autoren bzw. des Verlags und seiner Beauftragten für Personen-, Sach- und Vermögensschäden ist ausgeschlossen.

FSC
Mix
Produktgruppe aus vorbildlich bewirtschafteten Wäldern und anderen kontrollierten Herkünften

Zert.-Nr. GFA-COC-1298
www.fsc.org

Verlagsgruppe Random House FSC-DEU-0100
Das für dieses Buch verwendete FSC-zertifizierte Papier Opus Praximatt (FSC) liefert Condat, Frankreich

1. Auflage
Deutsche Erstausgabe Oktober 2008

Umschlaggestaltung: Anja Laukemper, Tina Pallasch
Layout & Satz: Anja Laukemper, Tina Pallasch
Textredaktion: Annette Baldszuhn
Bildredaktion: Elisabeth Franz
Druck und Bindung: Druckerei Kösel, Altusried
LH · Herstellung: IH
Printed in Germany
ISBN 978-3-442-39137-0

www.mosaik-goldmann.de